普通高等教育规划教材

Gaosu Gonglu Jizhong Shoufei Gailun

高速公路计重收费概论

刘拥华　孙静怡　著

人民交通出版社股份有限公司
China Communications Press Co.,Ltd.

内 容 提 要

本书为普通高等教育规划教材。全书针对计重收费模式下高速公路基础理论和方法进行了较为系统的探讨和分析，旨在为读者提供一套更适合我国计重收费实践发展的高速公路计重收费理论体系，为运营企业和公路收费管理等部门提供有用的参考。根据在该领域内长期的研究成果，比较系统地阐述了高速公路计重收费相关要素、通行费计算模型和费率定价理论及方法，建立了正常装载、超限装载通行费计算优化模型，并且提出了基于成本加成法的费率测算定价理论；同时给出了相应的算法和应用案例，对我国高速公路计重收费实践具有重要的指导意义。

本书可作为从事高速公路运营管理工作、科学研究工作的专业人员的研究参考书，也可作为高等院校交通运输类相关专业高年级本科生及研究生的教材或教学参考书。

※本书配有教学课件，读者可于人民交通出版社股份有限公司网站免费下载。

图书在版编目(CIP)数据

高速公路计重收费概论 / 刘拥华，孙静怡著. —北京：人民交通出版社股份有限公司，2016.6

普通高等教育规划教材

ISBN 978-7-114-13019-9

Ⅰ.①高… Ⅱ.①刘…②孙… Ⅲ.①高速公路—公路费用—征收—高等学校—教材 Ⅳ.①F532.5

中国版本图书馆 CIP 数据核字(2016)第 103524 号

普通高等教育规划教材

书　　名：高速公路计重收费概论
著 作 者：刘拥华　孙静怡
责任编辑：袁　方
出版发行：人民交通出版社股份有限公司
地　　址：(100011)北京市朝阳区安定门外外馆斜街 3 号
网　　址：http://www.ccpress.com.cn
销售电话：(010)59757973
总 经 销：人民交通出版社股份有限公司发行部
经　　销：各地新华书店
印　　刷：北京鑫正大印刷有限公司
开　　本：787×1092　1/16
印　　张：10
字　　数：260 千
版　　次：2016 年 6 月　第 1 版
印　　次：2016 年 6 月　第 1 版　第 1 次印刷
书　　号：ISBN 978-7-114-13019-9
定　　价：38.00 元
(有印刷、装订质量问题的图书由本公司负责调换)

前　言

长期以来,我国收费公路一直以车辆核定装载质量为依据,按照车型分类的方式收取车辆通行费。实践证明,这种收费方式存在一定的弊端:一是货运车辆普遍"大吨小标",以偷逃车辆通行费;二是由于收费方式与车货总质量没有直接的关系,客观上形成货运车辆"超得越多赚得越多"的超限超载经济利益驱动。超限运输严重破坏了公路财产,诱发了大量交通事故,加重了环境污染,降低了公路使用率;同时扰乱了公路货物运输的市场秩序,形成了市场的无序竞争。针对这一公路"顽疾",我国管理层适时地提出应推广计重收费这一经济手段治理超限运输,规范货运市场,保护公路财产,并于2005年出台《关于收费公路试行计重收费的指导意见》(以下简称《指导意见》),指导我国计重收费的实施。

计重收费是货运车辆按照称量的车货总质量进行收费的一种新型收费模式,其主要是利用价格机制,试图将公路货物运输外部成本内部化,进而使收费政策更加公平合理。目前,我国已实施计重收费的省份多达28个,计重收费的整体效应已凸显,超限运输现象得到一定程度的遏制,各地的公路货物运输价格逐渐合理回归。然而,作为一种新的收费模式,由于实施时间相对较短,计重收费缺乏相应的科学理论依据,特别是计重收费通行费计算模型及费率定价等方面缺乏较科学的理论依据。一是计重收费通行费计算理论模型不尽统一,各省份之间计重收费方案存在较大差异,容易引起道路使用者的不理解,缺乏足够的理论支持,计重收费的理论研究落后于实践。二是计重收费费率标准的定价存在随意现象,缺乏比较系统的定价理论。《指导意见》的出台一定程度上规范了计重收费的实施模式,但对计重收费费率定价过程,特别是超限补偿费率的确定依据缺乏深层次的分析与研究。三是难以把握好货运车辆的超限补偿收费力度,在缺乏充分补偿费率定价依据的前提下随意加倍收取道路使用者的通行费,会给社会带来一定的负面影响。以上多种因素导致计重收费受到一些业内外人士的质疑。因此,如何确保计重收费通行费计算模型和费率定价理论的科学性成为我们亟待解决的难题,对其加以系统的优化迫在眉睫。

本书是国内较为系统研究高速公路计重收费基础理论的专著。根据在该领域内长期的研究成果,书中比较系统地阐述了高速公路计重收费相关要素、通行费计算模型和费率定价理论及方法,建立了正常装载、超限装载通行费计算优化模型,并且提出了基于成本加成法的费率测算定价理论;同时给出了相应的算法和应用案例,对我国高速公路计重收费实践具有重要的指导意义。本书旨在为读者提供一套更适合我国计重收费实践发展的高速公路计重收费理论体系,使计重收费更加规范科学,更好地服务于交通事业。

本书是由刘拥华、孙静怡以多年科学研究工作为基础,在昆明理工大学交通工程学院交通规划实验室的工作中完成的。本书得到云南省自然科学基金面上项目"云南高速公路计重收费关键问题研究(项目编号:2012FB136)"、云南省教育厅面上项目"计重收费模式下高速公路通行费收入预测研究(项目编号:2010Y387)”的资助,在此表示感谢。

研究和著述过程中,云南省交通科学研究院蒙奕、和永军、缪应锋、缪和匠、段莉珍、马盈盈等专家和领导参加了相关项目研究工作;在著述过程中,得到了云南省物价局陈凤昭、谷飞琼、朱亚瑶、杨朝镇、李艳辉等专家和领导的指导和帮助;同时,在著述过程中,也得到了云南省交通运输厅刘林、师庭敏等专家和领导的指导和帮助;研究工作中还得到了云南省交通职业技术学院庄文君、云南省财经学校王咣茗两位老师的指导和帮助;另外全书著述中引用了同行的部分研究成果,在此一并表示衷心感谢!

由于水平有限,书中难免存在错误和不足,敬请各位读者和专家批评指正。

著作者

2016 年 3 月

目　　录

1　高速公路计重收费基本原理与发展动态

计重收费是我国公路收费制度多年发展的产物，其是对传统收费模式的革新，改变了自1984年以来我国实行“收费还贷”政策一直实行的按车型收费模式。但是，计重收费主要从收费模式、通行费计算模型、费率定价模型等理论上对高速公路收费进行了革新，其所依托的收费理论和定价基础略有改变。因此，在分析计重收费的基础理论之前，本章将介绍高速公路计重收费的产生、发展、内涵、作用、模式、收费系统工作原理、收费政策实施分析以及研究现状与动态等方面内容。

1.1　我国公路收费制度的产生与发展

1.1.1　我国公路收费制度的产生

我国的公路(桥梁)通行收费制度是在不断深化公路管理体制改革的新形势下产生和发展起来的。1987年10月23日国务院颁布的《中华人民共和国公路管理条例》第一次明确规定，公路主管部门对利用集资、贷款修建的高速公路、一级公路、二级公路和大型的公路桥梁、隧道、轮渡码头，可以向过往车辆收取通行费，用于偿还集资和贷款，为收费公路发展提供了法律依据。交通部于1988年1月5日会同财政部、国家物价局制定了我国收费公路发展史上第一个纲领性文件，联合发布了《贷款修建高等级公路和大型桥梁、隧道收取车辆通行费规定》(交公发[1988]28号)，使我国高等级公路的建设和使用有了法规依据。这部法规明确了公路收费的目的，公路的范围和条件，收费项目的审批，费率制定原则和收费标准、收费期限等内容。1994年7月18日，交通部、财政部、国家计委联合颁布的《关于在公路上设置通行收费站(点)的规定》，又把收费条件进一步规范为封闭(包括部分封闭)型的汽车专用公路，平原微丘区超过40km和山岭重丘区超过20km的一般二级公路，长度超过300m的公路桥梁和长度超过500m的公路隧道。1997年7月3日发布的《中华人民共和国公路法》又进一步规定：县级以上地方人民政府交通主管部门利用贷款或者向企业、个人有偿集资建设的公路(以下简称政府还贷公路)，国内外经济组织投资建设或者依照公路法的规定受让政府还贷公路收费权的公路(以下简称经营性公路)，经依法批准后，方可收取车辆通行费。实行公路收费制度，扩大了公路建设的资金来源，调动了全国各地建路筑桥的积极性。

收费公路政策的实施，大大加快了公路建设进度，极大地促进了公路建设体制、投融资体制和管理体制变革，对行业发展产生了深远的影响；缓解了资金短缺的矛盾，加快了公路建设步伐，实现了交通跨越式发展；实现了投资主体多元化，形成了投资方式和投资渠道多样化格局；改善了公路交通环境，促进了国民经济发展。截至2014年年底，我国公路总里程约452万km，其中收费公路(主要是高速公路)已达16.26万km，年通行收费额近4000亿元。我国已成为世界上收费公路数量最多的国家，这使得收费公路的收费管理愈显重要。

1.1.2 我国公路收费的发展阶段

根据我国公路收费目标、收费技术和收费模式的变化，结合国外公路发展经验，可将我国公路收费的发展分为 5 个阶段，即收费还贷阶段、经营性收费阶段、联网收费阶段、计重收费阶段和拥挤收费阶段。我国公路收费的发展阶段，如表 1-1 所示。

我国公路收费的发展阶段　　表 1-1

发展阶段	时间段(年)	标志性事件	收费目的	收费模式	收费技术手段
收费还贷	1984～1991	1984 年 12 月国务院确定了"借款修路、收费还贷"收费政策	收费还贷	车型收费	分站收费
经营性收费	1992～1998	1992 年 6 月成立广东佛山高速公路股份有限公司	收费还贷 收费经营	车型收费	分站收费
联网收费	1999～2005	交通部于 2000 年颁布了《高速公路联网收费暂行技术要求》	收费还贷 收费经营	车型收费	联网收费
计重收费	2005～2030	交通部于 2005 年下发《关于印发高速公路试行计重收费指导意见的通知》	收费还贷 收费经营 治理超限	车型收费 计重收费	联网收费不停车收费
拥挤收费	2030～	—	需求管理	分时段收费	不停车收费

1.2 高速公路计重收费政策的提出与发展

1.2.1 传统收费公路的收费模式及存在的问题

在计重收费模式出现之前，我国收费公路的传统收费模式主要是采用按车型划分收取车辆通行费，即客车、货车均按照分车型收取通行费。这种方法对车型结构合理，载重(客)按照核定载荷运输的车辆是合适的。从当前公路上行驶的车辆构成看，客车车型基本符合上述要求，但货车按照车型收费却存在较大的不合理性。

1)按车型收费存在一定的收费漏洞

我国公路传统的通行费收费办法沿袭的是 1950 年开始实行的养路费征收办法——按车型收费，即按车辆出厂时核定的载重、载客量，将客、货车分为大、中、小或 1、2、3、4、5、6 种车辆类型，再按车型制定不同的收费标准。对同一类型的货车，不管超载、核载或空载，均按同一标准收费。随着我国公路建设，汽车制造业及运输状况的迅猛变化，这种车辆分类收费方式和定价标准已经暴露出了很大的弊端。其主要表现在以下几个方面：

(1)由于我国从事公路货物运输的车型很复杂，各类国产车、进口车、改装车很多，没有统一的标准，使收费人员在收费时很难从外形上准确判断车型，从而引起收费争执。同时，传统的车型分类收费方式存在不公平性，变相鼓励了货车超限、超载行为。因为同一类型的货车，无论是空载还是超载都收取一样的通行费，从而导致超限、超载车辆越来越多，超载现象愈演愈烈，已经成为公路交通经济发展的绊脚石。

(2)我国传统的收费方式比较落后，有的学者甚至认为：我国传统的公路通行费收费政策是鼓励货车超限的政策。从运输过程的经济机理进行分析，在超限过程中，非法运输者把应承担的责任转移给了合法运输者，超限车辆和不超限车辆为维护道路的正常使用发生了不公平的转移支付，形成了负面激励机制。货运市场完全放开后，这样的收费政策客观上造成超限就是减费。因此，正是由于这种收费方式的存在，在我国货运市场上，20 世纪的个体户与运输企业的赢利手段才会惊人地一成不变——靠低价揽货，凭超限赚钱。也正因为如此，在我国公路建设飞速发展的今天，公路运输企业却难以起飞，难以造就出一批世界级的货运企业。

(3)收费方式完全违背了公平性的原则，其提供的收费机制不能对超载货车的机会成本提供正确的信号，引导其健康发展。应该用一种新的符合当前我国国情的收费方式替代，而货车计重分类收费方式则体现了“多使用、多付费、受益多、付费多”的公平性原则。按车型收费是根据各种车型占用道路情况，在假设正常荷载的情况下实行的分车型收费方式。这种方式在车辆吨位准确标识和正常载荷时是科学合理的，否则按车型收费就存在一定的收费漏洞。现实运输过程中，相当数量的道路使用者非法地利用了这个漏洞，他们为使一个运次的净收益最大化，在运价相对固定的情况下，一是尽量增加货物装载重量，进行超限、超载运输；二是对车辆进行非法改装；三是“大吨小标”(即汽车生产厂商为了迎合客户而做的手脚)，以降低收费标准。其直接后果是应收通行费大量流失，超限和超载对高速公路路面破坏严重。

2)按车型收费存在不公平

传统的收费方式违背了公平性的原则，如同一车辆空驶与装载按一个标准收费，重载与轻载按一个标准收费；同一档的车型，吨位区间跨度较大，收费标准却一样；车型分类边界两侧的车辆，吨位接近但收费标准差别很大；对于一些特殊车辆，如集装箱、商品运输车及大型运输车辆无特别的优惠收费等。

3)人工识别车型易产生偏差，引起矛盾与纠纷

按车型收费需要收费人员人工识别车型。在发达国家货车车型单一，车型易识别，而我国目前货车的车型种类繁多，各类车型中核定载荷偏差较大，难以准确识别。即使收费人员通过查验车辆行驶证、养路费征缴凭证等证件判断车型，也会因车主采用涂改、伪造证件来应对车辆查验，此时容易引发矛盾，发生纠纷，降低了收费系统的自动化程度。

以上这些问题与按车型收费模式存在的不足有直接关系。

1.2.2 高速公路计重收费政策的提出

在计重收费产生之前，我国收费公路一直以车辆核定装载质量为依据，按照车型分类的方式收取车辆通行费。实践证明，这种收费方式存在一定的弊端：一是货运车辆普遍“大吨小标”，以偷逃车辆通行费；二是由于收费方式与车货总质量没有直接的关系，客观上形成货运车辆“超得越多赚得越多”的超限超载经济利益驱动。超限运输严重破坏了公路财产，诱发了大量交通事故，加重了环境污染，降低了公路使用率；同时扰乱了公路货物运输的市场秩序，形成了市场的无序竞争。因而交通部、公安部、发展改革委等八部委于 2004 年 6 月开始联合治超行动，经过一年的联合治理，全国范围的公路超限运输势头得到了有效遏制，但各地治超效果参差不齐，从根本上杜绝超限超载仍任重道远。超限运输主要危害表现，有如下几个方面：

1)对公路实行掠夺性的使用，造成毁灭性破坏

根据《公路工程技术标准》(JTG B01—2003)规定，路面设计标准轴载为双轮组单轴

100kN(此标准轴载目前相当于国际中等水平)。结合《公路水泥路面设计规范》和《公路沥青路面设计规范》测算,如果将车辆实际轴载换算为标准轴载,那么当车辆轴载质量超过标准轴载质量一倍时,超轴载质量的车辆行驶沥青路面一次相当于标准轴载质量的车辆行驶256次,行驶水泥路面相当于65536次。由此可见,超过公路轴载质量的车辆对路面的损坏是成几何级数增加的。据相关研究的结果和实践表明,超过公路设计轴载质量,会使水泥路面的使用年限缩短40%左右,沥青路面缩短20%～30%。如果当车辆构成比例重型车占6%,汽车单轴载质量为10t时,假定现有路面尚可使用8年,把轴载质量提高到13t,在其他条件不变的情况下,路面只能使用3.9年,使用期降低51%。一条使用年限为15年的高速公路,如经常进行超限运输,使用期限一般不会超过8年就必须进行大修。

由此可见,超限运输是导致公路严重损毁的"公路杀手"。它对公路的破坏是灾难性的、毁灭性的,造成公路、公路桥梁及公路附属设施使用寿命大幅度降低,养护、维修成本成倍增加。超限运输行为严重侵害了国家和广大公路使用者的利益,是通过掠夺性的使用公路以牺牲国家利益来获取高额利润的一种非法行为。

2)导致严重的交通安全隐患

(1)超限车辆的主要来源是通过新车出厂改装或车主私自改装。其主要方法是:通过汽车生产、制造、改装企业预先配置的大功率发动机或更换发动机,从而达到加大发动机功率、更换加强型车架,加长、加高货箱以扩大货箱装载容积,更换加强型钢丝子午轮胎、加厚钢板等手段,达到超限的目的。由于车辆的总体设计与改装后的车辆性能不能相匹配,发动机长期超负荷运转,传动系统、制动系统远远不能满足因车辆超限时的传动和制动的需要,极易导致制动失效、离合器烧坏、传动轴脱落和断裂以及爆胎等突发性故障。此外由于车辆超载并导致制动距离增大、车辆重心增高,引发交通事故。

(2)一些超限车辆为了保证正常行驶,防止制动蹄片因过热失效,不得不经常喷水为制动蹄片降温,导致公路长期处于湿滑状态,给其他正常行驶的车辆带来了严重的安全隐患。

(3)由于交通路政管理等部门为保护公路不受损害和公路安全畅通,加大了对超限运输的查处力度,部分从事超限运输的车辆为了逃避检查,只能在夜间或利用路政执法人员休息、换班时间从事超限运输,驾驶员由于睡眠不足、疲劳驾车、躲避检查等原因,精力难以集中,这也是因超限运输而诱发重特大交通事故的原因之一。

据有关资料显示,70%的道路交通安全事故是由于车辆超限超载引发的,50%的群死群伤性重特大道路交通事故与超限超载有直接关系;而在因超限运输导致的安全事故中,由于车辆制动系统失效、爆胎、断轴造成的安全事故占总事故的70%以上。

3)严重扰乱正常的运输秩序

运力和运量的矛盾一直是困扰我国货运市场有序发展的一大难题。超限运输车辆装载的货物,相当于正常装载货物车辆的几倍甚至几十倍,使政府相关部门在公路货运市场的宏观管理上难以做出正确的决策。大量的公路超限运输,使铁路、水运、航空运输市场受到干扰,运量降低,严重干扰了整个货运市场体系的健康有序的发展,使整个社会的运力和运量的矛盾更加突出。从事超限运输的经营者为了承揽更多的业务和获得更高的利益,不惜以降低运价为代价,使按正常装载的车辆失去生存的空间,陷入"不超即亏、小超少赚、大超大赚、越超越赚"的恶性循环之中,迫使从事公路货运的经营者坠入互相攀比超限的怪圈,导致超限运输泛滥成灾,公路货运市场更加混乱,无序竞争使运价得不到保障,运输市场价格陷入恶性循环的竞争之中,严重扰乱了正常的市场经济秩序。

4）阻碍我国汽车工业的健康发展

受市场上非法改（拼）装超限运输车辆的影响，在利益的驱使下，少数汽车生产制造、改装商家为迎合部分车主偷逃税费、追求非法利润的目的，利欲熏心，他们想方设法通过给大吨位汽车核发小吨位合格证、标低核载吨位和隐瞒最大载质量的手段以达到“大吨小标”的目的。

由于历史原因，我国汽车工业已远远落后于发达国家，汽车生产制造厂家本应将精力投入到积极开发和引进国外先进经验和高新技术上，通过技术创新开发出既适合中国国情又能参与国际竞争的环保型、节能型产品，参与国际竞争。然而，一些汽车生产、制造、改装企业，为了自己眼前利益，公然置国家标准于不顾，成了超轴载运输的源头和帮凶，对超限运输的泛滥起到了推波助澜的作用。尽管目前汽车生产制造厂家以牺牲国家利益暂时获得了较“丰厚”的利润，短时间内汽车制造业出现了“繁荣”的景象，在激烈的市场竞争中赢得了市场份额，但这种违背市场规律的恶性竞争无异于饮鸩止渴，最终将严重制约我国汽车工业的健康发展。

在这种情况下，一种更适用于载货类汽车的更合理的收费方式应运而生，这就是计重收费。因此，调整和完善现有车辆通行费的征收方式，制定统一的收费公路试行计重收费的指导意见，规范和指导各地的计重收费工作，是很有必要的，也势在必行。针对这一公路“顽疾”，我国管理层适时地提出应推广计重收费这一经济手段治理超限运输，规范货运市场，保护公路财产，并于 2005 年 10 月 26 日正式出台了《关于收费公路试行计重收费的指导意见》，指导我国计重收费的大力推广与实施。

1.2.3 高速公路计重收费的发展

根据计重收费在我国的产生与发展过程，并结合现代收费政策的发展规律，本书将计重收费在我国的发展划分为 6 个阶段：

（1）产生阶段（2001 年）。计重收费于 2001 年第一次在我国实施于天津彩虹大桥。当时，由于超限车辆对桥面的破坏极为严重，采取其他的手段收效甚微，计重收费作为根除超限运输的经济手段，收到了很好的效果。

（2）单一试点阶段（2002 ~ 2003 年）。江苏省交通厅公路局在 2001 年下半年提出在江苏省范围内对货车实施计重收费遏制超限运输的总体思想，进行了调研考察。2002 年 12 月 17 日，江苏省第九届人大常委会第二十三次会议通过了《江苏省高速公路条例》，第五章第四十条明确规定：“对进入高速公路的货车，其通行费可以采用计重收费模式”。2003 年 3 月 1 日正式开始在 104 国道大港收费站和川分公路张储收费站进行试点。2003 年 12 月 9 日、20 日、28 日分三批，江苏省在所有的高速公路和江阴长江大桥，以及主要国省干线公路上共计 140 个收费站全面推广对货车实行计重征收通行费。江苏是全国最早将计重收费在省域推广的省份，其所做的大量探索性工作为随后实施计重收费的省市提供了参考模式。

（3）多点试点阶段（2003 ~ 2005 年）。江苏省实施计重收费的成功经验得到全国其他省市的认可。河南省交通厅从 2003 年 8 月 5 日起，按照“积极得到推进、先行试点、总结推广”的原则，对 5 个干线公路收费站按照计重收费标准开始进行计重收费试点。自 9 月 1 日起，在全省主干公路、高速公路推广实施。随后，山东、青海、四川等省各自根据本省情况陆续实施计重收费。由于缺乏国家统一的标准，在这一阶段计重收费实施的特点是计重收费模式呈现出百花齐放的态势，各省的计重收费标准，甚至收费模式都各不一样，如江苏和山东实施的是完全计重收费模式，而河南实施的是组合式收费模式，四川实施的是分类收费模式。计重收费模式的多元化是未来适应地区经济发展水平差异性的需要，但同时也存在两个弊端：一是不利于配合全国治超统一行动，给国家统一协调上带来困难；二是当同一载货汽车使用不同省市的道路资源时，面临不同的计重收费模式和超限惩罚规定，这对道路运输者具有不公平性和不合理性，容易产生纠纷。

(4)推广阶段(2005～2010年)。交通部于2005年10月26日下发《指导意见》，标志着计重收费在我国的实施由分散点转入规范推广阶段。《指导意见》对计重收费实施的基本原则、实施范围、主要措施、实施步骤等方面作了明确的规定。在《指导意见》的指导下，已经实施计重收费的省份纷纷调整收费模式和收费标准，为实施计重收费的省市则加速了政策出台的进程，短短的4年多时间里，全国已经实施计重收费的省市达28个，计重收费在我国已经达到了普及的目标。但是，《指导意见》对计重收费的基本费率和超限补偿费率等关键问题的规定存在很大的随意性，其作为一个过渡性的指导文件，并无强制性。随着计重收费在我国深入实施和对计重收费理论的深入研究，计重收费政策将日渐成熟。

(5)成熟阶段(2010～2030年)。截至2013年年底，全国32个省市自治区(除西藏外)均已实施计重收费。目前，计重收费各项配套政策和措施也在不断完善的过程中，国内公路货物运价得到了合理回归，计重收费进入成熟实施阶段。

(6)退出阶段(2030年以后)。随着我国公路大建设阶段的结束，而随着计重收费的深入实施，超限运输现象将逐渐消失，以筹资和治超为目的的公路收费政策将逐步退出舞台，而以拥挤收费为目的的政策将成为我国日后收费政策演变的方向。

1.3 高速公路计重收费的基本原理

1.3.1 高速公路计重收费的指导思想与基本原则

1)高速公路计重收费的指导思想

以科学发展观为指导，按照建立和完善社会主义市场经济体制的要求，对现有车辆通行费征收管理方式进行调整和完善，建立公平、合理、科学的车辆通行费征收方式，通过经济手段消除车辆超限超载运输的利益驱动，适当降低合法运输业户的运输成本，规范货运市场经济秩序，保护公路桥梁，保障交通安全畅通，促进交通事业健康发展。

2)高速公路计重收费的基本原则

(1)公平合理的原则。综合考虑车辆对公路的使用和破坏因素，对行驶收费公路的载货类机动车，按照实际测量的车货总质量收取车辆通行费，使车辆的通行费支出与其对公路的磨损程度成正比关系，真正体现“多用路者多交钱、少用路者少交钱”的要求，确保车辆在交纳通行费上的公平合理。

(2)鼓励运输业户合法装载的原则。试行计重收费，要充分体现鼓励合法运输、打击超限超载运输的目的。确定计重收费的费率标准时，要保证守法的道路运输经营者的收费标准和运输成本适当降低，以保护其合法利益。

(3)不增加社会总体负担的原则。试行计重收费不能以增收为目的，应确保实施计重收费后总体收费水平与现行收费水平基本持平，不得增加社会总体负担。

(4)引导发展的原则。要通过车辆通行费征收方式的调整和优化，利用经济杠杆，对国家鼓励发展的推荐车型和多轴大型车辆给予适当的通行费优惠,用政策引导货运车辆发展,优化货运车辆结构。

(5)渐进试行、稳步推进的原则。实施计重收费涉及面广,影响大,特别是涉及广大人民群众的经济利益,因此,计重收费的试行和推广必须积极稳妥,循序渐进。要制订周密翔实的实施方案,分阶段实施,逐步扩大实施范围,逐步加大收费调节系数,以确保政策调整的平稳过渡和社会的稳定。

1.3.2 高速公路计重收费的内涵与作用

1.3.2.1 高速公路计重收费的内涵

计重收费是以通过收费站动态检测设施称得载货类机动车(包括货车和客货两用车)的车货总质量为依据,并按照车货总质量对应的区段费率标准累加计算收取车辆通行费的征收方式,即以 t · km 作为计费单位的一种征费方式。它是按照建立和完善社会主义市场经济体制的要求,对现有车辆通行费征收方式的调整和完善,是一种更加公平、合理、科学的车辆通行费征收方式;它也是对现有道路征费方式的一次变革。

经济利益的驱动是超限超载的根源所在,治理货车超限超载最根本的途径是卸载,也是一种行政治超手段,但是由于货车运输物品的特性导致很多物品不宜卸载,比如“绿色通道”车辆所载之鲜活农产品,又如有些建筑材料必须用特定的器材才能卸载,而且卸载物品会使交通部门投入更多的治超人员,同时会衍生出很多问题,牵涉很多方面。另一种有效治理超限超载的方法就是采用货车计重收费,即用经济手段解决经济问题。实行计重收费的目的不是增加车辆通行费收入,更不是变相涨价,而是为了调整和完善现有货运车辆通行费征收方式,把货车对公路的使用程度反映到收费标准中,确保车辆通行费收费标准和计征方式更加公平、合理和科学。

1.3.2.2 高速公路计重收费的作用

计重收费既有治理超限的长效作用,又有把超限车辆对道路造成的损害通过加收可以得到弥补的双重作用。

1)高速公路计重收费的宏观作用分析

计重收费政策是政府基于社会管理需要而制定的具有权威性的政策,对社会公共利益的有效增进与公平分配起到重要作用。高速公路计重收费政策作为高速公路公共政策体系的重要组成部分,其作用具体表现在以下几个方面:

(1)抑制超限运输,弥补征费漏洞,有效维护了路产路权。

非法超限超载运输车辆对公路基础设施造成了严重的超常规损害,使得路面使用寿命大大缩短,从而导致大修提前和日常养护费用的持续攀升。为了保证设计使用期内路面的正常服务功能,公路管理部门不得不增加养护和大修费用的投入。因为恶意超限超载运输车辆对公路和桥梁的损害远远超过正常装载车辆,也大大高于一般超限超载车辆。

计重收费的实施也能够弥补征费漏洞,通行费收入在合理范围内有所上升。货车实施计重收费后,堵住了原来按车型征收通行费时,非法运输业户通过“大吨小标”等非法手段超限超载运输,逃漏原本应该足额交付的道路使用费的征费漏洞,减少了公路交通合理规费的流失,并使得公路运营的经济效益总体上有所增加。

(2)降低事故率,提高运行效率,充分发挥了公路服务功能。

超限超载运输车辆不但对路面造成了严重破坏,而且极易引发交通事故影响,甚至阻塞公路正常运营,加之行驶时的笨重、低速占用了过多的公路服务资源,影响了其他车辆的正常运行,使得公路基础设施的服务功能无法得到充分发挥。

尽管一些"大吨小标"的货车在发动机、车架、钢板弹簧和轮胎方面进行了畸形"加强",但其制动系统的容量并未增加,无法应对总质量超常增加带来的惯性增加。在进入收费站时,制动失效的状况时有发生,驾驶员在这种情况下往往选择撞收费岛的防撞柱或防护栏杆,造成人员伤亡和直接的财产损失。超限超载车辆使车辆综合性能下降,车辆故障时有发生,从而引起交通堵塞,影响了公路和桥梁的通行能力,造成了社会经济效益的大量损失。

(3)减轻环境污染,促进社会经济的可持续发展。

超限超载运输对周边环境带来的不利影响,主要表现在噪声和环境污染方面。公路运输车辆,随着轴载质量和总质量的超限,必然增加发动机的驱动功率,因而噪声也就增大,会直接造成对环境的噪声污染。据日本测试,一辆大型载货汽车的噪声,相当于十辆小客车的噪声之和。

车辆超限超载也会严重污染周边的大气环境,为了取得较大的牵引动力,在一般微坡,超限超载车辆笨重如蜗牛爬行,遇上长大坡,只能用加大油门,而且发动机油料燃烧很不充分,致使排放废气超标。

随着我国实施货车计重收费和行政管理相结合治理超限超载运输工作的逐步深入,超限超载车辆对环境所造成的额外污染也会逐步减轻,从而有利于公路交通事业乃至整个社会经济的可持续发展。

(4)促进运价回归,贯彻产业政策。

长期以来,公路超限超载运输成为普遍现象,货物运输市场价格持续低迷。货车单车承载力的不合理扩张,使得公路货物运输业整体处于不正当竞争环境中,形成恶性循环,运价大大偏离了合法自由竞争前提下的合理运价,所谓"不超载不赚钱"的说法广为传播。而实践也表明,以往每次治理超限运输专项工作的开展都会带动运价回升,但因为治理工作未能制度化,缺乏持续性,最终结果是运价回升趋势不能持续,出现了反反复复的现象。我国实施货车计重收费后,一些运输业户主就向公路部门咨询,希望购买能多拉货而又不超限的货车。还有些从事短途运输的运输业户,希望把原来的两轴车改装为三轴车,以求不超限。而且,早在七部委联合治超工作之前,江苏省以短途运输为主的运输业户已经主动要求重新标定车辆,更换原来"大吨小标"的非法行驶证。运输业户这些需求上的变化,说明他们已经认同了我国实施货车计重收费对超限超载治理的长期效果,主动调整车辆结构来适应规范运输市场的正常秩序和要求。

(5)为干线公路运输量统计奠定基础。

计重收费的逐渐推广实施对改变收费及干线公路运输量的统计方法产生了深远的影响。以前,我国在进行公路运输量统计时主要是由各省、市、自治区采取抽样调查的方式,且主要是针对本地车籍的车辆进行。显然,这种统计方法一方面本身就有很大的误差,另一方面也无法反映出我国各条公路干线上货物运输量的真实分布情况。加之社会主义市场经济条件下,公路货物运输是以松散的个体经营模式为主,以"大吨小标"为代表的非法超限超载运输现象又很普遍,进一步决定了原有公路运输量统计方法实施过程中存在很大的困难,结果也存在很大的误差。这样显然不利于客观准确地反映公路交通运输在我国综合运输体系中的基础性地位,以及对国民经济做出的实际贡献,也不利于我国交通主管部门进行科学的决策。计重收费的推广实施彻底改变了这种状况,首先是变抽样调查为全样本调查;其次是不再限于本地车籍的车辆,同时获得了公路货物运输的分布、流向情况;最后是有效避免了以“大吨小标”为代表的超限超载运输现象引起的误差。

2)高速公路计重收费的微观作用分析

传统分车型收费模式是根据各种车型占用道路情况,在假设正常荷载的情况下的收费方式。该收费方式的不科学性是导致超限运输“大吨小标”的根本原因,其主要弊端有如下几个方面:

(1)重车、轻车同等收费,不能充分体现成本补偿性原则。

(2)车型分类跨度大,各类车型收费标准临界差别大,不能充分体现公平性原则。

(3)车型分类以额定吨位为判定依据,给“大吨小标”者提供机会,不能体现合理性原则。

(4)对超限车辆及不同超限比例的车辆没有加重收费,客观上造成鼓励超限运输的效果,没有体现惩罚性原则。

据此,计重收费通过对传统收费模式的变革,将发挥以下 4 个作用:成本补偿、公平化收费、合理化收费和超限惩罚。

下面对计重收费的作用机理作一般性分析。

传统分车型收费标准的制定一般采用成本反算法,即以“通行费收入能涵盖总成本”为原则,考虑的因素主要有建设成本(投资额)、养护管理成本、大中修成本、收费年限等,而没有考虑重载对路面加速损毁的因素。当超限运输存在时,养护及大中修成本将大幅上升。超限使水泥混凝土路面的使用寿命平均缩短 40%,沥青路面缩短 20% ~30%。在传统收费模式下所收取的通行费只能补偿公路建设成本和部分养护成本。计重收费依据超限车辆对路面的损伤程度作补偿性收费,随着其惩罚性作用的发挥,超限率不断下降,其补偿性作用逐步得到充分发挥,直至完全消除超限运输现象,计重收费对公路成本进行完全补偿。计重收费作用机理,如图 1-1 所示。

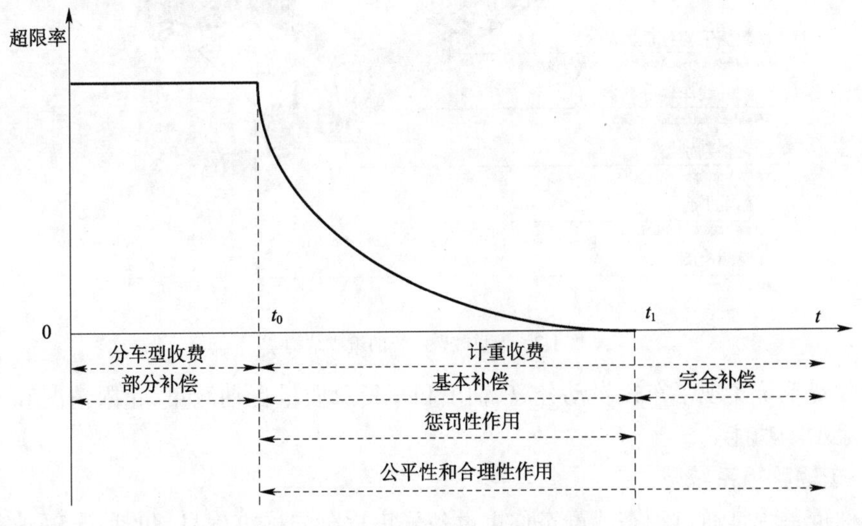

图 1-1　计重收费作用机理示意图

在计重收费实施 t_0 以前,超限率处于相对固定的较高位置,分车型收费模式只能对公路成本作部分补偿;当计重收费实施 t_0 以后,同时发挥 4 个作用,直至 t_1 时,超限率降至 0,公路成本得到完全补偿;实现计重收费的两个主要目标——惩罚性目标和补偿性目标;t_1 以后,计重收费将继续发挥公平性和合理性作用,并起到预防超限运输的作用。由此作用机理分析可知,计重收费的最终目标并不是增加通行费收费收入,而是为了完全遏制超限运输,确保收费的公平性和合理性。

1.3.3 高速公路计重收费系统的工作原理

1.3.3.1 计重收费系统简介

计重收费系统,由车辆称重系统和计算机收费系统两大部分组成。车辆称重系统通过安装在收费车道前端的动态称重装置,将采集到的车辆重量、车型等信息传送至计算机收费系统;计算机收费系统根据既定的数学模型计算出货车的应缴通行费额,并将相关信息显示在货车驾驶员察看的缴费屏幕上,待驾驶员缴纳了计重通行费后,栏道杆自动抬起放行。该系统由车道收费计算机、计重收费软件、动态称重装置、数据采集处理器、轮轴识别器以及车辆分离器构成。整个计重收费系统的组成结构,如图1-2所示。

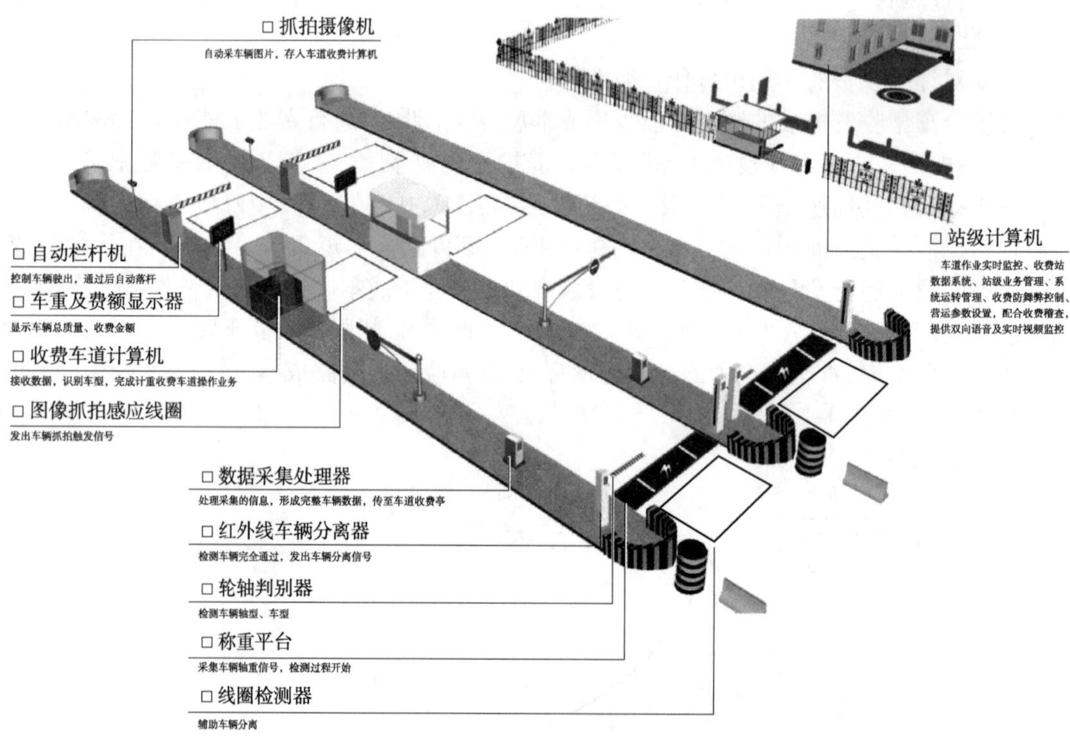

图1-2 计重收费系统的组成结构

计重收费系统实现了车辆自动分离、轴重和车货总质量自动测量、超限情况和通费额自动计算并显示等功能。

1.3.3.2 车辆称重系统

车辆称重系统是通过动态或静态称重设备采集货车的称重信息,包括:车辆轴重、轴型、轴数、轮胎数;车辆行驶速度、加速度、车货总质量等,并将这些信息传送给收费计算机的系统。根据所采用的称重设备是动态或静态的而将车辆称重系统分为动态称重系统和静态称重系统两种。计重收费实施的十年里,绝大多数采用的全部是车辆动态称重系统,而根据秤台的结构又可将车辆动态称重系统分为秤台式和弯板式两种。

1）秤台式动态车辆称重系统的硬件组成及其功能

（1）秤台式动态车辆称重系统的硬件组成

秤台式动态车辆称重系统是由称重传感器、轮胎识别器、红外线车辆分离光幕、感应线圈和控制柜等部件组成。

（2）秤台式动态车辆称重系统各部件的功能

①称重平台：主要包括整体框架和秤体、称重传感器、台面、底座和信号电缆等。

称重传感器安装在秤体台面与秤台底座之间，受压时微小的应力变化应该引起输出电压的变化，精度为0.02%，防护等级为IP68，一般情况下平均寿命为3年，软件应能指示每个传感器工作是否正常。

秤台台面由钢板焊接成蜂窝状结构，使秤台不仅具有足够的强度，保证长时间受力不变形，而且具有足够的刚度以保证秤台接近于刚性体，在施加重力时，不至于受力变形引起重量输出滞后。同时秤台两端的护罩具有防尘作用，称重仪整体防锈处理并涂多层防锈漆，以保证外露部分不会锈蚀。

秤台底座的作用是支撑整个秤体，其尺寸大小要考虑混凝土的承压能力及底座的变形，整体秤台接地电阻不大于1Ω，以保证传感器免遭雷击。秤台结构的设计以及材料的选取在整个称重系统中占有非常重要的地位，它对称量精度以及秤台的可靠性和稳定性都有很大的影响。有些厂家为提高称量精度及系统的可靠性，采用了多秤台结构，通过增加车辆轮轴在秤台台面的运行时间，捕获更多的有效数据，以得到更加准确可靠的车辆信息以及高于单台面两倍以上的称量精度。

②轮胎识别器：包括轮胎识别传感器和相关安装部件、数据采集卡几部分。其主要组成元件轮胎识别传感器（或行程开关）应该能保证轮胎识别器尽量不受横向力的影响，尤其是来自车辆提速或制动时的水平冲击力的影响。同时，由于有泥水的存在，封装后的传感器应具备IP68防护等级，以防泥沙卡住传感器。另一个重要组成元件数据采集卡主要完成车重、线圈感应、轮胎识别、红外分离等信息的采集，并对所采集的这些信息进行预处理后，传送给控制器。

③红外线车辆分离器：包括成对配置的红外线光幕及光幕罩，应保持清洁。其工作方式为：当光幕大于设定光束数被遮挡时输出ON信号，全部光束无遮挡时输出OFF信号，通过红外光被遮挡的情况，判断车辆通过与否。此外，红外线车辆分离器还具有故障报警功能，可向计算机收费系统发出故障信号。

④感应线圈：包含车辆检测器和线缆。感应线圈和控制器构成一个振荡器，当车辆驶入线圈时，振荡器频率信号发生变化，线圈控制器检测到频率变化，经过处理后发出一个车辆存在的信号；当车辆离开时，频率恢复正常，控制器发出一个车辆离开的信号。感应线圈也具有故障报警功能，可以提示线圈或控制器的工作状态是否正常。

⑤控制柜：主要包含控制仪表、电缆接线和控制器。控制器是整个称重系统的核心部分，一般采用工业控制计算机，要求具有很高的可靠性。它对数据采集单元上传的称重数据、线圈感应、轮胎识别、红外分离信息进行处理，将得到的轴重、总重、车型、轴型、轴数、轴距、超限、速度和加速度等车辆信息传送到车道收费机。

2）弯板式动态车辆称重系统的硬件组成及特点

弯板式动态车辆称重系统，由两块动态弯板式传感器、一个轮胎识别器、一套红外线车辆分离器、一个线圈以及一个中心处理器构成。它与秤台式称重系统的构成基本相同，只是由秤台式的称重传感器变为了弯板式传感器。

弯板式称重系统采用整体式弯板传感器，无机械结构、不用维护，路面开挖深度仅需5cm，避免了车辆通过时所带来的冲击对机械结构的损坏导致车辆无法通行及日常大量的检修、维护、保养工作。

弯板式和秤台式两种动态车辆称重系统的比较，如表1-2所示。

弯板式和秤台式车辆称重系统比较表 表1-2

弯板式称重系统	秤台式称重系统
无机械结构，不用维护	秤台嵌入车道路面中，设备维修不方便
路面开挖深度仅需5cm	工程量较大，秤台基坑开挖较深
设备价格较高	设备价格较低
也可适用于高速车辆计重	需要解决秤台的限位问题，否则会影响计重精度

1.3.3.3 动态车辆称重系统的工作流程

(1)初始状态：没有车辆通过检测区，拦道杆放下。

(2)当载货汽车匀速驶入秤台，控制系统接收到一定阈值的重量数据时，称重系统自动进入动态称重方式。

(3)载货汽车保持安全间距依次进入收费车道，低速通过称重平台；当载货汽车尾部离开称重平台以及红外线车辆分离器时，红外线车辆分离器检测到一个车辆结束信号。

(4)称重系统处理器对来自称重平台的车辆称重信号进行处理，并形成一个车辆称重的完整信息。这些信息，包括车辆的轴型、轴重、轴距、每轴的轮胎数、联轴信息、联轴重量、总重等。

(5)称重系统处理器将整车的完整称重信息通过数据接口传输到收费车道计算机，完成对一辆载货汽车的称重过程，等待下一辆载货汽车的称重。其工作流程，如图1-3所示。

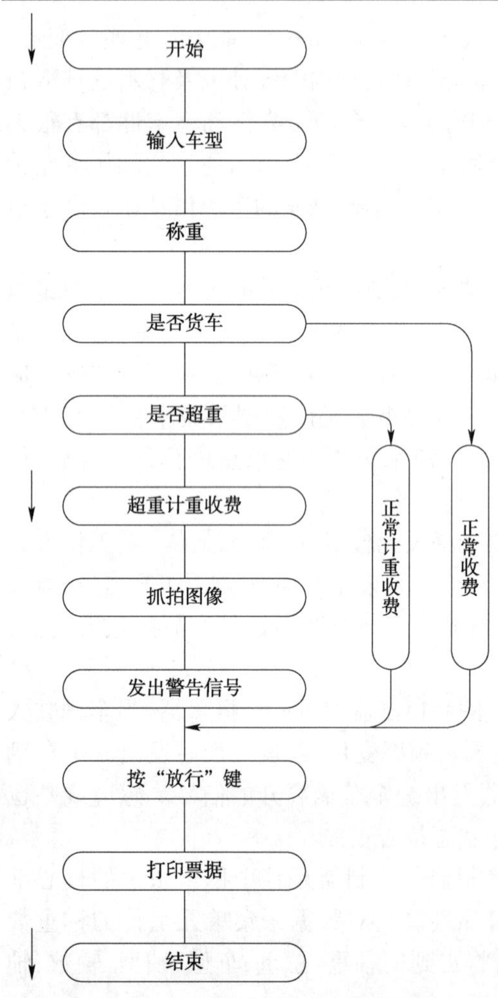

图1-3 计重收费系统的工作流程

1.3.3.4 计算机收费系统

计算机收费系统，主要由收费系统、网络及通信系统和图像监控系统等几部分组成。它主要完成出口车道以及入口车道的收费数据处理、收费站数据的汇总统计以及车道外场设备的控制。车道计算机收费系统通过网络及通信系统与联网数据中心进行数据的上传与接收；同时，联网收费数据库系统也借助于计算机网络及通信系统根据各收费站上传的数据进行通行费的结算与拆分。

计重收费系统软件,需要采集货车各轴的轴重信息,计算车重,根据既定的数学模型计算应缴计重通行费额,并判断总轴或车货总质量是否超限,作为治超的依据。此外,系统还应具备应急处理功能,即当车辆称重设备以及备用设备出现故障时,应能及时切换到按车型收费。所以,与按车型收费比较,计重收费软件的编制更为复杂。

1.3.4 高速公路计重收费实施模式分析

1)高速公路计重收费的主要实施模式

国内高速公路计重收费主要有3种实施模式:完全计重收费模式、组合式计重收费模式和分类计重收费模式。

(1)完全计重收费模式(简称完全模式):完全依赖计重设备,无须判别车型,以动态称重设备称出的车辆轴重和车货总质量作为载货汽车的通行费收费依据和超限判定依据,据此按一定的收费标准对车辆进行通行费征收和对超限运输车辆实施惩罚性收费。

(2)组合计重收费模式(简称组合模式):该模式的基本思想是,对于轿车、客车、空载货车这类没有超限或超载的车辆,实行按车型分类收费;对于超限或超载车辆,根据其超限或超载程度加重收费。其通行费由两部分组成:一是基本费,根据该车核定吨位划分区间进行征收;二是加收费,根据该车超限或超载情况划分区间进行征收,加收额度为正常通行费额的倍数。根据计重加收判定标准的不同,组合式计重收费模式又可分为下列3种模式:

①超载判定:即根据载货汽车的核定自重和核定载重质量计算出核定车货总质量,进而根据实际称量和核定车货总质量计算超载率和超载区间来加收通行费。

②基数判定:以收费类型(按核定吨位划分的)区间为基础,在每个区间上确定一个基数,作为该区间车辆的核定车货总质量,将该收费类型区间内绝大部分车辆的核定车货总质量控制在基数以下,其他步骤和模式①相同。

③超限判定:根据实际车货总质量超总轴限的比例计算超限幅度,根据超限范围的不同来确定加收标准。

(3)分类计重收费模式(简称分类模式):以交通运输部新颁布的货车分类标准为基础,按照一定的原则计算出各车型核定车货总质量变化区间,并在原收费标准的基础上合理确定各收费区间相应的费率标准,根据车辆实际车货总质量确定其车型和通行费征收额,核定车货总质量=空车质量+核定载质量+30%允许装载误差,空车质量根据《公路汽车征费标准计量手册(第三册)》确定。对最大轴载超限100%以内的车辆,其超限部分要求在一定距离内自行卸载,超限100%以上车辆不准驶入或强行卸载并予以行政处罚。该收费模式的实施原则是:标准车型、标准装载、标准收费;标准车型、超额装载、超额收费;超限车辆、加重收费。

2)上述实施模式的比较及评价

对以上3种计重收费实施模式的优缺点比较,如表1-3所示。3个实施模式各有长短。在表1-3归纳分析的基础上,将收费模式实施效果用补偿性、公平性、合理性、惩罚性、可操作性5项指标进行评价,将评价效果划分为好、较好、一般、较差、差五等级,据此对3种计重收费模式及传统分车型收费模式的实施效果做出定性评价,如表1-4所示。

3种计重收费实施模式的优缺点比较表 表1-3

模式	优点	缺点
完全计重模式	①重车多收,轻车少收,并能对超限运输车辆进行惩罚性收费,能较好地实现补偿性目标和惩罚性目标。 ②以车辆实际载重吨位收费,避免了人工判别车型带来的误差和时间延误,彻底消除了"大吨小标"的隐患,具有合理性。 ③较好解决了车型分类跨度大,分车型之间临界差别大的问题,更具公平性	①过分依赖称重设备,可操作性有局限。鉴于称重设备不十分成熟的现状和车道环境对称重精度的影响,当称重设备故障或不准时,易产生收费主体和道路使用者之间的矛盾,影响收费工作的顺利进行。 ②对分车型收费模式进行了根本意义上的变革,对社会冲击较大,实施难度较大
组合计重模式	①对现有收费模式改变较小,减少了收费政策对社会的冲击,道路运输者心理较易接受。 ②对称重设备的依赖性较弱,可操作性强;称重设备故障或称重不准时,分车型收费,不影响收费工作的正常进行	①仍需人工判定车型,无法解决原收费模式存在的不合理性。 ②在各车型间收费标准的临界差别大的缺点无法克服。 ③由于不同超限超载区间的载货汽车惩罚额度差别巨大,容易产生矛盾
分类计重模式	①根据实际车货总质量收费,能起到鼓励空车多上路的效果,体现了补偿性和公平性原则。 ②符合交通运输部五类车型分类标准的最新规定,便于与中央和周边省市的车型分类政策统一。 ③对超限运输车辆特别是恶意超限车辆采取行政手段和经济手段相结合的办法,能更有效更迅速地遏制超限运输	①对称重收费的依赖较强,一旦实际车货总质量处于核定值的附近,极易产生纠纷。 ②对超限运输车辆实行卸载或处罚的方式在超限率较高的现阶段,其可操作性有待商榷

各收费模式实施效果评价表 表1-4

收费模式		补偿性	公平性	合理性	惩罚性	可操作性
完全模式		较好	好	好	一般	一般
组合式	超载判定	一般	差	差	较好	一般
	基数判定	一般	一般	一般	较好	较好
	超限判定	较好	较差	一般	较好	一般
分类模式		较差	一般	一般	好	较好
传统模式		差	差	差	差	一般

表1-4说明:组合模式中的基数判定模式也具有较好的效果,特别是其对计重设备不具有强依赖性,在计重收费实施初期具有一定的实用价值,但其仍无法克服传统收费模式的弊端,不应成为主流发展方向。完全计重收费模式虽然不具有较好的可操作性,但其五项评价指标的综合评价结果无疑是几个模式最为理想的,其可以较好地实现计重收费的主要目标,即从根本上改变传统收费模式的不合理性,运用经济杠杆治理超限运输。因此,完全计重收费模式应该成为今后计重收费的发展方向。

1.3.5 高速公路计重收费政策实施的决策分析

高速公路计重收费政策决策过程实际上是一个方案比选过程,高速公路计重收费政策决策不仅需要定性分析,而且需要进行定量分析。通过定量分析把计重收费政策各方案进行量化，为决策者选择政策方案提供基础。对现有的计重收费政策效果进行量化分析，可以辨明政策效果的成因，以便通过优化政策运行机制的方式来强化和扩大政策的效果。由此可以看出计重收费政策量化分析对于计重收费政策的决定与优化有着重要的作用，而计重收费政策方案的量化分析需要选择合适的量化分析方法。

成本-收益分析法是我国现行收费政策决策分析的主要方法。它是通过比较各种方案的全部预期收益和预期成本的现值来评价这些方案，作为政策决定参考的一种分析方法，其也应成为目前计重收费政策决策分析的主要方法。计重收费政策决定以公共福利最大化为目标，所以成本-收益分析方法有着自身特殊性：

首先，以社会福利最大化为目标的计重收费政策决定必须兼顾效率与公平，高速公路计重收费实施考虑的不仅是经济效益，而考虑更多的是社会效益。

其次，公共项目的投入和产出在多数情况下无法用直接的市场价格来衡量，因为大多数公共产品的供给不是通过市场交易完成的，比如不存在生态环境和资源得以保护的价格等。另外，由于市场失控的原因，许多场合市场价格也不能反映产品真实的社会边际成本。就高速公路计重收费而言，成本-收益分析法的应用会有其自身的特殊性。

1）成本与收益的衡量

在高速公路计重收费政策决定之前，必须对成本与效益进行系统的分析，将高速公路计重收费实施的成本和收益分解成几大类进行比较，如表1-5所示。

高速公路计重收费政策实施的成本与收益分解表 表1-5

分类		成本	收益
直接的	有形的	计重收费设备的投入和人员的投入	通行费收入增加和养护费用减少
	无形的	物价上涨	超限车辆减少、运价回归合理
间接的	有形的	遏制了对运输成本承受力较低物品的运输需求	交通事故成本减少
	无形的	短时间内收费冲突增加	运输产业规模化、收费趋于公平化

计重收费政策的成本与收益又可进一步划分为直接的和间接的两类。直接的成本和收益主要是与计重收费政策目标密切相关的成本与收益；间接的成本和收益与计重收费整个的非主要目标相关，更多地体现在副产品上，也称为外部效应或溢出效应。比如，高速公路计重收费实施后，减少了超限运输车辆，降低了交通事故，减少了环境污染治理成本和交通事故成本。成本和收益也可以划分为无形的和有形的两类。有形的成本和收益主要指能够以金钱衡量的成本和收益；无形的成本和收益则主要指不能用金钱衡量的成本和收益。比如，高速公路计重收费实施后，超限补偿收费额的增加就属于有形的收益，而运输产业规模化、收费趋于公平化、运价回归合理则属于无形的收益。

这些成本和收益的因素是在进行高速公路计重收费政策的决策过程中应该考虑的相关因素。高速公路计重收费的实施不能不讲究成本和收益，尽管对于某些地区（西部地区）的计重收费政策经过分析显示可能是收益小于成本，政府也会为了特殊的利益（政治稳定、民族融合）或长远的利益（经济发展、社会进步）去实施它，但是对于绝大多数的计重收费实施项目来说，收益超过成本应该是基本的要求。

2）运用成本-收益法进行决策

在现实中，并非所有收益超过成本的公共项目都是政策决定时可以选择的，是否选择取决于决策规则。对计重收费实施项目，进行能不能实施的决策过程中时，最好使用成本-收益中的净现值（NPV）标准进行衡量。对于单一方案，决策就是净现值大于0时，项目才能执行。假设同时面临几个相互排斥的项目(如不能同时实施等),那么在一组相互排斥的项目中选择净现值最大的项目就是此时的决策规则。

3)成本-效果分析

成本-效果分析在20世纪60年代开始使用,其出现的原因主要在于成本-收益分析存在两个难点:其一是成本和收益的可比性问题。用成本-收益进行项目决策分析要求成本和收益都能量化,这样成本-收益分析只能局限于项目的经济成本和收益分析,那些无法量化的非经济因素成本和收益就无法进行比较分析。其二是未来的成本和收益往往有很大的不确定性,难以进行准确的估计和比较。而成本-效果分析则可以弥补成本-收益分析的不足,其特点是所有方案的目标相同,只考虑为实现目标的各种方案所付出的代价,而不考虑这些方案的经济效益。由于其便于分析和对比,因而在政府的公共项目决策中得到广泛应用。

1.4 高速公路计重收费的研究现状与动态

1.4.1 国外的研究现状与动态

公路上汽车超限超载运输是一个世界性难题,许多发达国家也都出现过严重超限超载运输的问题,但由于这些国家相关的法律、法规都比较完善,它们大都通过在行车道上设立动态称重设备用于检测车辆轴载情况,一旦出现超载超限运输车辆,便根据法律条款给予严厉的制裁,并且随着其国民人身安全意识的提高,超限超载运输得到了较好的控制。目前,国外最常用的是考虑收费弹性(敏感性)的道路收费标准方式:它主要研究的是在行驶时间、舒适性、安全性等道路交通条件一定的情况下交通量随费率变化的情况。

目前,国外实施计重收费的国家主要有美国、比利时、日本、韩国等几个少数国家。即使这些国家已实施计重收费,但也不是大范围地推广实施,仅仅是在为数不多的道路上,仍然是把治理超限超载放在比较重要的地位。国外计重收费的研究主要是WIM(WEIGHT-IN-MOTION)技术层面上,但目前技术还都不够成熟。我国将计重收费作为一种治超手段大范围地应用于公路收费在全球范围内尚属首次。国外学者对计重收费相关理论鲜有研究,但由于超限运输是世界各国公路系统的“顽疾”,国外学者对超限运输的负外部性作了有益的研究。Hildebrand建立了一个理论经济模型,并提出了一个在不同的罚款和执法情况下经济产出的战略框架。Campbell的研究成果表明随着车辆总重的增加,发生致命交通事故的比例会有一定程度的增加。Fancher的研究也发现随着车辆总重增加,翻滚和跳跃导致的致命交通事故也随之增加。博弈论的模型展示了如何构建处罚机制来消除超限运输的经济利益驱动,并提供了一个分析处罚机制和磅秤运营结果的经济框架。Steven提出了与机动车有关的3种成本,分别是基础设施成本、使用者成本和外部成本。他所提到的基础设施成本包括道路的建设和维护成本;使用成本包括固定成本、变动成本和时间成本;外部成本包括交通事故成本、交通拥挤成本、交通噪声成本和空气污染成本。这种观点为计重收费超限补偿理论奠定了一定的基础。

1.4.2 国内的研究现状与动态

1)计重收费通行费计算模型研究现状与动态

王国清等提出了计重收费的基本思想,主要提出了限重标准和轴载标准及不同路基路面及桥梁构造物的最大承受能力,这是我国公路计重收费较早的理论研究成果。陈荫三提出了计重收费在我国产生的成因,即为了治理严重的超限运输现象,指出计重收费的基本思路即以核定载质量为依据转而以货车实际总质量和轴载限额为依据,为计重收费通行费计算模型的提出奠定了基础。杨露等对计重收费模式进行了比较研究,提出了不分档完全计重收费模式、分档完全计重收费模式与不完全计重收费模式 3 种收费模式,并对 3 种模式的计重收费效果进行了比较研究,这是我国计重收费初步理论研究成果之一。高博对现行计重收费通行费计算模型的超限认定标准、正常计重收费费率模式、超限收取标准及计重区间的选取等问题进行了探讨,并指出在正常装载的情况下,计重收费费率模式归纳为 3 种:单一、阶梯式和线性递减收费费率模式。宗雪梅等根据车辆装载特点和轴型分布特征,确定出 9 种车型的限载系数和限载标准,评价了限载后车辆荷载特性,认为车辆限载后宜使用多轮、多轴运营车型,对计重收费通行费计算模型中超限认定标准参数优化具有一定的指导意义。曹锦文等对计重收费通行费计算模型的参数进行了初步探讨,主要在计重收费划分区间、计重收费优惠系数和加收系数等计重要素进行了分析,对计重收费理论进行了一定的完善。贡金鑫等对非治超地区、计重收费地区和强制治超地区的车辆荷载数据进行了统计分析,研究结果表明通过所有路段的车辆荷载均服从多峰分布,对计重收费通行费计算模型中计重吨位划分区间参数优化具有一定的指导意义。刘拥华等进一步剖析了计重收费的内涵与作用机理,着重对云南省高速公路计重收费通行费计算模型参数进行了修正,并依托调研数据,扩展了计重收费计算模型在交通运输系统中的应用。

由上可知,计重收费计算模型方面主要在计重收费产生原因、实施模式、认定超限超载标准以及计重参数等方面做了较深入的研究,但是计重收费通行费计算模型的理论体系还没有完整建立。

2)计重收费费率标准定价研究现状与动态

王健伟等在计重收费定义和类型的基础上,根据公路的准公共产品特性,提出公路收费宜采用非线性的“两部定价”理论模型,并对相关参数进行了一些标定。卢毅等分析了计重收费的作用机理,指出计重收费需要发挥公平、合理、补偿、惩罚 4 个作用;在对当前国内公路载货汽车实施计重收费各种模式与定价方案实证分析的基础上,提出相对较优的计重收费模式与费率标准定价方案。刘轶等提出在计重收费费率标准的制订中尽量避免通行费额出现阶跃,同时要根据现场采集的数据进行分析结合实际情况进行权衡后制订。张欢等根据收费标准的测算理论和计重收费的定价特点,综合考虑“大吨小标”“绿色通道”、收费标准调整、运输成本等多种费率影响因素,提出采用额定总重法、实测总重法和对比分析法等3 种方法得出计重收费的基本费率标准。张军等基于当量轴次和当量系数提出当量系数法,建立计重收费费率标准的确定方法,该方法能够较好地反映道路投资的特点和道路运输的实际情况,对处罚大吨小标车辆、减轻道路破坏具有重要的意义;文献采用数学规划法,通过分析高速公路收费费率的主要影响因素(如交通流量等)以及各类约束条件,选取某个优化指标,建立高速公路收费费率优化模型,从而求解该模型确定出最优的收费费率标准。武奇生等设计了一个计重收费交通量数据处理及费率模拟系统,该系统能够实现计重收费交通量采集数据与联网收费数据的处理。庞明宝等采用系统分析方法,从政府、高速公路管理者及重载车辆用户与整个路网结构中的其他道路的管理分析入手,建立重载高速公路计重收费费率确定的博弈模型,并采用遗传算法对模型进行求解。曹锦文根据收费公路中各种建设与管理成本,利用成本反推法,建立了经营性公路和政府还贷性公路的计重收费费率标准计算模型,为费率测算提供理论指导。

由上可知,计重收费费率定价方面主要在影响费率因素、制订费率定价方案以及测算费率标准算法等方面做了较深入的研究,而对费率定价过程所涉及的政府、经营者和使用者之间的利益如何合理地平衡还有待深入研究。

3)超限补偿费率定价研究现状与动态

杨兆升等从不同角度研究了超限车辆补偿费率确定的原则、方法以及定价模型。它们都是在基本费率的基础上,确定不同超限程度下的超限车辆补偿费率。但是该方法存在一定的局限性,没有考虑超限运输所引发的外部成本。文献阐述了交通运输负外部性的含义以及产生的原因,分析了交通运输所引起的外部成本构成要素,主要分为大气污染、噪声污染、交通事故、交通拥挤4类;并提出实施外部成本内部化的相关措施。曾江洪等讨论了计重收费超限车辆补偿费率确定的原则和方法,并以湖南省高速公路为例,演算了超限加收倍数,确定其超限车辆补偿费率标准。任卫群等提出了一套完整的公路车辆对道路破坏性研究的系统化方法,研究结果表明,车辆在严重超限时,轴荷增加100%可造成疲劳寿命严重降低。该成果为计重收费超限补偿费率定价模型中加收倍数的确定提供了理论指导。蔡建华等阐明超限运输产生的根源是运输业户受“多拉货多赚钱”和“使小车少缴费”的双重经济利益驱动所致,并提出了加大经济调节力度,提高路面执法强度,加大超限处罚力度的治理超限运输总体思路。该成果为计重收费超限补偿费率定价模型的建立奠定了基础。吕正昱等指出外部成本作为交通方式社会总成本中不可忽视的部分,通过对社会总成本具体构成进行分析,初步实现了外部成本纳入我国交通定价体系的目标。陈治亚等提出采用效率成本来衡量公路超限运输所引起的相关费用。研究表明:超限车辆比例较小时,公路运输效率受影响极小;而超限车辆比例达到一定量后,公路运输效率逐渐降低,相应超限车辆所需承担的效率成本逐渐增加,也为超限补偿费率定价模型奠定基础。

综上所述,国内外对计重收费所做的相关研究工作虽然逐渐增多,也取得了一定的研究成果,但仍存在一些不足:

(1)计重收费通行费计算模型方面,模型中吨位划分区间、超限认定标准等相关参数缺乏足够的理论支持,其合理性有待实践进一步检验。高速公路计重收费的计算没有较完善的数学模型,理论上还需要不断优化。

(2)计重收费费率定价方面,对政府、高速公路运营企业与道路使用者的多方利益考虑的层次还不够深入,计重收费费率标准确定的定价理论体系还没有完整建立,有待进一步优化。

(3)对超限运输补偿费率研究方面,大多集中在交通外部成本的定性分析上,在定量计算方法上较少。对超限补偿费率一般只考虑了超限车辆对道路的损毁成本,而对超限运输对整个公路系统带来的外部成本进行系统分析和定量测算的研究较少。

本书正是在国内外研究基础和云南省科学技术厅自然科学基金面上项目《云南高速公路计重收费关键问题研究》(项目编号2012FB136)成果上,尤其是对我国计重收费实施过程中所面临的一些问题,将计重收费的相关基础理论进行系统的优化;同时拓展计重收费理论范畴与其在交通运输系统中的应用,构建一套更适合我国计重收费实践发展的高速公路计重收费理论体系,使计重收费更加规范科学,更好地服务于公路交通事业。

2 高速公路计重收费相关要素的分析与选择

本章主要针对高速公路计重收费相关要素进行分析与选择,为高速公路计重收费通行费计算模型和定价理论研究奠定基础。首先,介绍了4种不同的超限认定标准,推荐较优方案;然后,对计重收费区间如何划分进行讨论;最后,阐述计重收费中的关键参数如何确定优惠幅度、加收倍数等。

2.1 超限认定标准的比较与选择

超限认定标准是指车辆在道路上行驶时,在外廓尺寸、轴载及质量等方面的限值(本书主要指车辆轴载和总质量超过限值,以下同)。根据研究和查阅资料及目前已实施计重收费省份采用的,本书认为我国目前有4种超限认定标准可用于计重收费。

2.1.1 2000年交通部2号令《超限运输车辆行驶公路管理规定》

2000年交通部2号令《超限运输车辆行驶公路管理规定》,以下简称交通部2号令标准。该文件中,详细定义了"超限运输车辆",可用于计重收费的超限认定标准有两类:

1)轴限

单轴(每侧单轮胎)载质量6t;

单轴(每侧双轮胎)载质量10t;

双联轴(每侧单轮胎)载质量10t;

双联轴(每侧各一单轮胎,双轮胎)载质量14t;

双联轴(每侧双轮胎)载质量18t;

三联轴(每侧单轮胎)载质量12t;

三联轴(每侧双轮胎)载质量22t。

依据各组轴的轴限,可得到各种类型车辆的总轴限。

2)总质量限

单车、半挂列车、全挂列车车货总质量限40t;集装箱半挂列车车货总质量限46t。

交通部2号令轴限标准,清晰明确地规定了车辆各个轴组对路面的限载标准,总轴限是各个轴组限载标准之和。目前国内计重设备能较为准确地识别显示单轴、双联轴、三联轴、轴数等信息,因而该轴限标准可以用于计重收费,但该轴限标准对计重设备的精度要求相对较高。本书在进行计重收费项目研究时,对某省选点进行实际计重信息采集调研中发现,现行的计重设备识别技术对轴数的识别比较准确,而对轴型的识别有时存在差错。例如,对"前四后八"货车的轴型"单轴单轮+单轴单轮+双轴双轮"误判为"双轴双轮+双轴双轮",三轴货车的轴型"单轴单轮+双轴双轮"误判为"单轴单轮+单轴双轮"等。出现这样错误,容易导致驾驶员与收费员之间的扯皮现象,既影响收费的公正,又可能影响收费站的通行能力。所以,采购安装高质量的计重设备是应用该轴限标准的前提和关键。

交通部2号令总质量限标准，则过于简单，仅区分为单车、半挂列车、全挂列车车货总质量限和集装箱半挂列车车货总质量两种类型的总质量限，因此不宜单独使用作为超限认定标准。

2.1.2 2004年国家标准《道路车辆外廓尺寸、轴荷及质量限值》

2004年国家标准《道路车辆外廓尺寸、轴荷及质量限值》(GB 1589—2004)(以下简称GB 1589国标)。该国家标准中，详细规定了各种类型车辆的最大允许轴荷和最大允许总质量，可用于计重收费的超限认定标准。具体可归纳为以下两类：

1)轴限

(1)单轴。汽车及挂车单轴的最大允许轴荷，不得超过表2-1规定的最大限值。

汽车及挂车单轴的最大允许轴荷的最大限值 表2-1

车辆类型			最大允许轴荷最大限值(kg)
挂车及二轴货车	每侧单轮胎		6 000①
	每侧双轮胎		10 000②
客车、半挂牵引车及三轴以上(含三轴)货车	每侧单轮胎		7 000①
	每侧双轮胎	非驱动轴	10 000②
		驱动轴	11 500

注：①安装名义断面宽度超过400(公制系列)或13.00(英制系列)轮胎的车轴，其最大允许轴荷不得超过规定的各轮胎负荷之和，且最大限值为10 000kg；

②装备空气悬架时最大允许轴荷的最大限值为11 500kg。

(2)并装轴。汽车及挂车并装轴的最大允许轴荷不得超过表2-2规定的最大限值。

汽车及挂车并装轴的最大允许轴荷的最大限值 表2-2

车辆类型			最大允许轴荷最大限值(kg)
汽车	并装双轴	并装双轴的轴距<1 000mm	11 500
		并装双轴的轴距≥1 000mm，且<1 300mm	16 000
		并装双轴的轴距≥1 300mm，且<1 800mm	18 000 *
挂车	并装双轴	并装双轴的轴距<1 000mm	11 000
		并装双轴的轴距≥1 000mm，且<1 300mm	16 000
		并装双轴的轴距≥1 300mm，且<1 800mm	18 000
		并装双轴的轴距≥1 800mm	20 000
	并装三轴	相邻两轴之间距离≤1 300mm	21 000
		相邻两轴之间距离>1 300mm，且≤1 400mm	24 000

注：表中*驱动轴为每轴每侧双轮胎且装备空气悬架时，最大允许轴荷的最大限值为19 000kg。

2)总质量限

汽车、挂车及汽车列车的最大允许总质量不得超过各车轴最大允许轴荷之和，且不得超过表2-3规定的最大限值。

汽车、挂车及汽车列车最大允许总质量的最大限值 表 2-3

车辆类型			最大限值(kg)
汽车	三轮汽车		2 000①
	乘用车		4 500
	客车	二轴客车	18 000
		三轴客车	25 000②
		单铰接客车	28 000
	半挂牵引车	二轴半挂牵引车	18 000
		三轴半挂牵引车	25 000②
	货车	二轴货车	16 000③④
		三轴货车	25 000②
		具有双转向轴的四轴汽车	31 000⑤
挂车	半挂车	一轴半挂车	18 000
		二轴半挂车	35 000⑥
		三轴半挂车	40 000⑥
	其他挂车	二轴挂车,每轴每侧为单轮胎	12 000
		二轴挂车,一轴每侧为单轮胎、另一轴每侧为双轮胎	16 000
		二轴挂车,每轴每侧为双轮胎	20 000
汽车列车		二轴汽车和一轴挂车组成的汽车列车	27 000
		二轴汽车和二轴挂车组成的汽车列车	35 000⑦
		具有五轴的汽车列车	43 000
		具有六轴的汽车列车	49 000

注:①当采用转向盘转向、由传动轴传递动力、具有驾驶室且驾驶员座椅后设计有物品放置空间时,最大允许总质量最大限值为 3 000kg;

②当驱动轴为每轴每侧双轮胎且装备空气悬架时,最大允许总质量的最大限值为 26 000kg;

③当驱动轴为每轴每侧双轮胎且装备空气悬架时,最大允许总质量的最大限值为 17 000kg;

④对于最高设计车速小于 70km/h 的四轮货车,最大允许总质量的最大限值为 4 500kg;

⑤当驱动轴为每轴每侧双轮胎且装备空气悬架时,最大允许总质量的最大限值为 32 000kg;

⑥不适用于运送车辆的专用半挂车;

⑦驱动轴为每轴每侧双轮胎并装备空气悬架,且半挂车的两轴之间的距离 $d \geqslant 1\ 800$mm 的铰接列车,最大允许总质量的最大限值为 37 000kg。

考虑表 2-3 中货车及汽车列车的最大允许总质量最大限值,与实际情况相比较为复杂,通过仔细研究和比对,可以得到下列简化的总质量限标准,完全可以满足公路计重收费的实践应用。

二轴车:17t;

三轴车:27t;

四轴车:37t;

五轴车:43t;

六轴车及以上:49t。

国家标准的轴限是分单轴、并装轴,分汽车、挂车,以轮胎数、轴距、驱动轴与否等众多信息给出各种车型的限载标准,它更加详细、准确地规定了各种轴型的轴限标准。但该标准直接用于计重收费困难很大，因为它要求计重设备具备超高的识别技术。要求对单轴、并装轴、轴数、轮胎数、轴距、驱动轴及非驱动轴都要准确识别。然而目前国内计重设备识别单轴、并装轴、轴数较为准确，对轴距的识别较差，对驱动轴与非驱动轴的识别就更加困难。因此，该轴限标准很难直接用于计重收费。

国家标准的总质量限因主要通过车辆轴数的识别（易于识别），给出各轴数车辆的限载标准来判别超限情况，因而国家标准的总质量限可以方便地用于计重收费。

2.1.3 2004 年国家七部委《关于在全国开展车辆超限超载治理工作的实施方案的通知》

2004 年国家七部委《关于在全国开展车辆超限超载治理工作的实施方案的通知》，以下简称七部委联合治超标准。该文件规定：从 2004 年 6 月 20 日起，利用 1 年时间，由各级交通、公安部门按照"统一口径、统一标准、统一行动"的要求，对超限超载车辆进行集中治理。

严格执行统一的超限超载认定标准。在集中治理超限超载期间，所有车辆在装载时，既不能超过下列第 1 ~ 第 5 种情形规定的超限标准，又不能超过下列第 6 种情形规定的超载标准。

(1)二轴车，其车货总质量超过 20t 的。

(2)三轴车，其车货总质量超过 30t 的（双联轴按照两个轴计算，三联轴按照三个轴计算，下同）。

(3)四轴车，其车货总质量超过 40t 的。

(4)五轴车，其车货总质量超过 50t 的。

(5)六轴及六轴以上车，其车货总质量超过 55t 的。

(6)虽未超过上述 5 种标准，但车辆装载质量超过行驶证核定载质量的。

2.1.4 2005 年交通部《关于收费公路试行计重收费的指导意见》

交通部《关于收费公路试行计重收费的指导意见》（以下简称《指导意见》）规定：根据《中华人民共和国公路法》以及国家有关法规规定，在公路上行驶的车辆的轴载质量应当符合《公路工程技术标准》（GB 1589 国标）的要求。根据 GB 1589 国标的规定，在试行计重收费的公路上行驶的货车如超过如下认定标准，则被视为已超过公路的承载能力。本书简称"超限认定标准"。

(1)车辆的轴载质量（简称轴重）认定标准：

①单轴（每侧单轮胎）7t；

②单轴（每侧双轮胎）10t；

③并装双轴（每侧双轮胎）18t（每少 2 个轮胎减 4t）；

④并装三轴（每侧双轮胎）24t（每少 2 个轮胎减 4t）。

(2)车辆的车货总质量认定标准：

①三轮货车 2t；

②低速货车（四轮且最高设计车速小于 70km）4.5t；

③二轴货车 17t；

④三轴货车 25t（由二轴汽车和一轴挂车组成的汽车列车为 27t）；

⑤四轴货车 35t（空气悬架、轴距≥1 800mm 为 37t）；

⑥五轴货车 43t；

⑦六轴及六轴以上货车 49t。

(3)当车辆各轴对应的轴重认定标准之和与该车对应的车货总质量认定标准不一致时，以二者之间的较小值者作为该车对应的公路承载能力认定标准。

实行计重收费的公路，以实地测量的车货总质量作为收费的依据。同时，按照轴重与总重相结合的方式，根据实际测量的各轴轴重之和(即车辆的实际车货总质量)，与该车对应的公路承载能力认定标准的比较情况，核定汽车是否超过公路承载能力。

2.1.5 计重收费车辆超限认定标准推荐方案

经过以上比较分析认为：以上 4 个文件中，GB 1589 国标和交通部《指导意见》既具权威性，又有长效性，对公路计重收费的实施具有指导意义，应结合使用作为公路计重收费超限认定标准。

具体确定超限认定标准时，应充分考虑当地收费公路的实际情况、计重设备的技术特性、收费操作的简单易行、收费的公平合理等因素，在整体上采用 GB 1589 国标和交通部《指导意见》的总轴限和总质量限基础上，略作调整。而国家七部委联合治超标准只给出各种轴数车辆总质量限，虽然轴数易于识别，适用性较强，但是该标准出现在 GB 1589 国标正式实施以前，是对“大吨小标”车辆吨位恢复工作和集中治理超载超限期间使用的标准，只是一种过渡性的标准，不具有国家法律法规效力的长期性，因此本书认为一般不宜用于长期计重收费工作的实践中。

经过以上比较分析，本书认为：以上 4 种认定超限运输的标准中，交通部 2 号令标准和国家标准具有较高的立法层次，既具权威性，又有长效性，应配合使用并作为计重收费认定超限运输的标准。而《指导意见》是在 2 号令的基础上略加修订提出的，是行业主管部门规范计重收费的具体应用文件，但也要充分考虑计重设备的技术特性、收费操作的简单易行、收费的公平合理和对道路使用者有利的原则。另外，GB 1589 国标稍显复杂，具体操作起来可能有点困难，所以本书认为综合采用《指导意见》标准中的总轴限和国家标准中的总质量限，即同时判别车辆的总轴限和总质量限，以两者中小者作为计算超限率、收费额的依据相对较为科学。由此提出下列计重收费超限认定标准方案：

(1)总轴限认定标准，即总轴重限载，等于各轴限之和。各轴限标准如下：

单轴(每侧单轮胎)：7t；

单轴(每侧双轮胎)：10t；

双联轴(每侧双轮胎)：18t(每少 2 个轮胎减 4t)；

三联轴(每侧双轮胎)：24t(每少 2 个轮胎减 4t)。

(2)总质量限认定标准，即总质量限载，指各轴型车的最大允许总质量限值。总质量限标准如下：

二轴车：17t；

三轴车：27t；

四轴车：37t；

五轴车：43t；

六轴车及以上：49t。

(3)同时判别车辆的总轴限和总质量限，以两者中小者作为超限认定标准。

注意：本推荐方案总轴限认定标准中单轴(每侧单轮胎)7t 和三联轴(每侧双轮胎)24t

参考了表 2-1 和表 2-2 的国家标准的最大值，相比交通部 2 号令标准分别增加了 1t 和 2t，实际上对道路使用者给予了一定程度的优惠。

按照推荐方案，对货车常见类型应用两个超限认定标准的情况及其最终选择超限认定标准，可参见表 2-4。

货车常见类型的两个超限认定标准及其选择表(单位:t)　　表 2-4

车　型	轮系布置	轴数	总质量限	轴限	超限标准
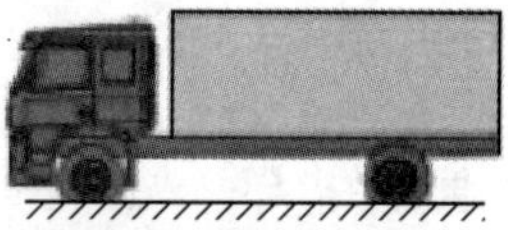	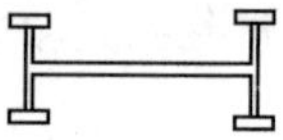	2	17	14	14
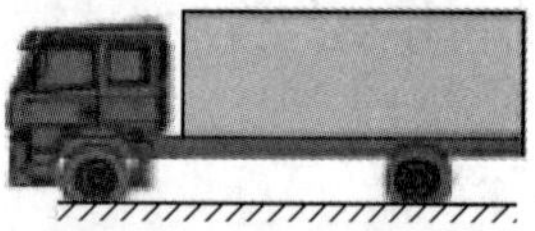	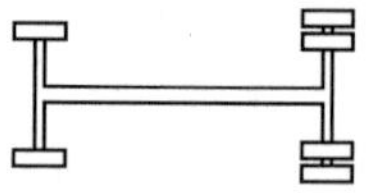	2	17	17	17
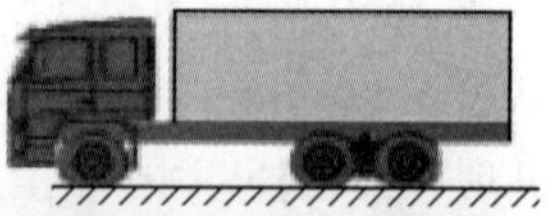	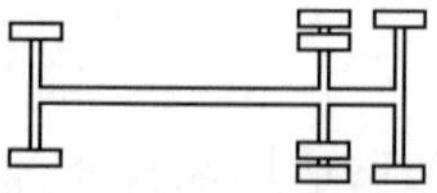	3	27	21	21
	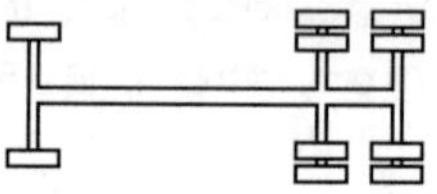	3	27	25	25
	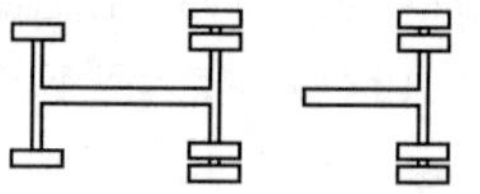	3	27	27	27
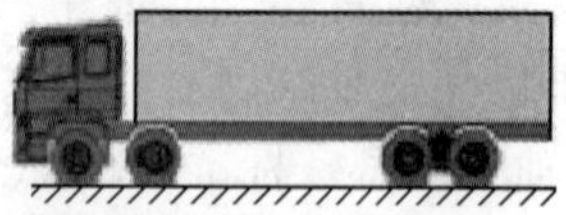	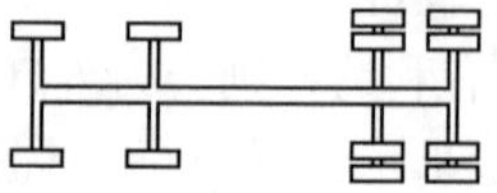	4	37	32	32
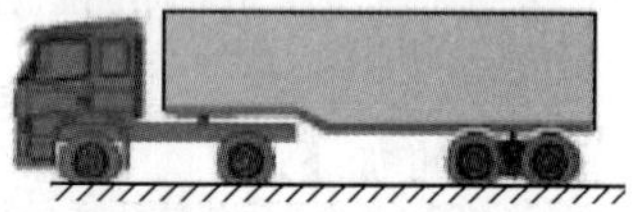	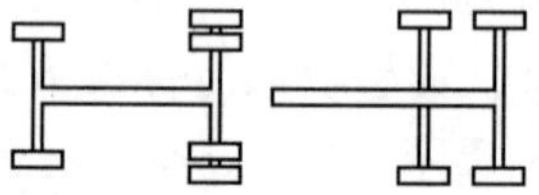	4	37	27	27
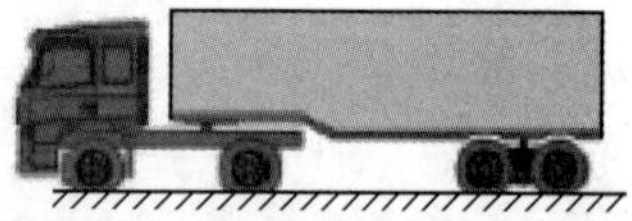	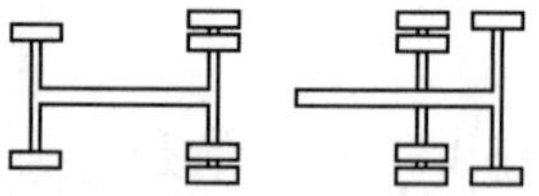	4	37	31	31
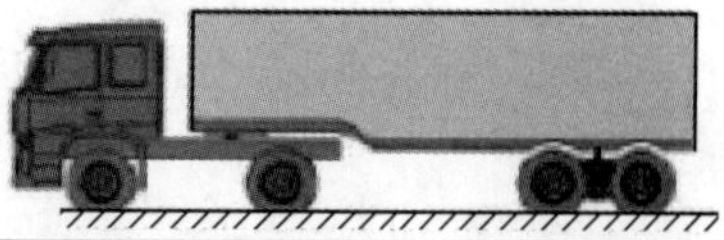	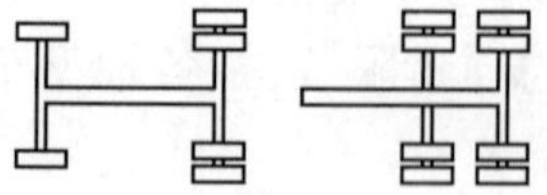	4	37	35	35
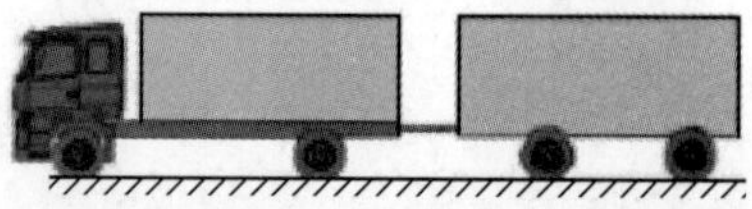	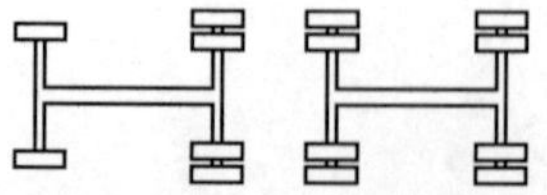	4	37	37	37
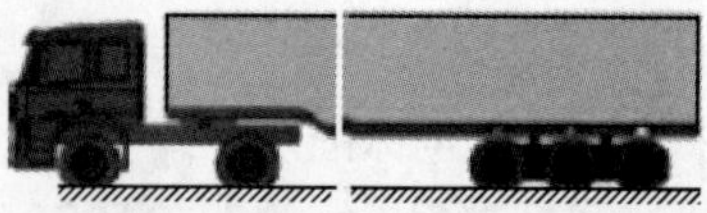	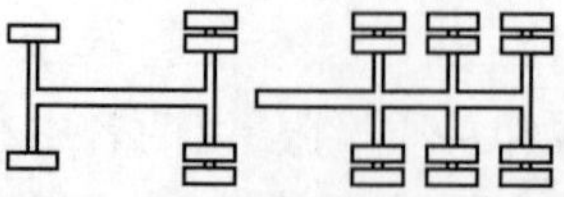	5	43	41	41

续上表

车　型	轮系布置	轴数	总质量限	轴限	超限标准
	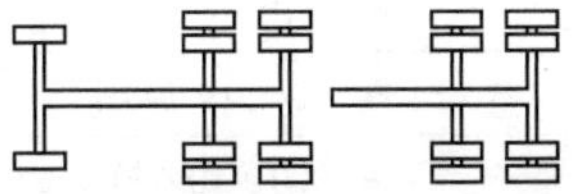	5	43	43	43
	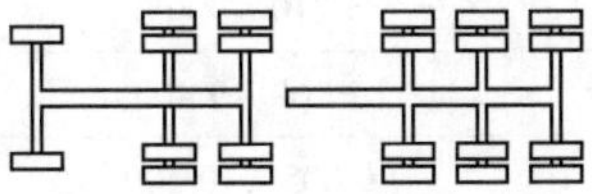	6	49	49	49

注：六轴以上多轴车超限认定标准选择总质量限标准49t。

2.2 正常装载部分计重收费区间的划分与选择

正常装载部分（也称合法运输装载部分）是指车辆的车货总质量中未超过该车辆超限认定标准的那部分车货总质量。正常装载部分计重收费区间是指正常装载部分车货总质量吨数的区间；划分车货总质量的不同区间的目的是为了实行差别费率。下文从理论和实践相结合，讲述计重收费区间划分的两种主要方法。

2.2.1 现行车型收费模式下吨数区间换算计重收费模式下吨数区间

现行车型收费模式下吨数区间换算计重收费模式下吨数区间，这种计重收费区间的划分以现有的货车分类标准为基础，按照一定的换算规则计算出各车型核定车货总质量变化区间，并在原收费标准的基础上合理确定各收费区间相应的计重费率，根据车辆实际车货总质量计算通行费征收额。

核定车货总质量 = 空车质量 + 核定载质量 + 30% 允许装载误差。空车质量根据《公路汽车征费标准计量手册（第三册）》中车辆整备质量确定。

这种计重收费区间的划分，实际上是想保持与按车型收费吨数的对应。研究表明，根据货车的装载规律，参照《公路汽车征费标准计量手册（第三册）》中各型货车的标记吨位、整备质量（空车质量）、最大车货总质量等数据，可以得出这样一个结论：在不超限超载的前提下，货车的最大合理车货总质量一般为自身重量的两倍，即最大车货总质量为整备质量的两倍。这可以通过从《公路汽车征费标准计量手册（第三册）》中查出的数据进行说明，具体见表2-5。

货车整备质量与装载情况统计表　　表2-5

标记吨位（t）	空车质量（kg）	总质量（kg）
1	600 ~ 1 920	1 260 ~ 2 725
2	1 190 ~ 3 020	2 910 ~ 4 730
3	2 130 ~ 4 600	4 450 ~ 6 395
4	3 950 ~ 4 430	7 895 ~ 8 545
5	4 195 ~ 7 580	9 000 ~ 10 930
6	4 265 ~ 7 160	10 460 ~ 11 960
7	5 300 ~ 7 530	11 495 ~ 12 560

续上表

标记吨位(t)	空车质量(kg)	总质量(kg)
8	5 710 ~ 8 950	13 110 ~ 16 200
9	6 090 ~ 9 740	14 425 ~ 18 100
10	7 000 ~ 10 050	15 230 ~ 20 000
11	5 210 ~ 9 800	15 500 ~ 20 000
12	7 160 ~ 9 400	19 000 ~ 21 000
≥13	6 005 ~ 10 500	19 000 ~ 25 900

因此,在划分计重收费区间时,原来按照标记吨位确定的区间中的上限乘以 2 后就会将该类车中的重车包括在内。如果货车超过合理装载吨位,则会发生跳档,进入下一个计重收费区间,费率也会发生相应变化。在将原来的区间界限放大后,空车的划分将向下跳档,重车的不变(超过合理装载的除外),同一辆货车的空车将比重车少收费,对空车的优惠政策体现得比较直接。

1)该方法的优点

(1)设计思想简洁、操作简便。保持了原有车型划分的痕迹,对现行标准的继承性好,向实施计重收费标准过渡比较平稳可靠。

(2)将空车与重车区别开来,同一辆货车的空车将比重车少收费,体现了收费公平性。

2)该方法的缺点

(1)其区间划分过多,使计重收费系统软件的编制比较麻烦。

(2)临界点两侧的车辆,其吨位接近但收费标准差别很大。

(3)对计重设备精确程度要求太高,在临界点附近对称重误差特别敏感,易因计重设备的误差引起驾驶员和收费员之间的纠纷。

由此可见:这种方法保留了原按车型收费的痕迹,区间划分过细,且在现行计重设备技术条件下,容易发生纠纷而影响收费站的通行能力。因此,本书建议不予采纳。

2.2.2 根据当地车辆的车货总质量分布情况划分不同的计重收费区间

根据当地车辆的车货总质量分布情况划分不同的计重收费区间,这种计重收费区间的划分是根据当地高速公路货车运输的实际情况,以采集的货车样本资料做统计分析,并考虑主流标记吨位的车辆合理装载下车货总质量的区间,按照实际的车货总质量划分计重收费区间。

目前国内划分计重收费区间主要有以下 3 类:

(1)划分为小于等于 10t,大于 10t 且小于等于 40t,大于 40t 三个区间(如江苏省、安徽省、湖北省、湖南省等省份采用)。

(2)划分为小于等于 10t,大于 10t 且小于等于 49t 两个区间(如山东省、山西省、河北省等省份采用)。

(3)划分为小于等于 20t,大于 20t 且小于等于 40t,大于 40t 三个区间(如重庆市、云南省、贵州省、《指导意见》等)。

各地方对计重收费区间的划分差异很大。本书认为高速公路正常装载车辆计重收费区间的划分是根据当地公路货车运输的实际情况,以采集的货车车货总质量样本做统计分析,并考虑主流吨位车辆合理装载下车货总质量的区间,按照实际的车货总质量划分计重收费区间。

2.2.3 正常装载部分计重收费区间划分推荐方案

江苏省等采用的区间划分比较适中,既能体现公平,且简单易行;山东省等采用的区间划分中(10,49)的中间区间过大;而云南省、《指导意见》等第一个区间(0,20)过大,不能完全体现对10~20t之间的标准载货汽车及集装箱车辆和属于国家产业政策鼓励发展的其他标准大型车辆的优惠,也不利于运输业的发展,中间区间(20,40)的划分太小,吨位界限过于集中,不利于费率方案的设计。

本书根据在相关课题研究调查中发现货车吨位数分布情况,对某省2011年29条高速公路收费站进行了计重交通信息采集调查,得到了正常装载情况下车货总质量的各区间分布统计数据(见表2-6)。

某省按车货总质量的正常装载车辆分布情况　表2-6

轴　数	≤10t(%)	>10t,≤40t(%)	>10t(%)	合计(%)
2	85.06	14.94	0.00	100.00
3	4.37	95.63	0.00	100.00
4	0.49	99.51	0.00	100.00
5	1.57	71.26	27.17	100.00
≥6	0.62	56.12	43.26	100.00
小计	60.03	36.94	3.03	100.00

通过表2-6可以看出:10t以下车辆占半数以上。另外,从理论上来说,起始点的吨位越小,划分的区间越细,收费越准确。但是,为了设计收费模式,区间跨度大一点相对较好,它可以使线性递增模式的斜率变得较平缓,便于用户接受。另外,从表2-4可以看出,2轴货车最低超限认定标准为14t,若起始点吨位较大,会使得此部分合法装的车辆得不到优惠,与计重收费指导思想和基本原则相违背;反之,若上限点吨位过大,将会使得特大型车辆优惠程度不够,这与国家大力鼓励大型车车辆发展政策不相吻合。因此,本书提出下列计重收费区间划分。

高速公路货运车辆的正常装载部分计重收费区间划分推荐方案:

正常装载部分实际车货总质量划分为三个区间,即小于或等于10t、大于10t且小于或等于40t、大于40t。

2.3 正常装载部分计重收费优惠幅度的分析与选择

从我国高速公路计重收费推广实施的基本原则可知:一方面,要充分体现鼓励合法运输、打击超限超载运输的目的。确定计重收费的费率标准时,要保证守法的道路运输经营者的收费标准和运输成本适当降低,以保护其合法利益。另一方面,要通过车辆通行费征收方式的调整和优化,利用经济杠杆,对国家鼓励发展的推荐车型和多轴大型车辆给予适当的通行费优惠,用政策引导货运车辆发展,优化货运车辆结构。因此,对于正常装载的合法运输车辆应当给予费率适当优惠,特别是多轴大型车辆优惠程度更应突出。

下文主要从国内计重收费区间划分的3种主要类别进行分析:

(1)第一类:小于或等于10t,大于10t且小于或等于40t,大于40t的三个区间。其计重区间优惠幅度见表2-7。

第一类划分计重收费区间优惠幅度 表2-7

省份	≤10t	>10t,≤40t	>40t	优惠幅度(%)	优惠斜率
江苏	0.09元/(t·km)	0.09元/(t·km)线性递减到0.04元/(t·km)	0.04元/(t·km)	56	0.002
安徽	0.08元/(t·km)	0.08元/(t·km)线性递减到0.043元/(t·km)	0.043元/(t·km)	46	0.001
湖北	0.08元/(t·km)	0.08元/(t·km)线性递减到0.04元/(t·km)	0.04元/(t·km)	50	0.001
湖南	0.08元/(t·km)	0.08元/(t·km)线性递减到0.04元/(t·km)	0.04元/(t·km)	50	0.001
陕西	0.08元/(t·km)	0.08元/(t·km)线性递减到0.04元/(t·km)	0.04元/(t·km)	50	0.001
江西	0.08元/(t·km)	0.06元/(t·km)线性递减到0.03元/(t·km)	0.03元/(t·km)	50	0.001

从2-7表中可以看出,在相同的计重区间划分下各省份的高速公路最大优惠幅度基本在45%~55%之间,其中大部分是50%,计重的优惠区间的直线斜率也基本一致。说明多数高速公路的对于优惠系数的设定具有高度的一致性,货车在这些省份受到的优惠程度是基本一致的。

(2)第二类:小于或等于10t,大于10t且小于或等于49t的两个区间。其计重区间优惠幅度见表2-8。

第二类划分计重收费区间优惠幅度 表2-8

省份	≤10t	>10t,≤49t	优惠幅度(%)	优惠斜率
山东	0.08元/(t·km)	0.08元/(t·km)线性递减到0.0363元/(t·km)	55	0.001
山西	0.09元/(t·km)	0.09元/(t·km)线性递减到0.063元/(t·km)	30	0.0007
河北	0.08元/(t·km)	0.08元/(t·km)线性递减到0.044元/(t·km)	45	0.001

从2-8表中可以看出,在相同的计重区间划分下各省份(山西除外)优惠幅度在50%左右,优惠直线的斜率也非常接近,说明货车在这些省份受到的优惠程度是基本一致的。

(3)第三类:小于或等于20t,大于20t且小于或等于40t,大于40t的三个区间。其计重区间优惠幅度见表2-9。

第三类划分计重收费区间优惠幅度 表2-9

省份	≤20t	>20t,≤40t	>40t	优惠幅度(%)	优惠斜率
重庆	0.08元/(t·km)	0.08元/(t·km)线性递减到0.04元/(t·km)	0.04元/(t·km)	50	0.002
贵州	0.09元/(t·km)	0.09元/(t·km)线性递减到0.063元/(t·km)	0.063元/(t·km)	70	0.001
云南	0.08元/(t·km)	0.08元/(t·km)线性递减到0.04元/(t·km)	0.04元/(t·km)	50	0.002

从表2-9可以看出,优惠幅度除贵州特殊外,其他省市的优惠幅度也在50%左右,优惠

直线的斜率也非常接近;说明在这些省份实施计重收费的高速公路上货车所享受的优惠程度基本接近,各省市设定的优惠系数也比较接近,从实施过程看取得了比较好的效果。

鉴于此,本书根据前文设定的高速公路计重区间(2.2.3 节推荐方案),建议将推荐方案优惠区间直线的斜率设定为 0.001 来计算出优惠系数,在优惠计重区间内费率线性递减到基本费率的 50%。

2.4 超限装载部分计重收费加收倍数的分析与选择

超限装载部分是指货运车辆车货总质量中超过该车辆超限认定标准的那部分车货总质量。超限装载部分计重收费加收系数是指对超限装载部分的车货总质量收取超限部分费额,其费率为正常装载部分基本费率的 n 倍。此加收倍数充分考虑了车辆对公路的使用和破坏因素,对行驶收费公路的载货类机动车的超限装载部分车货总质量收取超限车辆通行费,使车辆的通行费支出与其对公路的磨损程度成正比关系,真正体现"多用路者多交钱、少用路者少交钱"的原则,确保车辆在交纳通行费上的公平合理。显然这既是对超限车辆破坏路面的一种补偿,也是遏制超限、治理超限的一种经济手段。

2.4.1 超限加收倍数确定应考虑的因素

要判断何种超限加收倍数较为合理,必须综合考虑下列几个因素。

(1)能对超限车辆进行补偿性的额外收取,以遏制超限运输。

(2)对规范载货汽车车辆市场有利。

(3)对合法的高速公路用户和公路经营公司相对公平合理。

(4)具有可操作性和简便性,不增加收费员的工作量。

(5)采用的加倍收取方案原理有利于账户清分。

2.4.2 超限加收方案的设计比较

1)几种超限收取方案

从理论和实践看,有以下几种超限收取方案可供选择:

(1)按照超限率所处的不同区间,以不同的倍数乘以基本费率收取(称方案一)。

(2)将超限 30% 以上部分的重量乘以本省运输市场上的平均运价,得出超限收取费额(称方案二)。

(3)正常装载和超限 30% 以内的车辆,按正常装载车辆 1 倍基本费率收取通行费;超限 30% ~100% 的超限部分收取倍数采用从 X_1 倍线性递增至 X_2 倍;超限 100% 以上的超限部分收取倍数为 X_2(称方案三)。

(4)正常装载部分按正常装载车辆的基本费率收取通行费,即收取倍数采用 1 倍;超限 0 ~30% 的超限部分,收取倍数采用从 1.0 倍线性递增至 X_1 倍;超限 30% ~100% 的超限部分,收取倍数采用从 X_2 倍线性递增至 X_3 倍;超限 100% 以上的超限部分收取倍数为 X_3(称方案四)。

2)几种超限收取方案的优劣

方案一是目前许多省份都采用的一种超限收取方式,但是它们都有一个大的缺陷,即超限收取倍数在临界点发生了突变,使超限运输车辆在临界点时很敏感,超限率接近但收取费率差别很大，从而使车主对称重误差特别敏感，容易引起道路使用者和收费员之间的纠纷。

方案二是一种新的收取模式，是山东、四川等省探索出来的一种收取模式，它有其科学的一面，即收取费额基本上等同于车主超限部分货物运输的利润，通过这种做法，使车主“白拉”超限部分，对遏制超限运输有很大的意义。但是它也有它的缺点：首先是运价的时常变动使运输平均价格的获取比较困难；其次是利用本省的平均运价对本省外的过境车辆进行收取，也有很大的不合理性；再次，即使是本省的车辆，所拉货物的价值也是不同，利用平均运价对其收取，本身就缺乏公平性。

方案三克服了方案一、方案二的一些缺点。与正常计重收费标准一样，收取标准也设计成线性平滑直线，使称重误差产生的不利后果趋于最小化，使用方便且不易产生矛盾。此外，该方案可以根据需要修改收取倍数，以满足不同时期治理超限目标的需要。但是，对于0～30%区间的超限未考虑加收。

方案四克服了前三种方案的缺点，是本书积极创新探索的成果。随着计重收费的推广与实施，越来越多的驾驶员以及社会各方能够理解计重收费的原则、目的和意义。那么为了杜绝超限现象，超限30%以内也应该理解为违法，那么就应该对其进行加收通行费，譬如山东省按1倍费率线性递增至3倍计收的做法非常值得借鉴。甚至如果货车超限率超过30%，那么加收倍数可以继续递增，由货车的超限率决定加收倍数，上不封顶。

2.4.3 超限收取倍数的理论支持

车辆超限是损害路面质量、加速路面破坏、引起公路营运成本增加的重要因素，因此研究车辆超限与路面损坏或增加公路营运成本的数量关系，能对计重收费制订超限收取倍数提供理论支持。国际通行的研究表明：超限超载车辆对路面的损坏不是同比例增长的关系，而是成几何级数倍增，有所谓“4次方法则”和“16次方法则”，见式(2-1)、式(2-2)。

对柔性路面 $$P = MC[(1+r)^{4.35} - 1] \tag{2-1}$$

对刚性路面 $$P = MC[(1+r)^{16} - 1] \tag{2-2}$$

式中：P——超限引起的公路营运成本增加值；

MC——不超限时的车辆边际营运成本；

r——超限率。

依据公式可以计算出柔性路面车辆超限时公路营运成本增加倍数，见表2-10。

柔性路面车辆超限时公路营运成本增加倍数 表2-10

超限率(%)	10	20	30	50	80	100	120	150
成本增长倍数	0.514	1.210	2.131	4.834	11.895	19.393	29.870	52.832

要确定计重收费对超限车辆的加收的倍数，必须定量分析超限运输车辆引发的养护管理费用。根据已有的相关研究成果，通过对养护费用补偿和车辆超限程度进行数学模型拟合分析，可得出两者在数量上呈指数回归关系，回归模型见式(2-3)。

$$Y = 0.1483\, e^{2.7133X} \quad (R^2 = 0.9935) \tag{2-3}$$

式中：Y——补偿费率，CNY/(t·km)；

X——超限率；

R^2——样本拟合优度。

依此模型，可得不同超限程度下引发养护费用补偿费率的平均值，见表2-11。

轴载超限引发的养护费用的补偿费率 表 2-11

超限率(%)	补偿费率均值 CNY/(t·km)	超限率(%)	补偿费率均值 CNY/(t·km)
0~30	0.23	100~120	3.01
30~50	0.45	0~100	0.78
50~100	1.24	30~100	1.01

由表 2-11 可知:假定轴载超限率 0~30% 加收系数取 1 倍,则轴载超限率为 30%~50%、30%~100%、50%~100%、100%~120% 时,超限加收系数均值可分别取 2、4、5、13。

2.4.4 超限收取倍数方案的选择

经过上述理论与实践分析,本书认为制订超限收取方案,首先应将计重质量分为正常装载计重质量(合法装载计重质量)和超限装载计重质量。建议将正常装载计重质量定义为未超过车辆超限认定标准的那部分车货质量,超限装载计重质量定义为超过车辆超限认定标准那部分车货质量。目前大多数省份对于 30% 以内超限的部分归为正常装载部分,不给予加收通行费,显然这有失公平。为了杜绝超限现象,超限 30% 以内也应该理解为违法,那么就应该对其进行加收通行费。

其次,对于超限装载计重质量,本书建议将超限率划分为 0~30%、30%~100% 和 100% 以上三个区间。而对超限加收倍数,建议与正常装载的计重收费费率设计一样,采用连续线性递增的设计思路,克服阶梯式倍数的突变、非平滑的缺点。至于最低、最高收取倍数,虽然理论上能支持取较高倍数,以补偿超限车辆对路面的破坏,补偿公路运营单位的成本支出。但结合我国超限运输的实际,综合考虑到以下几点:

(1)油价的波动,使货车运输成本升高,在短期内市场运价不会提高,如果通行费成本上升,将会影响其交通量。

(2)如果超限加收处罚过于严格,使通行费增加太大,货物运输企业以及个体车主难以接受,将会影响社会稳定。

(3)实施计重收费有一个走向成熟的过程,有一个平稳地过渡,不然会影响计重收费的大力推广实施与完善。

(4)社会效益和个体利益矛盾时,且不可能同时兼顾,从大局和长远考虑,应该以社会利益为重,以稳定为前提。因此,收取倍数不宜过高,参考实施计重收费以来的成功经验,建议收取 1~5 倍,见表 2-12。

超限加收倍数建议方案 表 2-12

超限范围	30% 以下	30%~100%	100% 以上
超限费率	按 1~3 倍线性递增计算的基本费率收取	按 3~5 倍线性递增计算的基本费率收取	按 5 倍的基本费率收取

因此,实施计重收费既要打击超限运输,也要考虑到社会对计重收费的接受程度和运输市场以及运输业主的经济承受能力。所以,制订超限加收倍数的难度加大而且需要考虑多种因素。

3 国内部分省市高速公路计重收费方案对比分析

本章针对国内部分省市高速公路计重收费方案与收费标准进行对比分析,找出其共同点与不同点;主要对江苏、安徽、湖北、江西、山东、山西、河北、四川、贵州、云南、河南等省份计重收费方案进行对比分析,找出其共同点和差异点。

3.1 部分省市高速公路计重收费方案介绍

高速公路计重收费方案是指正常装载车辆(合法运输车辆)和超限装载车辆计重质量的区间划分、费率优惠程度、超限加收倍数以及费率标准等方面的具体实施方案。

3.1.1 《指导意见》计重收费方案

《指导意见》实际上是在总结各地计重收费经验的基础上,提出了计重收费的实施方案作为各地开展计重收费的指导性意见,因此《指导意见》具有一定的代表性。

1)超限认定标准

根据《中华人民共和国公路法》以及国家有关法规规定,在公路上行驶的车辆的轴载质量应当符合《公路工程技术标准》的要求。根据 GB 1589 国标的规定,在试行计重收费的公路上行驶的货车若超过如下认定标准,则被视为已超过公路的承载能力。

(1)车辆的轴载重量(简称轴重)认定标准:

①单轴(每侧单轮胎)7t;

②单轴(每侧双轮胎)10t;

③并装双轴(每侧双轮胎)18t(每少 2 个轮胎减 4t);

④并装三轴(每侧双轮胎)24t(每少 2 个轮胎减 4t)。

(2)车辆的车货总质量认定标准:

①三轮货车 2t;

②低速货车(四轮且最高设计车速小于 70km)4.5t;

③两轴货车 17t;

④三轴货车 25t(由两轴汽车和一轴挂车组成的汽车列车为 27t);

⑤四轴货车 35t(空气悬架、轴距≥1 800mm 为 37t);

⑥五轴货车 43t;

⑦六轴及六轴以上货车 49t。

(3)当车辆各轴对应的轴重认定标准之和与该车对应的车货总质量认定标准不一致时,以二者之间的较小值者作为该车对应的公路承载能力认定标准。

试行计重收费的公路,以实地测量的车货总质量作为收费的依据。同时,按照轴重与总重相结合的方式,根据实际测量的各轴轴重之和(即车辆的实际车货总质量),与该车对应的公路承载能力认定标准的比较情况,核定汽车是否超过公路承载能力。

2)计重收费方案

(1)正常装载的合法运输车辆(以下简称“正常车辆”)行驶试行计重收费的公路时,其计重收费方案见表3-1。

交通部公路货车(正常装载的合法运输车辆)计重收费方案 表3-1

类别	车货总质量≤20t	20t < 车货总质量≤40t		车货总质量 > 40t		
		20t及以下部分	20t以上部分	20t及以下部分	20t至40t的部分	40t以上部分
计重方案	按基本费率计收	按基本费率计收	按基本费率线性递减到基本费率的50%计收	按基本费率计收	按基本费率线性递减到基本费率的50%计收	按基本费率的50%计收
收费标准	在原按车型分类费率标准的基础上,结合本地实情,重新确定试行计重收费的收费公路车辆通行费的基本费率标准,并报省级人民政府批准					

以收费站实际测量确定的车货总质量为依据,小于20t(含20t)的车辆,按基本费率计算确定车辆通行费收费标准;20t至40t(含40t)的车辆,20t及以下部分,其费率按基本费率计收,20t以上的部分,其费率按基本费率线性递减到基本费率的50%计收;大于40t的车辆,20t及以下的部分,其费率按基本费率计收,20t至40t的部分,其费率按基本费率线性递减到基本费率的50%计收,超过40t的部分按基本费率的50%计收。

(2)超过公路承载能力的车辆行驶试行计重收费的公路时,其计重收费方案见表3-2。

交通部公路货车(超过公路承载能力的车辆)计重收费方案 表3-2

超过公路承载能力30%以内	超过公路承载能力30% ~100%(含100%)		超过公路承载能力100%以上		
按基本费率计收	超过公路承载能力30%(含)以内质量部分	超过公路承载能力30%以上的质量部分	超过公路承载能力30%(含)以内的质量部分	超过公路承载能力30% ~100%(含)的质量部分	超过公路承载能力100%以上的质量部分
	按基本费率计收	按基本费率的3倍线性递增至4 ~6倍计收	按基本费率计收	按基本费率的3倍线性递增至4 ~6倍计收	按基本费率的4 ~6倍计收

总轴重超过该车对应的公路承载能力认定标准30%以内(含30%)的车辆,暂按正常车辆的基本费率计重收取车辆通行费。

总轴重超过该车对应的公路承载能力认定标准30% ~100%(含100%)的车辆,该车车货总质量中符合公路承载能力认定标准的重量部分以及超出公路承载能力认定标准30%的重量部分,按正常车辆的基本费率收取车辆通行费;超过公路承载能力认定标准30%以上的重量部分,按基本费率的3倍线性递增至6倍计重收取车辆通行费。

总轴重超过该车对应的公路承载能力认定标准100%以上的车辆,该车车货总质量中符合公路承载能力认定标准的重量部分以及超出公路承载能力认定标准30%的重量部分,按正常车辆的基本费率收取车辆通行费;超过公路承载能力认定标准30% ~100%的部分重量,按基本费率的3倍线性递增至6倍计收通行费,超过公路承载能力认定标准100%以上的部分重量,按基本费率的6倍计重收取车辆通行费。

对于前款确定的3 ~6倍基本费率递增调节系数,6倍为最大基本费率调节系数值。为确保试行计重收费工作的平稳过渡,各省、自治区、直辖市可根据本地的实际情况,先确定一个小于 6 大于 4 的最大基本费率递增调节系数值,分步实施,逐步统一。即,在明确的过渡期内,先执行 3 倍至确定的最大基本费率递增调节系数值,待条件成熟后,过渡到 3 ~6 倍基本费率递增调节系数。

3)主要措施及政策

(1)重新核定试行计重收费后新的车辆通行费基本费率。

①试行计重收费将改变过去依据车辆核定装载质量和车型分类来收取车辆通行费的做法,并以实地测量的车货总质量为依据计重收取车辆通行费。车辆通行费的计量方式和计量单位都发生变化。因此,对于试行计重收费的省份,各省级交通主管部门要会同同级物价、财政部门,在原按车型分类费率标准的基础上,结合本地实情,重新确定试行计重收费的收费公路车辆通行费的基本费率标准,并报省级人民政府批准。

②各省、自治区、直辖市在确定计重收费基本费率标准时,要符合以下原则和要求:

a. 确保本省级行政辖区内计重收费基本费率标准和单位的统一。高速公路和封闭式收费公路的基本费率标准以元/(t · km)计。

b. 确保按照新的费率标准试行计重收费后的初期,总收费额与原有收费水平持平,不出现大的波动。严禁借机提高收费标准。

c. 确保正常装载的合法运输车辆的通行费收费标准在原收费标准的基础上有所下降。

d. 确保空车、轻车的总体收费水平明显下降。

e. 对于车货总质量超过 20t 的合法装载的重车,要确定合理的收费系数,逐步降低其车辆通行费收费标准,以鼓励多轴大型车辆发展。

f. 对超过公路承载能力的运输车辆,要科学合理地确定收费系数,逐步提高车辆通行费收费标准,以体现其对过度使用公路的合理补偿。

(2)规范称重设备的安装,加强其使用管理。

①对联网收费的高速公路和其他封闭式收费公路,称重设备应统一安装在收费站的出口车道上,并在安装称重设备的前方设置必要的车辆减速装置。

②计重收费的称重设备应采用公开招标的方式集中采购,所选用的称重设备的质量和精度符合国家有关部门的规定。

③在试行计重收费的过程中,要加强对称重设备使用情况的监督检查,按照有关规定定期对设备进行维护,以确保设备的正常运行。特别是要会同计量部门,对称重设备定期开展检测和校正活动,以保证称重设备的精度。

(3)加强试行计重收费公路的治超执法力度,正确处理计重收费与治超执法的关系。

开展治超执法是为保护公路而对行驶公路的超限超载车辆进行卸载、处罚和严厉打击,是法律授权的行政行为。试行计重收费则是对收费公路通行费收费方式的调整和完善,是政府授权的经济行为。试行计重收费、改变车辆通行费的收费方式和费率标准,能够降低合法运输车辆的收费标准,增大违法运输车辆的运输成本,通过经济和价格手段,消除超限超载运输的利益驱动,从而进一步鼓励守法运输,遏制超限超载运输行为。因此,各省、自治区、直辖市要正确处理好计重收费与治超执法的关系。

一方面,要确保计重收费与治超执法同时开展,相互促进。在收费公路试行计重收费的同时,要加大治超执法工作力度,对发现的超限超载违法车辆,要依法严管,坚持卸载、劝返并严厉处罚,遏制其行驶公路,以保护公路完好,保证交通畅通。绝不能因为试行计重收费而弱化治超执法工作,同时也不能因为治超执法而忽视研究计重收费工作的试行推广工作。

另一方面,要合理布局计重收费站点与治超检测站点,实现计重收费与治超执法互动互补。试行计重收费的省份要逐步建立治超长效机制,在试行计重收费的公路的省际交界间、重要入口处等源头位置,设置必要的治超检测站点,构建治超执法监控网络,对进入路网的超限超载车辆实行长期有效的监控和治理。同时,对于逃避执法检查,通过绕行、闯卡等手段擅自进入收费公路的车辆,通过提高收费的方式,进行经济调节,形成治超经济调节监控网络,从而实现从行政、经济两个方面对超限超载车辆进行双重监控。

(4)加强对试行计重收费公路的养护监管,明确公路经营企业的责任和义务。

收费公路试行计重收费后,县级以上各级交通主管部门要严格按照《中华人民共和国公路法》《收费公路管理条例》等法律法规的要求,做好通行费征收方式调整、改革和过渡工作,加强对收费公路的监管力度,特别是加强对公路养护质量的监督检查,督促公路经营企业依法履行好公路养护、水土保持、通行服务、保障畅通等职责。公路经营企业要自觉接受有关行政主管部门的监督检查,积极配合交通主管部门做好车辆通行费征收方式的调整与改革、路政管理和超限超载治理等公路保护管理工作。同时还应将提高违法车辆通行费收费标准所增加的车辆通行费收入主要投入公路养护与保护工作。

(5)加强组织领导,由政府牵头,协调交通、物价、财政和公安等有关部门,形成工作合力。

实施计重收费涉及面广、情况复杂,必须按照"政府领导、部门分工、联合行动"的原则,加强组织领导,及时研究、协调和解决试行过程中出现的问题。

(6)制定实施意见并由省级人民政府颁布实施。

为了保证计重收费试行工作能够积极、稳妥、有序地开展,各省级交通主管部门在正式试行计重工作之前,应当组织有关部门深入调研、论证;并在反复听取意见的基础上,参照本指导意见,制定符合本地区实际情况的实施意见,并报省级人民政府批准后组织实施。

(7)加强宣传教育,特别是做好事前宣传工作。

试行计重收费工作直接涉及广大运输业户的利益、社会反响大。因此,在正式试行计重收费前,要高度重视并大力开展宣传工作。具体做到如下几点:

①要制订系统的宣传计划,将宣传工作贯穿于试行计重收费工作的全过程。

②在正式启动计重收费前,要保证用 1 个月以上的时间集中开展宣传工作,要加强与新闻媒体的联系与沟通,通过开辟报纸专栏、组织专家访谈、系列报道等形式,向社会各界广泛宣传相关的政策措施,为试行计重收费工作营造良好的社会氛围。

③要深入源头宣传,强化路面宣传,即在计重收费公路的入口处、公路沿线、收费站口、服务区以及交通站(场)等地方,张贴公告、悬挂横幅、涂设标语、发放宣传资料,使广大运输业户能够了解、理解、接受、支持计重收费工作。

④要向社会公布咨询投诉电话,及时掌握有关信息,并为群众释惑解疑,协调解决试行工作中出现的有关问题。

(8)先试点后推开。

实行计重收费是一项复杂的系统工程。在正式启动计重收费前,应先选择条件具备的收费站,安装、调试计重设备和计重收费软件,进行试运行或模拟运行一段时间。通过试运行和模拟运行,一方面加强对收费管理人员的业务技能培训,同时对所制订的计重收费实施方案和制订的收费系数、费率标准,以及安装的系统和设备进行检验和调试;另一方面也能够强化对驾驶员的宣传教育,确保计重收费试行得以平稳、顺利推进。

(9)试行计重收费要区域联动、集中启动。具体做到如下几点:

①已经联网收费的收费公路试行计重收费时,要力争联网区域内的所有收费公路同时实施和启动计重收费工作。

②结合治理公路"三乱"、治超、运输市场秩序整顿等专项整治工作,会同公安、物价、财政、纠风等有关部门集中启动计重收费工作。

③实施计重收费的省份要加强与周边省市有关部门的联系与沟通,争取实现区域内同一公路联动试行计重收费;跨省区域不能够联动的,也应当相互衔接,相互沟通,共同做好政策宣传、交通组织等工作。

(10)制订试行计重收费应急预案。

要按照"保障畅通、确保稳定、逐步过渡、顺利推进"的原则,制订试行计重收费应急预案。具体注意如下几个方面:

①在试行计重收费的同时,在一定时期内保留收费站原有收费系统,或者提前明确通行费征收的备用方案;一旦计重收费系统出现故障无法正常运行时,要及时启动原有收费系统或备用方案,以确保收费工作的有序开展。

②在试行计重收费的初期,要在收费站部署一定的公安、交通执法人员;一旦出现人为堵塞交通或者其他群体性突发事件,要立即启动预案,协助公路经营企业维持正常的交通秩序和收费秩序。

③试行计重收费的收费站,要建立向交通、公安部门信息报告机制,及时报告出现的有关突发性事件的有关信息;同时定期报告过往车辆的超限超载运输情况,并配合交通、公安部门开展的超限超载治理工作。

(11)分步实施,积极稳妥地做好相关的配套工作。

各地在试行计重收费过程中,要充分考虑本地区实际情况,制订长期的、分阶段推进的工作方案,积极、稳妥、有序地开展收费公路试行计重收费工作,避免出现大起大落的不利局面。具体做到下述几点:

①在计重收费试行范围上,各省、自治区、直辖市应先在高速公路上试行;待高速公路计重收费工作基本平稳后,再在其他收费公路上试行计重收费工作。

②在确定最大基本费率递增调节系数时,要充分考虑本地区超限超载运输车辆比例的实际,以及运输业户的心理承受能力,分阶段选用并逐步加大最大基本费率递增调节系数。

③进一步加大普通公路治超工作的执法力度,同时组织引导有关部门和村民群众在农村公路的入口等位置上设置必要的限宽、限高装置,防止大量超过公路承受能力的超限超载运输车辆绕行、破坏普通公路和农村公路。

3.1.2 江苏省计重收费方案

江苏省于2002年7月开始进行计重收费的准备工作,经过了一年时间的方案研究,半年时间的启动和一个季度时间的试点,于2003年年底在全省高等级公路推行计重收费。自从实施计重收费以来,取得了明显的经济和社会效益。具体表现在:一是恶意超限运输车辆明显下降;二是道路损坏有所减轻,道路没有出现明显损坏;三是交通事故减少;四是货运价格回升。

1)超限认定标准

计重收费货车是否超限按照总轴限或总质量限来判别。当车辆总轴重超过规定的总轴限和总质量限时,按超限比例大者计费。

(1)总轴限判别标准。总轴限标准根据不同货车的轴、胎型按照以下轴限标准计算:

单轴(每侧单轮胎)载质量6t;

单轴(每侧双轮胎)载质量10t;

双联轴(每侧单轮胎)载质量10t;

双联轴(每侧各一单轮胎、双轮胎)载质量14t;

双联轴(每侧双轮胎)载质量18t;

三联轴(每侧单轮胎)载质量12t;

三联轴(每侧双轮胎)载质量22t。

(2)总质量限判别标准。单车、半挂列车、全挂列车和集装箱半挂列车车货总质量46t。

2)计重收费方案

(1)正常装载的合法运输车辆行驶试行计重收费的公路时,其计重收费方案见表3-3。

江苏省高速公路正常装载的合法运输车辆计重收费方案 表3-3

类别	车货总质量≤10t	10t<车货总质量≤40t	车货总质量>40t
计重方案	按基本费率计收	按基本费率线性递减到基本费率的44%计收	按基本费率的44%计收
收费标准	0.09元/(t·km)	0.09元/(t·km)线性递减到0.04元/(t·km)	0.04元/(t·km)

以收费站实际测量确定的车货总质量为依据,小于10t(含10t)的车辆,按基本费率计算确定车辆通行费收费标准;10t至40t(含40t)的车辆,其费率按基本费率线性递减到基本费率的44%计收;大于40t的车辆,其费率按基本费率的44%计收。

计重收费执行标准如下:正常装载车辆的基本费率为0.09元/(t·km)。根据实际车货总质量,小于或等于10t的车辆按基本费率0.09元/(t·km)计费;大于10t且小于或等于40t的车辆,其计重费率由0.09元/(t·km)线性递减到0.04元/(t·km)计费;大于40t的车辆,其计重费率按0.04元/(t·km)计费;车货总质量不足5t时,按5t计费;计费不足20元时,按20元计费。

在此标准下,车辆在允许的装载质量范围内或在相同的超限区段内时,费率标准随车货总质量的增加在单位成本有所降低,这与交通运输部"鼓励发展高效运力""依法增加运量",降低大型货车收费标准的要求是一致的。但计重收费一旦出现问题,只能按最低收费标准进行。

(2)超过公路承载能力的车辆行驶试行计重收费的公路时,其计重收费方案见表3-4。

江苏省超过公路承载能力的车辆计重收费方案 表3-4

<table>
<tr><td>超过公路承载能力
30%以内</td><td>超过公路承载能力
30%~50%(含50%)</td><td>超过公路承载能力
50%~100%(含100%)</td><td>超过公路承载能力
100%以上</td></tr>
<tr><td rowspan="2">按正常车辆的计重费率计收通行费</td><td colspan="3">正常质量和超限30%的部分按正常车辆的计重费率计收通行费</td></tr>
<tr><td>其余超过部分按基本费率的2倍计收</td><td>其余超过部分按基本费率的3倍计收</td><td>其余超过部分按基本费率的4倍计收</td></tr>
</table>

为加大对超限运输车辆的收费力度,根据车货总质量超总轴限的比例来计算超限幅度,

根据超限范围的不同来确定加收标准,具体如下:

①正常质量的车辆,按正常车辆的计重费率计收通行费。

②超限30%以内(含30%)的车辆,按正常车辆的计重费率计收通行费。

③超限30% ~50%以内(含50%)的车辆,正常质量和超限30%的部分按正常车辆的计重费率计收通行费,其余超过部分按基本费率的2倍计收通行费。

④超限50% ~100%以内(含100%)的车辆,正常质量和超限30%的部分按正常车辆的计重费率计收通行费,其余超过部分按基本费率的3倍计收通行费。

⑤超限100%以上的车辆,正常质量和超限30%的部分按正常车辆的计重费率计收通行费,其余超过部分按基本费率的4倍计收通行费。

⑥当车货总质量同时超过规定的总质量限和总轴限时,按超限比例大者计费。

3.1.3 安徽省计重收费方案

安徽省从2004年6月开始进行计重收费试点。自实施计重收费以来,取得了很大的成效,具体表现在:一是较好地遏制了超限运输不断上升的势头,恶意超限运输车辆大幅减少。从2004年10月实施计重收费以来,超限30%以上的车辆从以前的平均65%降到大约13%;超限100%的车辆由1.3%降到0.2%;正常载重和超限30%以内的车辆从35%增加到87%。二是改革了收费方式,填补了收费政策的漏洞。计重收费较好地解决了原征管办法中的弊端,改变了过去按车型和车吨位收费以及空车、重车和超载车同一标准的收费方式,填补了过去不能从根本上解决车辆大吨小标少交费的收费政策漏洞。三是公路交通事故明显减少。超限车辆由于控制方向和制动能力差,导致恶性交通事故频发。计重收费以来,月交通事故的发生率比以前降低了79%。

1)超限认定标准

与江苏省超限认定标准相同,但实际费额计算时采用如下限载标准:

二轴车:20t;

三轴车:30t;

四轴车:40t;

五轴车:50t;

六轴车及以上:55t。

2)计重收费方案

(1)正常装载的合法运输车辆行驶试行计重收费的公路时,其计重收费方案见表3-5。

安徽省高速公路正常装载的合法运输车辆计重收费方案 表3-5

类别	车货总质量≤10t	10t<车货总质量≤40t	车货总质量>40t
计重方案	按基本费率计收	按基本费率线性递减到基本费率的54%计收	按基本费率的54%计收
收费标准	0.08元/(t·km)	0.08元/(t·km)线性递减到0.043元/(t·km)	0.043元/(t·km)

以收费站实际测量确定的车货总质量为依据,小于10t(含10t)的车辆,按基本费率计算确定车辆通行费收费标准;10t至40t(含40t)的车辆,其费率按基本费率线性递减到基本费率的54%计收;大于40t的车辆,其费率按基本费率的54%计收。

计重收费执行标准如下:正常装载车辆的基本费率为0.08元/(t·km)。根据实际车货总质量,小于或等于10t的车辆按基本费率0.08元/(t·km)计费;大于10t且小于或等于

40t 的车辆,其计重费率由 0.08 元/(t·km)线性递减到 0.043 元/(t·km);大于 40t 的车辆,其计重费率按 0.043 元/(t·km)计费;车货总质量不足 5t 时,按 5t 计费;计费不足 20 元时,按 20 元计费;高速公路实行 2.50 元以下舍,2.51 ~7.50 元归 5 元,7.51 ~9.99 元归 10 元。

(2)超过公路承载能力的车辆行驶试行计重收费的公路时,其计重收费方案见表 3-6。

安徽省超过公路承载能力的车辆计重收费方案 表 3-6

超过公路承载能力30%以内	超过公路承载能力30% ~50%(含 50%)	超过公路承载能力50% ~100%(含 100%)	超过公路承载能力100% 以上
按正常车辆的计重费率计收通行费	正常质量和超限 30% 的部分按正常车辆的计重费率计收通行费		
	其余超过部分按基本费率的 1.5 倍计收	其余超过部分按基本费率的 2 倍计收	其余超过部分按基本费率的 3 倍计收

根据国家有关治理超限、超载运输的规定,对超限、超载车辆坚持卸载并进行纠正。为了遏制超限运输,对超限运输继续行驶公路的,按照货车总质量超总轴限的超限幅度确定加收标准。具体标准如下:

①正常质量的车辆按正常车辆的计重费率计收通行费。

②超限 30% 以内(含 30%)的车辆按正常车辆的计重费率计收通行费。

③超限 30% ~50% 以内(含 50%)的车辆正常质量和超限 30% 的部分按正常车辆的计重费率计收通行费,其余部分按基本费率的 1.5 倍计收通行费。

④超限 50% ~100% 的车辆(含 100%)的车辆,正常质量和超限 30% 的部分按正常车辆计重费率计收通行费,其余部分按基本费率的 2 倍计收通行费。

⑤超限 100% 以上的车辆,正常质量和超限 30% 的部分按正常车辆的计重费率计收通行费,其余部分按基本费率的 3 倍计收通行费。

⑥当车货总质量超规定的总质量限(一般货车 40t 或集装箱 46t)和总轴限时,按超限比例大者计数。

安徽省《关于公路载货汽车试行计重征收车辆通行费标准的通知》特别强调,对超限超载汽车的治理要坚持卸载转运,不得以收费代替处罚。

3.1.4 湖北省计重收费方案

为进一步治理、整顿和规范道路运输市场秩序,加强对超限超载运输车辆的管理,保护公路桥梁,结合国家有关政策规定和我省收费公路的实际,湖北省人民政府决定从 2006 年 4 月 1 日起对通行全省收费公路的载货类汽车实施计重收费。要按照“保障畅通、确保稳定、加强监管、顺利推进”的原则,制订实施计重收费应急预案。若因收费系统故障无法实施计重收费,立即恢复原收费方式,即按照车型判断方式进行收费。

1)超限认定标准

根据交通部《超限运输车辆行驶公路管理规定》(交通部令 2000 年第 2 号)、GB 1589 国标和《指导意见》的规定,比较车辆总轴重限载与总质量限载,取两者之中的最小值为判别标准。

2)计重收费方案

(1)正常装载的合法运输车辆行驶试行计重收费的公路时,其计重收费方案见表 3-7。

湖北省高速公路正常装载的合法运输车辆计重收费方案　　表 3-7

类别	车货总质量≤10t	10t < 车货总质量≤40t	车货总质量 > 40t
计重方案	按基本费率计收	按基本费率线性递减到基本费率的 50% 计收	按基本费率的 50% 计收
收费标准	0.08 元/(t · km)	0.08 元/(t · km)线性递减到 0.04 元/(t · km)	0.04 元/(t · km)

以收费站实际测量确定的车货总质量为依据，小于 10t(含 10t)的车辆，按基本费率计算确定车辆通行费收费标准；10t 至 40t(含 40t)的车辆，其费率按基本费率线性递减到基本费率的 50% 计收；大于 40t 的车辆，其费率按基本费率的 50% 计收。

计重收费执行标准如下：正常装载车辆的基本费率为 0.08 元/(t · km)。根据实际车货总质量，小于或等于 10t 的车辆按基本费率 0.08 元/(t · km)计费；大于 10t 且小于或等于 40t 的车辆，其计重费率由 0.08 元/(t · km)线性递减到 0.04 元/(t · km)计费；大于 40t 的车辆，其计重费率按 0.04 元/(t · km)计费；车货总质量不足 5t 时，按 5t 计费。收费额按以下办法取整：费额零头≤2.50 元，舍去；2.50 < 费额零头≤7.50 元，归 5 元；7.50 < 费额零头≤10 元，归 10 元。

对免征车辆仍按国家和省有关规定执行；对于符合"绿色通道"政策降低一个收费档次的车辆，按应收通行费的 60% 计收。但车辆超限运输时，超限 30% 以上部分仍按超限运输车辆的标准加收车辆通行费。

(2)超过公路承载能力的车辆行驶试行计重收费的公路时，其计重收费方案见表 3-8。

湖北省超过公路承载能力的车辆计重收费方案　　表 3-8

<table>
<tr><td>超过公路承载能力 30% 以内</td><td>超过公路承载能力 30% ~100%(含 100%)</td><td>超过公路承载能力 100% 以上</td></tr>
<tr><td rowspan="2">按正常车辆的计重费率计收通行费</td><td colspan="2">正常质量和超限 30% 的部分按正常车辆的计重费率计收通行费</td></tr>
<tr><td>其余超过部分按基本费率的 1 倍线性递增至 4 倍计收</td><td>其余超过部分按基本费率的 5 倍计收</td></tr>
</table>

为加大对超限运输车辆的收费力度，根据车货总质量超总轴限的比例来计算超限幅度，根据超限范围的不同来确定加收标准。其具体规定如下：

①正常质量的车辆，按正常车辆的计重费率计收通行费。

②超限 30% 以内(含 30%)的车辆，按正常车辆的计重费率计收通行费。

③超限 30% ~100% 以内(含 100%)的车辆，正常质量和超限 30% 的部分按正常车辆的计重费率计收通行费，其余超过部分按基本费率 1 倍线性递增至 4 倍计收。

④超限 100% 以上的车辆，正常质量和超限 30% 的部分按正常车辆的计重费率计收通行费，其余超过部分按基本费率的 5 倍计收通行费。

⑤当车货总质量同时超过规定的总质量限和总轴限时，按超限比例大者计费。

3.1.5 江西省计重收费方案

江西实施计重收费，采取分步进行，2006 年 12 月对全省高速公路正式实施计重收费，通过经济手段调整车型结构，最大限度地降低道路的破坏程度，更好地适应江西省区域经济的发展。

1)超限认定标准

具体超限认定标准同《指导意见》。

2)计重收费方案

(1)正常装载的合法运输车辆行驶试行计重收费的公路时,其计重收费方案见表 3-9。

江西省高速公路正常装载的合法运输车辆计重收费方案 表 3-9

类别	车货总质量≤10t	10t < 车货总质量≤40t	车货总质量 > 40t
计重方案	按基本费率计收	10t(含)以下,按基本费率计收;10t 以上部分,其计重费率按 0.06 元/(t·km)线性递减到 0.03 元/(t·km)计收	按 40t 的车辆计收
收费标准	0.08 元/(t·km)		0.0425 元/(t·km)

以收费站实际测量确定的车货总质量为依据,小于 10t(含 10t)的车辆,按基本费率计算确定车辆通行费收费标准;10t 至 40t(含 40t)的车辆,10t(含)以下,其费率按基本费率计收,10t 以上部分,其费率按 0.06 元/(t·km)线性递减到 0.03 元/(t·km)计收;大于 40t 的车辆,按 40t 的车辆计收。

计重收费执行标准如下:正常装载车辆的基本费率为 0.08 元/(t·km)。根据实际车货总质量,小于或等于 10t 的车辆按基本费率 0.08 元/(t·km)计费;大于 10t 且小于或等于 40t 的车辆,10t(含)以下,其费率按基本费率 0.08 元/(t·km)计收,10t 以上部分,其计重费率由 0.06 元/(t·km)线性递减到 0.03 元/(t·km)计收;大于 40t 的车辆,按 40t 的车辆计收,其计重费率为 0.0425 元/(t·km)。车货总质量不足 5t 时,按 5t 计费;计费不足 5 元,按 5 元计。收费额按以下办法取整:费额零头≤2.50 元,舍去;2.50 < 费额零头≤7.50 元,归 5 元;7.50 < 费额零头≤10 元,归 10 元。

(2)超过公路承载能力的车辆行驶试行计重收费的公路时,其计重收费方案见表 3-10。

江西省超过公路承载能力的车辆计重收费方案 表 3-10

<table>
<tr><td>超过公路承载能力 30% 以内</td><td colspan="2">超过公路承载能力 30% ~100%(含 100%)</td><td colspan="2">超过公路承载能力 100% 以上</td></tr>
<tr><td colspan="5">车货总质量中符合公路承载能力认定标准的重量部分按正常车辆的计算方法计收</td></tr>
<tr><td>超过公路承载能力 0 ~30% 的超限部分</td><td>超过公路承载能力 0 ~30%(含)的超限部分</td><td>超过公路承载能力 30% ~100%(含)的超限部分</td><td>超过公路承载能力 0 ~30%(含)的超限部分</td><td>超过公路承载能力 30% 以上的超限部分</td></tr>
<tr><td>按基本费率计收</td><td>按基本费率计收</td><td>按基本费率的 2 倍线性递增至 4 倍计收</td><td>按基本费率计收</td><td>按基本费率的 4 倍计收</td></tr>
</table>

①总轴重超过该车对应的公路承载能力认定标准 30%(含)以下的车辆,未超过公路承载能力认定标准部分重量按正常车辆收费标准计算,超限部分重量按基本费率计收。

②总轴重超过该车对应的公路承载能力认定标准 30% ~100%(含)的车辆,该车车货总质量中超过公路承载能力认定标准 30%(含)以下的重量部分,按第(1)款计收;超过公路承载能力认定标准 30% 以上的重量部分,按基本费率的 2 倍线性递增至 4 倍计收。

③总轴重超过该车对应的公路承载能力认定标准 100% 以上的车辆,该车车货总质量中超过公路承载能力认定标准 30%(含)以下的重量部分,按第(1)款计收;超过公路承载能力认定标准 30% 以上的重量部分,按基本费率的 4 倍计收。

3.1.6 山东省计重收费方案

按照山东省交通厅统一部署,2006 年 4 月 1 日起,在省内高速公路上统一实施吨公里计重收费。实施计重收费以来,治超工作取得显著成效,对超限超载运输起到了明显的经济抑制作用,有效地遏制了超限超载运输。据统计,高速公路实施计重收费前,行驶高速公路的载货汽车80%以上超限超载,单车平均超限率为64%左右,超限率最高的竟达300%,对高速公路造成严重破坏,对人民群众生命财产安全带来很大威胁。实施计重收费后,行驶高速公路的载货汽车超限超载运输比例下降到10%以下,单车平均超限率控制在6%左右,高速公路车辆行驶速度明显提高,通行环境明显改善,破坏率明显降低。特别是道路交通安全状况明显好转,因超限超载运输引发的交通安全事故明显减少。

1)超限认定标准

各车辆类型的最大允许总质量限值为:

二轴车:17t;

三轴车:27t;

四轴车:37t;

五轴车:43t;

六轴车及以上:49t。

超过上述最大允许总质量限值的运输车辆为超限运输车辆。

2)计重收费方案

(1)正常装载的合法运输车辆行驶试行计重收费的公路时,其计重收费方案见表3-11。

山东省高速公路正常装载的合法运输车辆计重收费方案 表3-11

类别	车货总质量≤10t	10t<车货总质量≤49t
计重方案	按基本费率计收	按基本费率线性递减到基本费率的45%计收
收费标准	0.08元/(t·km)	0.08元/(t·km)线性递减到0.0363元/(t·km)

以收费站实际测量确定的车货总质量为依据,小于10t(含10t)的车辆,按基本费率计算确定车辆通行费收费标准;10t至49t(含49t)的车辆,其费率按基本费率线性递减到基本费率的45%计收。

计重收费执行标准如下:正常装载车辆的基本费率为0.08元/(t·km)。根据实际车货总质量,小于或等于10t的车辆按基本费率0.08元/(t·km)计费;大于10t且小于或等于49t的车辆,其计重费率由0.08元/(t·km)线性递减到0.036 3元/(t·km)计费;车货总质量不足5t时,按5t计费;收费金额不足15元按15元计。

(2)超过公路承载能力的车辆行驶试行计重收费的公路时,其计重收费方案见表3-12。

山东省超过公路承载能力的车辆计重收费方案 表3-12

<table>
<tr><td>超过公路承载能力30%以内</td><td colspan="2">超过公路承载能力30%~100%(含100%)</td><td colspan="3">超过公路承载能力100%以上</td></tr>
<tr><td colspan="6">车货总质量中符合公路承载能力认定标准的重量部分按正常车辆的计算方法计收</td></tr>
<tr><td>超过公路承载能力0~30%的超限部分</td><td>超过公路承载能力0~30%(含)的超限部分</td><td>超过公路承载能力30%~100%(含)的超限部分</td><td>超过公路承载能力0~30%(含)的超限部分</td><td>超过公路承载能力30%~100%(含)的超限部分</td><td>超过公路承载能力100%以上的超限部分</td></tr>
<tr><td>按基本费率1倍线性递增至3倍计收</td><td>按基本费率1倍线性递增至3倍计收</td><td>按基本费率的3倍线性递增至6倍计收</td><td>按基本费率1倍线性递增至3倍计收</td><td>按基本费率的3倍线性递增至6倍计收</td><td>按基本费率的6倍计收</td></tr>
</table>

①正常质量的车辆按正常车辆的计重费率计收通行费。

②超限30%(含30%)以内的车辆,该车车货总质量中符合公路承载能力认定标准的重量部分按正常车辆的计算方法计收,其余超限部分按基本费率计收。

③超限30%~100%的车辆(含100%)的车辆,该车车货总质量中符合公路承载能力认定标准的重量部分按正常车辆的计算方法计收,超限0~30%部分按基本费率1倍线性递增至3倍计收通行费,超限30%~100%部分按基本费率3倍线性递增至6倍计收通行费。

④超限100%以上的车辆,该车车货总质量中符合公路承载能力认定标准的重量部分按正常车辆的计算方法计收,超限0~30%部分按基本费率1倍线性递增至3倍计收通行费,超限30%~100%部分按基本费率3倍线性递增至6倍计收通行费;超限100%以上部分按基本费率的6倍计收通行费。

3.1.7 山西省计重收费方案

山西省高速公路计重收费采取分步实施,治理超限超载取得了显著的效果。2011年省政府第75次常务会议已通过了关于全省收费公路全面实施对载货机动车辆实行计重收费的方案,标准装载的货运车辆计重收费时,全省高速公路(除晋焦路、晋阳路、运风路外)统一执行一种费率标准。

1)超限认定标准

具体超限认定标准同《指导意见》。

2)计重收费方案

(1)正常装载的合法运输车辆行驶试行计重收费的公路时,其计重收费方案见表3-13。

山西省高速公路正常装载的合法运输车辆计重收费方案 表3-13

类别	车货总质量≤10t	10t<车货总质量≤49t
计重方案	按基本费率计收	按基本费率线性递减到基本费率的70%计收
收费标准	0.09元/(t·km)	0.09元/(t·km)线性递减到0.063元/(t·km)

以收费站实际测量确定的车货总质量为依据,小于10t(含10t)的车辆,按基本费率计算确定车辆通行费收费标准;10t至49t(含40t)的车辆,其费率按基本费率线性递减到基本费率的70%计收。

计重收费执行标准如下:正常装载车辆的基本费率为0.09元/(t·km)[其中高速公路隧道基本费率为0.32元/(t·km)]。根据实际车货总质量,小于或等于10t的车辆按基本费率0.09元/(t·km)计费;大于10t且小于或等于49t的车辆,其计重费率由0.09元/(t·km)线性递减到0.063元/(t·km)计费;起征点为4t,车货总质量不足4t的,按4t计收。

(2)超过公路承载能力的车辆行驶试行计重收费的公路时,其计重收费方案见表3-14。

山西省超过公路承载能力的车辆计重收费方案 表3-14

30%以内	30%~50%		50%~100%			100%以上			
车货总质量中符合公路承载能力认定标准的重量部分按正常车辆的计算方法计收									
0~30%超限部分	0~30%超限部分	30%~50%超限部分	0~30%超限部分	30%~50%超限部分	50%~100%超限部分	0~30%超限部分	30%~100%超限部分	50%~100%超限部分	100%以上超限部分
按基本费率计收	按基本费率计收	按基本费率的2倍计收	按基本费率计收	按基本费率的2倍计收	按基本费率的4倍计收	按基本费率计收	按基本费率的2倍计收	按基本费率的4倍计收	按基本费率的6倍计收

①正常质量的车辆按正常车辆的计重费率计收通行费。

②超限30%以内(含30%)的车辆,该车车货总质量中符合公路承载能力认定标准的重量部分按正常车辆的计算方法计收,其余超限部分按基本费率计收。

③超限30%~50%以内(含50%)的车辆,该车车货总质量中符合公路承载能力认定标准的重量部分按正常车辆的计算方法计收,超限0~30%部分按基本费率计费,超限30%~50%部分按基本费率2倍计收通行费。

④超限50%~100%(含100%)的车辆,该车车货总质量中符合公路承载能力认定标准的重量部分按正常车辆的计算方法计收,超限0~30%部分按基本费率计费,超限30%~50%部分按基本费率2倍计收通行费;超限50%~100%部分按基本费率的4倍计收通行费。

⑤超限100%以上的车辆,正常质量和超限30%的部分按正常车辆的计重费率计收通行费;超限30%~50%部分按基本费率的2倍计收通行费;超限50%~100%部分按基本费率的4倍计收通行费;超限100%以上部分按基本费率的6倍计收通行费。

3)计重收费通行费计算模拟

某车的标准装载(超限认定标准)为17t,按照现行收费标准,此车为D类车,该车行驶高速公路每100km的通行费是140元。模拟计重收费如下:

(1)按照GB 1589国标,该车如空载(8.5t)时应缴通行费为8.5×0.09×100=76.5元,取整收费为75元。

(2)该车车货总质量为15t时,属于标准装载(17t)范围内,应缴通行费为15×0.086 5(递减费率)×100=129.75元,取整收费为130元。

(3)如该车车货总质量超过标准装载17t时,因该车超限,通行费计征需分成正常装载和超限装载两部分计算。如该车车货总质量为20t时,属于超载30%的范围内。标准装载17t,根据费率标准计算该部分的吨公里费率0.08515(递减费率),该部分通行费为17×0.085 15×100=144.755元,取整收费为145元。其余3t为超限部分,该部分的通行费为3×0.009×100=27元。该车通行费为标准装载与超限装载累加后取整,即144.755+27=171.755,取整为170元。

(4)如该车车货总质量为25t时,属于超载30%~50%的范围内。标准装载为17t,通行费为144.755元(计算方法同上);其余8t为超限部分,其中5.1t在超载30%范围内,按照基本费率计征,剩余2.9t在超载30%~50%范围内,按照基本费率的2倍收取道路补偿费,即该车通行费为:144.755+5.1×0.09×100+2.9×(0.09×2)×100=242.855元,取整收费245元。

(5)如该车车货总量为30t时,属于超载50%~100%的范围内。标准装载为17t,通行费为144.755元;其余13t为超限部分,其中5.1t在超载30%范围内,按照基本费率计征;3.4t在超载30%~50%范围内,按照基本费率的2倍收取道路补偿费,其余4.5t在超载50%~100%范围内,按照基本费率的4倍收取道路补偿费,即该车通行费为:144.755+5.1×0.09×100+3.4×(0.09×2)×100+4.5×(0.09×4)×100=413.855,取整收费415元。

(6)如该车车货总质量为36t时,属于超载100%以上。标准装载为17t,通行费为144.755元,其余19t为超限部分,其中5.1t在超载30%范围内,按照基本费率计征;3.4t在超载30%~50%范围内,按照基本费率的2倍收取道路补偿费;8.5t在超载50%~100%范围内,按照基本费率的4倍收取道路补偿费,其余2t在超载100%以上,按照基本费率的6

倍收取道路补偿费，即该车的通行费为：144.755 + 5.1 × 0.09 × 100 + 3.4 × (0.09 × 2) × 100 + 8.5 × (0.09 × 4) × 100 + 2 × (0.09 × 6) × 100 = 665.855，取整收费665 元。

3.1.8 河北省计重收费方案

为建立公平、合理、科学的车辆通行费征收方式，利用“经济杠杆”遏制车辆超限运输，避免和减少超限车辆对公路和桥梁结构的破坏，保障交通安全畅通，促进交通事业的健康发展，河北省高速公路于 2007 年 8 月开始实行了载货车辆计重收费。

1）超限认定标准

具体超限认定标准同《指导意见》。

2）计重收费方案

（1）正常装载的合法运输车辆行驶试行计重收费的公路时，其计重收费方案见表 3-15。

河北省高速公路正常装载的合法运输车辆计重收费方案 表 3-15

类别	车货总质量≤10t	10t < 车货总质量≤49t
计重方案	按基本费率计收	按基本费率线性递减到基本费率的 55% 计收
收费标准	0.08 元/(t · km)	0.08 元/(t · km)线性递减到 0.044 元/(t · km)

以收费站实际测量确定的车货总质量为依据，小于 10t（含 10t）的车辆，按基本费率计算确定车辆通行费收费标准；10t 至 49t（含 40t）的车辆，其费率按基本费率线性递减到基本费率的 55% 计收。

计重收费执行标准如下：正常装载车辆的基本费率为 0.08 元/(t · km)[也有部分高速公路为 0.007 5 元/(t · km)或 0.007 元/(t · km)]。根据实际车货总质量，小于或等于 10t 的车辆按基本费率 0.08 元/(t · km)计费；大于 10t 且小于或等于 49t 的车辆，其计重费率由 0.08元/(t · km)线性递减到 0.044 元/(t · km)计费。车货总质量不足 5t 时按 5t 计费；计费不足 5 元时按 5 元计收。最终收费额按照“三七作五、二八归零”的原则确定通行费具体金额。

（2）超过公路承载能力的车辆行驶试行计重收费的公路时，其计重收费方案见表 3-16。

河北省超过公路承载能力的车辆计重收费方案 表 3-16

<table>
<tr><td>超过公路承载能力30%以内</td><td colspan="2">超过公路承载能力 30% ~100%（含 100%）</td><td colspan="3">超过公路承载能力 100% 以上</td></tr>
<tr><td colspan="6">正常装载部分按递减后的基本费率计收（车货总质量小于或等于 10t 的车辆按基本费率计费），即车货总质量中符合公路承载能力认定标准的重量部分按正常车辆的计算方法计收</td></tr>
<tr><td>超过公路承载能力 0 ~30% 的超限部分</td><td>超过公路承载能力 0 ~30%（含）的超限部分</td><td>超过公路承载能力 30% ~100%（含）的超限部分</td><td>超过公路承载能力 0 ~30%（含）的超限部分</td><td>超过公路承载能力 30% ~100%（含）的超限部分</td><td>超过公路承载能力 100% 以上的超限部分</td></tr>
<tr><td>按基本费率计收</td><td>按基本费率计收</td><td>按基本费率的 1 倍线性递增至 6 倍计收</td><td>按基本费率计收</td><td>按基本费率的 1 倍线性递增至 6 倍计收</td><td>按基本费率的 6 倍计收</td></tr>
</table>

①超限率≤30% 的车辆，正常装载部分按递减后的基本费率计收（车货总质量小于或等于 10t 的车辆按基本费率计费），超限 0 ~30% 部分按基本费率计收。

②30% <超限率≤100%的车辆,正常装载部分按递减后的基本费率计收(车货总质量小于或等于10t的车辆按基本费率计费),超限0~30%部分按基本费率计费,超限30%~100%部分按基本费率1倍线性递增至6倍计费。

③超限率>100%以上的车辆,正常装载部分按递减后的基本费率计收(车货总质量小于或等于10t的车辆按基本费率计收),超限0~30%部分按基本费率计费,超限30%~100%部分按基本费率1倍线性递增至6倍计费,超限100%以上部分按基本费率的6倍计收。

按国家和省政府有关规定应予免缴通行费和享受"绿色通道"优惠政策的载货车辆,超限运输时,按计重收费的计费标准全额收取通行费,不再享受减免政策。

3.1.9 四川省计重收费方案

为积极稳妥、循序渐进推广计重收费工作,根据《指导意见》、四川省人民政府办公厅《关于收费公路推行货车计重收费实施意见的通知》(川办函[2006]185号)等文件精神,自2007年6月1日在全省联网高速公路实施计重收费工作。

1)超限认定标准

计重收费公路承载能力认定标准统一按照GB 1589国标中车货总质量认定标准的要求执行,在计重收费的公路上行驶的货车如超过如下认定标准,则被视为已超过公路的承载能力。

三轮货车2t;

低速货车(四轮且最高设计车速小于70km)4.5t;

二轴货车17t;

三轴货车25t(由二轴汽车和一轴挂车组成的汽车列车27t);

四轴货车35t(轴距≥1 800mm为37t);

五轴货车43t;

六轴及六轴以上货车49t。

2)计重收费方案

(1)正常装载的合法运输车辆行驶试行计重收费的公路时,其计重收费方案见表3-17。

四川省正常装载的合法运输车辆计重收费方案　　表3-17

<table>
<tr><td>类别</td><td>车货总质量≤20t</td><td colspan="2">20t<车货总质量≤40t</td><td colspan="3">车货总质量>40t</td></tr>
<tr><td rowspan="2">计重方案</td><td rowspan="2">按基本费率计收</td><td>20t及以下部分</td><td>20t以上部分</td><td>20t及以下部分</td><td>20t至40t的部分</td><td>40t以上部分</td></tr>
<tr><td>按基本费率计收</td><td>按基本费率线性递减到基本费率的50%计收</td><td>按基本费率计收</td><td>按基本费率线性递减到基本费率的50%计收</td><td>按基本费率的50%计收</td></tr>
<tr><td>四车道标准</td><td>0.075元/(t·km)</td><td>0.075元/(t·km)</td><td>0.075元/(t·km)线性递减到0.0375元/(t·km)</td><td>0.075元/(t·km)</td><td>0.075元/(t·km)线性递减到0.0375元/(t·km)</td><td>0.0375元/(t·km)</td></tr>
</table>

续上表

类别	车货总质量≤20t	20t < 车货总质量≤40t		车货总质量 > 40t		
六车道标准	0.095 元/(t·km)	0.095 元/(t·km)	0.095 元/(t·km)线性递减到 0.0475 元/(t·km)	0.095 元/(t·km)	0.095 元/(t·km)线性递减到 0.0475 元/(t·km)	0.0475 元/(t·km)

以收费站实际测量确定的车货总质量为依据，小于20t(含20t)的车辆，按基本费率计算确定车辆通行费收费标准；20t至40t(含40t)的车辆，20t及以下部分，其费率按基本费率计收，20t以上的部分，其费率按基本费率线性递减到基本费率的50%计收；大于40t的车辆，20t及以下的部分，其费率按基本费率计收，20t至40t的部分，其费率按基本费率线性递减到基本费率的50%计收，超过40t的部分按基本费率的50%计收。

四车道高速公路计重收费执行标准如下：正常装载车辆的基本费率为0.075元/(t·km)[桥隧单独计费，其计重收费基本费率为0.65元/(t·km)]。根据实际车货总质量，小于或等于20t的车辆按基本费率0.075元/(t·km)计费；大于20t且小于或等于40t的车辆，20t以下部分按0.075元/(t·km)计费，20t以上部分计重费率由0.075元/(t·km)线性递减到0.037 5元/(t·km)计费；大于40t的车辆，20t以下部分按基本费率0.075元/(t·km)计费，20t至40t的部分，其计重费率由0.075元/(t·km)线性递减到0.037 5元/(t·km)计费，超过40t的部分按0.037 5元/(t·km)计费。

六车道高速公路计重收费执行标准如下：正常装载车辆的基本费率为0.095元/(t·km)[桥隧单独计费，其计重收费基本费率为0.65元/(t·km)]。根据实际车货总质量，小于或等于20t的车辆按基本费率0.095元/(t·km)计费；大于20t且小于或等于40t的车辆，20t以下部分按0.095元/(t·km)计费，20t以上部分计重费率由0.095元/(t·km)线性递减到0.047 5元/(t·km)计费；大于40t的车辆，20t以下部分按基本费率0.095元/(t·km)计费，20t至40t的部分，其计重费率由0.095元/(t·km)线性递减到0.047 5元/(t·km)计费，超过40t的部分按0.047 5元/(t·km)计费。

(2)超过公路承载能力的车辆行驶试行计重收费的公路时，其计重收费方案见表3-18。

四川省超过公路承载能力的车辆计重收费方案 表3-18

超过公路承载能力30%以内	超过公路承载能力30%至100%(含100%)		超过公路承载能力100%以上		
超过公路承载能力30%(含)以内的质量部分	超过公路承载能力30%(含)以内的质量部分	超过公路承载能力30%以上的质量部分	超过公路承载能力30%(含)以内的质量部分	超过公路承载能力30%～100%(含)的质量部分	超过公路承载能力100%以上的质量部分
按基本费率计收	按基本费率计收	按基本费率的3倍线性递增至5倍计收	按基本费率计收	按基本费率的3倍线性递增至5倍计收	按基本费率的5倍计收

①总轴重超过该车对应的公路承载能力认定标准30%以内(含30%)的车辆，按正常车辆的基本费率计重收取车辆通行费。

②总轴重超过该车对应的公路承载能力认定标准 30% ~100%（含 100%）的车辆，该车车货总质量中符合公路承载能力认定标准的重量部分以及超出公路承载能力认定标准 30% 的重量部分，按正常车辆的基本费率收取车辆通行费；超过公路承载能力认定标准 30% 以上的重量部分，按基本费率的 3 倍线性递增至 5 倍计重收取车辆通行费。

③总轴重超过该车对应的公路承载能力认定标准 100% 以上的车辆，该车车货总质量中符合公路承载能力认定标准的重量部分以及超出公路承载能力认定标准 30% 的重量部分，按正常车辆的基本费率收取车辆通行费；超过公路承载能力认定标准 30% ~100% 的部分重量，按基本费率的 3 倍线性递增至 5 倍计收通行费，超过公路承载能力认定标准 100% 以上的部分重量，按基本费率的 5 倍计重收取车辆通行费。

3）主要措施及政策

（1）特殊车辆的收费

①客货两用车和集装箱车辆按载货汽车实施计重收费。

为鼓励集装箱车辆发展，对正常装载及超限 30% 以内（含 30%）的集装箱按应收通行费的 70% 收取车辆通行费；超限 30% 以上的按照普通货车计重收费。

②大型物件运输车辆按国家有关规定办理通行手续，通行费收费标准按载货汽车实施计重收费。

③不能载货的特种车辆以行驶证标注吨位按原车型分类标准收取通行费。

④鲜活农产品运输和其他经批准的临时免缴通行费的货车在正常装载的情况下，免收车辆通行费。但车货总质量超过该车对应的公路承载能力认定标准 30% 以上的部分，按超过公路承载能力的收费方法收取通行费。

（2）货车车货总质量不足 5t（含 5t）的按车型分类一类车标准收取车辆通行费；高速公路收费总额不足 5 元时按 5 元收费，其他收费公路及桥梁、隧道收费总额不足 2 元时按 2 元收费。

（3）货车车货总质量以吨为单位，不足一吨的按四舍五入法归入吨处理。通行费计费以元为单位，尾数不足一元的，按四舍五入法归入元处理。

（4）经批准实行货车计重收费的公路、桥梁、隧道按计重收费标准收取通行费，保留原车型分类标准；在货车计重收费系统出现故障不能实行计重收费时，按原车型分类标准收取车辆通行费。

（5）根据《收费公路管理条例》和《中华人民共和国计量法》的有关规定，为保证高速公路道口通畅和维持正常的收费秩序，所有计重车辆在车道上一律不予复秤，若对所称重量结果有异议，可向技术监督部门申诉。

（6）根据《收费公路管理条例》有关规定，凡拒交、逃交、少交车辆通行费，应责令补缴通行费；故意堵塞收费道口、强行冲卡、殴打收费人员、破坏收费设施或从事其他扰乱收费秩序，构成违反治安管理法规的行为，由公安机关依法予以处罚；构成犯罪的，依法追究刑事责任。

3.1.10 贵州省计重收费方案

根据《贵州省人民政府办公厅关于调整收费公路车辆通行费标准和高速高等级公路货车试行计重收费有关问题的通知》（黔府办发〈2007〉37 号）规定，自 2007 年 6 月 1 日开始对全省高速公路各区间段货车试行计重收费。

1)超限认定标准

具体超限认定标准同《指导意见》。

2)计重收费方案

(1)正常装载的合法运输车辆行驶试行计重收费的公路时,其计重收费方案见表3-19。

贵州省正常装载的合法运输车辆计重收费方案 表3-19

类别	车货总质量≤20t	20t<车货总质量≤40t		车货总质量>40t		
计重方案	按基本费率计收	20t及以下部分	20t以上部分	20t及以下部分	20t至40t的部分	40t以上部分
		按基本费率计收	按基本费率线性递减到基本费率的70%计收	按基本费率计收	按基本费率线性递减到基本费率的70%计收	按基本费率的70%计收
收费标准	0.09元/(t·km)	0.09元/(t·km)	0.09元/(t·km)线性递减到0.063元/(t·km)	0.09元/(t·km)	0.09元/(t·km)线性递减到0.063元/(t·km)	0.063元/(t·km)

以收费站实际测量确定的车货总质量为依据,小于20t(含20t)的车辆,按基本费率计算确定车辆通行费收费标准;20t至40t(含40t)的车辆,20t及以下部分,其费率按基本费率计收,20t以上的部分,其费率按基本费率线性递减到基本费率的70%计收;大于40t的车辆,20t及以下的部分,其费率按基本费率计收,20t至40t的部分,其费率按基本费率线性递减到基本费率的70%计收,超过40t的部分按基本费率的70%计收。

高速公路计重收费执行标准如下:正常装载车辆的基本费率为0.09元/(t·km)[桥隧单独计费,其计重收费基本费率为0.32元/(t·km)]。根据实际车货总质量,小于或等于20t的车辆按基本费率0.09元/(t·km)计费;大于20t且小于或等于40t的车辆,20t以下部分按0.09元/(t·km)计收,20t以上部分计重费率由0.09元/(t·km)线性递减到0.063元/(t·km)计费;大于40t的车辆,20t以下部分按0.09元/(t·km)计费,20t至40t的部分,其计重费率由0.09元/(t·km)线性递减到0.063元/(t·km)计费,超过40t的部分计重费率按0.063元/(t·km)计费;车货总质量不足5t的,按5t计收。

(2)超过公路承载能力的车辆行驶试行计重收费的公路时,其计重收费方案见表3-20。

贵州省超过公路承载能力的车辆计重收费方案 表3-20

超过公路承载能力30%以内	超过公路承载能力30%~100%(含100%)		超过公路承载能力100%以上		
车货总质量中符合公路承载能力认定标准的重量部分按正常车辆的计算方法计收					
超过公路承载能力0~30%的超限部分	超过公路承载能力0~30%(含)的超限部分	超过公路承载能力30%~100%(含)的超限部分	超过公路承载能力0~30%(含)的超限部分	超过公路承载能力30%~100%(含)的超限部分	超过公路承载能力100%以上的超限部分
按基本费率计收	按基本费率计收	按基本费率的2倍线性递增至6倍计收	按基本费率计收	按基本费率的2倍线性递增至6倍计收	按基本费率的6倍计收

超过公路承载能力的车辆行驶试行计重收费的公路时，总轴重超过该车对应的公路承载能力认定标准30%以内（含30%）的车辆，该车车货总质量中符合公路承载能力认定标准的重量部分按正常车辆的计算方法计重收取通行费；其超限部分按正常车辆的基本费率计重收取车辆通行费。

总轴重超过该车对应的公路承载能力认定标准30%～100%（含100%）的车辆，该车车货总质量中符合公路承载能力认定标准的重量部分按正常车辆的计算方法计重收取通行费；该车超出公路承载能力认定标准30%的重量部分，按正常车辆的基本费率收取车辆通行费。超过公路承载能力认定标准30%以上的重量部分，其费率由车货总质量与公路承载能力认定标准的比值确定，当比值由1.3递增到2.0时，按基本费率的2倍线性递增至6倍计重收取车辆通行费。

总轴重超过该车对应的公路承载能力认定标准100%以上的车辆，该车车货总质量中符合公路承载能力认定标准的重量部分，按正常车辆的计算方法计重收取通行费。该车车货总质量中超出公路承载能力认定标准30%的重量部分，按正常车辆的基本费率收取车辆通行费；超过公路承载能力认定标准30%以上的部分重量，其费率按基本费率的6倍计重收取车辆通行费。

3.1.11 云南省计重收费方案

2007年1月云南省发展改革委员会、交通运输厅、财政厅等部门，根据《指导意见》等文件及本省实际情况对经营性高速公路车辆通行费收费标准进行了规范与调整，对高速公路货车按（t·km）实施计重收费。

1）超限认定标准

具体超限认定标准同《指导意见》。

2）计重收费方案

（1）正常装载的合法运输车辆行驶试行计重收费的公路时，其计重收费方案见表3-21。

云南省正常装载的合法运输车辆计重收费方案 表3-21

类别	车货总质量≤20t	20t < 车货总质量≤40t		车货总质量 > 40t		
计重方案	按基本费率计收	20t及以下部分	20t以上部分	20t及以下部分	20t至40t的部分	40t以上部分
		按基本费率计收	按基本费率线性递减到基本费率的50%计收	按基本费率计收	按基本费率线性递减到基本费率的50%计收	按基本费率的50%计收
收费标准	0.08元/（t·km）	0.08元/（t·km）	0.08元/（t·km）线性递减到0.04元/（t·km）	0.08元/（t·km）	0.08元/（t·km）线性递减到0.04元/（t·km）	0.04元/（t·km）

以收费站实际测量确定的车货总质量为依据，小于20t（含20t）的车辆，按基本费率计算确定车辆通行费收费标准；20t至40t（含40t）的车辆，20t及以下部分，其费率按基本费率计收，20t以上的部分，其费率按基本费率线性递减到基本费率的50%计收；大于40t的车辆，20t及以下的部分，其费率按基本费率计收，20t至40t的部分，其费率按基本费率线性递减

到基本费率的50%计收,超过40t的部分按基本费率的50%计收。

高速公路计重收费执行标准如下:正常装载车辆的基本费率为0.08元/(t·km)[2013年以后新建通车的高速公路桥隧单收计费,其计重收费基本费率为不超过0.23元/(t·km)]。根据实际车货总质量,小于等于20t的车辆按基本费率0.08元/(t·km)计费;大于20t且小于或等于40t的车辆,20t以下部分按0.08元/(t·km)计费,20t以上部分计重费率由0.08元/(t·km)线性递减到0.04元/(t·km)计费;大于40t的车辆,20t以下部分按基本费率0.08元/(t·km)计费,20t至40t的部分,其计重费率由0.08元/(t·km)线性递减到0.04元/(t·km)计费,超过40t的部分按0.04元/(t·km)计费;车货总质量不足5t的,按5t计收。

(2)超过公路承载能力的车辆行驶试行计重收费的公路时,其计重收费方案见表3-22。

云南省超过公路承载能力的车辆计重收费方案 表3-22

<table>
<tr><td>超过公路承载能力30%以内</td><td colspan="2">超过公路承载能力30%~100%(含100%)</td><td colspan="3">超过公路承载能力100%以上</td></tr>
<tr><td rowspan="2">按基本费率计收</td><td>超过公路承载能力30%(含)以内质量部分</td><td>超过公路承载能力30%以上的质量部分</td><td>超过公路承载能力30%(含)以内的质量部分</td><td>超过公路承载能力30%~100%(含)的质量部分</td><td>超过公路承载能力100%以上的质量部分</td></tr>
<tr><td>按基本费率计收</td><td>按基本费率的3倍线性递增至5倍计收</td><td>按基本费率计收</td><td>按基本费率的3倍线性递增至5倍计收</td><td>按基本费率的5倍计收</td></tr>
</table>

总轴重超过该车对应的公路承载能力认定标准30%以内(含30%)的车辆,按正常车辆的基本费率计重收取车辆通行费。

总轴重超过该车对应的公路承载能力认定标准30%~100%(含100%)的车辆,该车车货总质量中符合公路承载能力认定标准的重量部分以及超出公路承载能力认定标准30%的重量部分,按正常车辆的基本费率收取车辆通行费;超过公路承载能力认定标准30%以上的重量部分,按基本费率的3倍线性递增至5倍计重收取车辆通行费。

总轴重超过该车对应的公路承载能力认定标准100%以上的车辆,该车车货总质量中符合公路承载能力认定标准的重量部分以及超出公路承载能力认定标准30%的重量部分,按正常车辆的基本费率收取车辆通行费。超过公路承载能力认定标准30%~100%的部分重量,按基本费率的3倍线性递增至5倍计收通行费;超过公路承载能力认定标准100%以上的部分重量,按基本费率的5倍计重收取车辆通行费。

3)计重收费通行费计算模拟

假定某三轴车辆的标准装载(超限认定标准)为25t,该车行驶高速公路每100km的计重收费模拟计算如下:

(1)按照GB 1589国标,该车如空载(8.5t)时应缴通行费为8.5×0.08×100=68.0元,取整收费为68元。

(2)该车车货总质量为22t时,属于标准装载(25t)范围内,应缴通行费为20×0.08×100+2×0.076(递减费率)×100=160.00+15.20=175.20元,取整收费为175元。

(3)如该车车货总质量超过标准装载25t时,因该车超限,通行费计征需按超限装载计算。如该车车货总质量为30t时,属于超载30%的范围内,应缴通行费为30×0.08×100=240.00元,取整收费为240元。

(4)如该车车货总质量为40t时,属于超限30%~100%的范围内。标准装载为25t,超限30%的重量部分为7.5t,按基本费率计收;其余7.5t的重量部分在超限30%~100%范围内,按照基本费率的3倍线性递增到5倍收取道路补偿费,加收倍数为1.5+0.5×(20/7×40/25-5/7)=3.428 6,即该车通行费为:1.3×25×0.08×100+(40-1.3×25)×3.428 6×0.08×100=260.00+205.716=465.716元,取整收费466元。

(5)如该车车货总质量为52t时,属于超限100%以上。标准装载为25t,其余27t为超限部分,其中7.5t在超载30%范围内,按照基本费率计征;17.5t在超限30%~50%范围内,按照基本费率的4倍收取道路补偿费;其余2t在超限100%以上,按照基本费率的5倍收取道路补偿费,即该车的通行费为:1.3×25×0.08×100+0.7×25×4.0×0.08×100+(52-2×25)×5.0×0.08×100=260.00+560.00+80.00=900.00元,取整收费900元。

3.1.12 河南省计重收费方案

从2007年3月以来,河南省高速公路载货类汽车计重收费模式由"收费车型+最大轴超限"转换为按照"车货总质量"的全新计重收费模式,对超限超载车辆明显加大了加收通行费的力度,真正让超限车"不敢超"。

1)超限认定标准

按照GB 1589国标和《指导意见》的精神执行。

2)计重收费方案

(1)正常装载的合法运输车辆行驶试行计重收费的公路时,其计重收费方案见表3-23。

河南省高速公路正常装载的合法运输车辆计重收费方案 表3-23

类别	车货总质量≤15t	15t<车货总质量≤49t	
计重方案	按基本费率计收	15t及以下部分	15t以上部分
		按基本费率计收	按基本费率的44%计收
收费标准	0.09元/(t·km)	0.09元/(t·km)	0.04元/(t·km)

以收费站实际测量确定的车货总质量为依据,小于15t(含15t)的车辆,按基本费率计算确定车辆通行费收费标准;15t至49t(含49t)的车辆,15t及以下部分按基本费率计收,15t以上部分按基本费率的44%计收。

计重收费执行标准如下:正常装载车辆的基本费率为0.09元/(t·km)。根据实际车货总质量,小于等于15t的车辆按基本费率0.09元/(t·km)计费;大于10t且小于等于49t的车辆,其15t及以下部分按基本费率0.09元/(t·km)计费,15t以上部分按0.04元/(t·km)计费。车货总质量不足5t时按5t计费;计费不足5元时按5元计收。最终收费额按照采用5元、10元等整数计收,不足5元或超过5元的部分,在0至2.5元之间的,按0元计收;在2.5元(含)2.5元至5元之间的按5元计收。

(2)超过公路承载能力的车辆行驶试行计重收费的公路时,其计重收费方案见表3-24。

河南省超过公路承载能力的车辆计重收费方案 表 3-24

超过公路承载能力 30% 以内	超过公路承载能力 30% ~100%（含 100%）		超过公路承载能力 100% 以上		
车货总质量中符合公路承载能力认定标准的重量部分按正常车辆的计算方法计收					
超过公路承载能力 0 ~ 30% 的超限部分	超过公路承载能力 0 ~ 30%（含）的超限部分	超过公路承载能力 30% ~100%（含）的超限部分	超过公路承载能力 0 ~ 30%（含）的超限部分	超过公路承载能力 30% ~100%（含）的超限部分	超过公路承载能力 100% 以上的超限部分
按基本费率计收	按基本费率计收	按基本费率的 3 倍线性递增至 5 倍计收	按基本费率计收	按基本费率的 3 倍线性递增至 5 倍计收	按基本费率的 5 倍计收

超过公路承载能力的车辆行驶试行计重收费的公路时，总轴重超过该车对应的公路承载能力认定标准 30% 以内（含 30%）的车辆，该车车货总质量中符合公路承载能力认定标准的重量部分按正常车辆的计算方法计重收取通行费；其超限部分按正常车辆的基本费率计重收取车辆通行费。

车货总质量超过该车对应的公路承载能力认定标准 30% ~100%（含 100%）的车辆，该车车货总质量中符合公路承载能力认定标准的重量部分按正常车辆的计算方法计重收取通行费。该车超出公路承载能力认定标准 30% 的重量部分，按正常车辆的基本费率收取车辆通行费；超过公路承载能力认定标准 30% 以上的重量部分，其费率按基本费率的 3 倍线性递增至 5 倍计重收取车辆通行费。

车货总质量超过对应的公路承载能力认定标准 100% 以上的车辆，车货总质量中符合公路承载能力认定标准的重量部分暂按正常装载收费标准计收；超出公路承载能力认定标准 30% 的重量部分按基本费率收取车辆通行费；超过公路承载能力认定标准 30% 以上的重量部分，其费率按基本费率的 3 倍线性递增至 5 倍计重收取车辆通行费；超过公路承载能力认定标准 100% 以上的重量部分按基本费率的 5 倍计重收取车辆通行费。

3.2 部分省市高速公路计重收费方案的共同点

1）用于指导制订计重收费方案的计重收费原则基本相同

主要体现为如下 4 个基本原则：

（1）公平合理原则：轻车少收，重车多收，按车货总质量称重合理计费；对超限车辆确定合理的加收幅度，并逐步加大，使公路经营管理单位得到合理补偿。

（2）大型车优惠原则：对于 10t 以上的标准载货车辆、集装箱车辆和属于国家产业政策鼓励发展的其他标准大型车辆，按车货总质量实行不同的优惠标准。

（3）简便易行原则：计重收费标准尽量简单明了，便于车主理解、社会接受；计重收费系统尽量利用现有资源，便于两种计费方式的衔接，收费人员易掌握和操作。

（4）不增加社会负担原则：实行新的收费方式和收费标准后，标准车型、标准装载的总体收费额和现有水平基本持平。

这 4 个原则既体现了国家的产业政策，又充分反映了实施计重收费的目的是为了解决超限运输对公路的严重破坏问题,而不是借计重收费增加收入,减少了实施计重收费的社会阻力。

2)计重收费方案均由正常收费标准和超限收取标准两部分组成

正常收费标准包括计重收费区间划分、基本费率、基本费率随车货总质量吨位的变化规则等要素。已实施计重收费的省份基本费率虽然高低有别,但均设计成随着车货总质量吨位提高而逐渐降低,这体现了国家在不超限的前提下鼓励发展大型车和集装箱运输的产业政策。

超限收取标准包括超限率的划分区间、收取倍数等要素。各地一般将超限划分为 3 个或 4 个区间,主要是小于或等于 30%;大于 30% 而小于或等于 50%;大于 50% 而小于 100%;大于 100% 等。在超限判别中,各地基本上把小于等于 30% 的超限率以正常装载的合法运输车辆原则处理,体现了由按车型收费到计重收费的过渡衔接,体现了"以人为本""以车为本"不增加社会负担的原则。至于收取倍数则依据各地对超限运输遏制、治理的力度不同,有所差异。

3)计重收费的辅助规定和措施基本相同

譬如最低收费额的规定:对于小于 5t 的货车按 5t 处理;对于计重收费额计算结果都进行取整,要么采用 2.50 元以下舍,2.51 ~7.50 元归 5 元,7.51 ~9.99 元归 10 元的取整方式,保证费额的个位是 5 或 0;要么通行费计费以元为单位,尾数不足一元的,按四舍五入法归入元处理,等等。

鲜活农产品运输和其他经批准的临时免缴通行费的货车在正常装载的情况下,免收车辆通行费或降低一个收费档次进行优惠。但车货总质量超过该车对应的公路承载能力认定标准 30% 以上的部分,按超过公路承载能力的收费方法收取通行费。

4)实施计重收费以来的可观表现和良好效果

(1)可观的表现

主要表现在如下几个方面:

①恶意超限的运输车辆明显减少,基本上达到了限超的目的;

②改变了过去按车型和车吨位收费以及空车、重车和超限车同一标准的收费方式,填补了过去不能从根本上解决"车辆大吨小标少交费"的收费政策漏洞,较好地解决了原征管办法中的弊端;

③道路损坏速度趋缓,道路没有出现明显损坏;

④道路交通事故减少;

⑤货运价格合理回归;

⑥计重收费得到了政府各部门、媒体和绝大多数司乘人员的认可和支持,没有因为实行计重收费发生大的纠纷和矛盾。

(2)良好的效果

实行计重收费真正体现了"多用路者多交钱、少用路者少交钱"的原则;空载和装货少于标准装载的车辆,运输成本与原来分类收费额相比有所降低,将减轻守法运输业户负担;多轴和大吨位的车辆,在不超限的情况下费率随车货总质量增加而递减,使守法运输业户得到实惠。

3.3 部分省市高速公路计重收费方案的差异点

1)采用超限认定标准的差别

货车超限与否的认定及其超限率数值的大小,对制定计重收费标准关系重大。从各地情况看,目前我国各地计重收费中执行4种超限判别标准。

(1)2000年交通部2号令《超限运输车辆行驶公路管理规定》的轴限和总质量限规定。

(2)《指导意见》。

(3)GB 1589国标的轴限和总质量限规定。

(4)2004年国家七部委《关于在全国开展车辆超限超载治理工作的实施方案的通知》的总质量限规定。

各地实施计重收费时采用的超限认定标准不尽相同。江苏、安徽省将交通部2号令标准和国家七部委联合治超标准结合使用;湖北省将交通部2号令、国家标准和《指导意见》的规定进行比较选择较小值作为判别标准;山东、四川、江西、山西、河北、贵州、云南、河南省等基本上是按照GB 1589国标和《指导意见》的精神执行的,而其他省份大都使用交通部2号令标准或《指导意见》。

2)正常车辆计重收费区间划分的差别

计重收费区间是指在正常装载下的运输车辆称量的实际车货总质量所在的区间。各地划分有较大差别,主要可分为以下3类:

(1)划分为小于或等于10t,大于10t且小于或等于40t,大于40t三个区间。在此划分区间情况下,小于10t(含10t)的车辆,按基本费率计算确定车辆通行费收费标准;10t至40t(含40t)的车辆,其费率按基本费率线性递减到基本费率的50%左右计收;大于40t的车辆,其费率按基本费率的45%左右计收。譬如目前江苏、安徽、湖北、江西等省份按照此方案对正常车辆计重收费区间进行划分。

(2)划分为小于或等于10t,大于10t且小于或等于49t两个区间。在此划分区间情况下,小于10t(含10t)的车辆,按基本费率计算确定车辆通行费收费标准;10t至49t(含49t)的车辆,其费率按基本费率线性递减到基本费率的55%左右计收。譬如目前山东、山西等省份按照此方案对正常车辆计重收费区间进行划分。

(3)划分为小于或等于20t,大于20t且小于或等于40t,大于40t三个区间。在此划分区间情况下,小于20t(含20t)的车辆,按基本费率计算确定车辆通行费收费标准;20t至40t(含40t)的车辆,20t及以下部分,其费率按基本费率计收,20t以上的部分,其费率按基本费率线性递减到基本费率的60%左右计收;大于40t的车辆,20t及以下的部分,其费率按基本费率计收,20t至40t的部分,其费率按基本费率线性递减到基本费率的60%左右计收,超过40t的部分按基本费率的60%左右计收。譬如目前我国西南地区四川、贵州、云南等省份按照此方案对正常车辆计重收费区间进行划分。

三类区间的划分也存在一定的共同点和差异点。共同点是第1区间的车辆都是按基本费率计收;差异点是第(1)类、第(2)类的第2区间的计重区间跨越较大,虽然第2区间的车辆其费率均按基本费率线性递减到基本费率的50%左右计收,但是第(1)类、第(2)类第2区间车辆的所有吨位均受到优惠,而第(3)类第2区间车辆的前20t仍然按基本费率计收。第(1)类、第(2)类随着车货总质量的增加递减费率下降比第(3)类快,也就是费率标准随车货总质量的增加在单位成本上有所降低,相对来说这与交通运输部鼓励多轴大型车辆发展政策更吻合。

3)超限率30%(含)以内重量范围的计费差别

超限率是指超限运输车辆称重的实际车货总质量与该车对应的超限认定标准之比值。各地超限率的划分区间、加收倍数等要素存在一定的差别,即超限率区间划分为3个或4

个,加收倍数为1~6倍之间。但是,超限率30%(含)以内重量范围的通行费计算方法上存在较大差异,超限率30%(含)以内重量范围包含两部分重量,即符合公路承载能力认定标准的重量和0~30%的超限部分。主要可归纳为以下3类:

(1)超限率30%以内范围的符合公路承载能力认定标准的重量和0~30%的超限部分按正常车辆的计重费率计收通行费。这两部分重量与正常车辆一样享受到优惠,以正常装载的合法运输车辆原则处理。譬如目前有江苏、安徽、湖北等省份,就是采取的此类做法。

(2)超限率30%以内范围的符合公路承载能力认定标准的重量按正常车辆的计重费率计收通行费。这部分重量与正常车辆一样享受到优惠,以正常装载的合法运输车辆原则处理;0~30%的超限部分按基本费率或加收倍数的计重费率计收通行费;基本上体现了超限补偿的原则。譬如目前有江西、山东、山西、河北、贵州、河南等省份,就是采取的此类做法。

(3)超限率30%以内范围的符合公路承载能力认定标准的重量和0~30%的超限部分按基本费率计收通行费。这两部分重量均未享受到正常车辆的优惠政策,完全体现了超限补偿的原则。譬如目前有四川、云南等省份,就是采取的此类做法。

4　高速公路计重收费通行费计算理论模型

本章主要针对高速公路计重收费通行费计算模型进行理论研究。首先,对正常装载部分和超限装载部分计重收费费率模式进行比较,对其计重费率函数模型进行研究,分析其优缺点。然后,在其计重收费费率函数模型的基础上,分别建立正常装载车辆和超限装载车辆计重收费通行费计算模型,同时对我国部分已实施计重收费的省市通行费计算模型进行分析,找出其所存在的问题。最后,对现行计重收费通行费计算理论模型进行改进和优化,提出一套比较科学、合理的通行费计算理论模型,为政府决策、高速公路运营管理等部门提供切实的参考。

4.1　正常装载部分计重费率模式比较

正常装载的合法运输车辆是指在实行计重收费的公路,以实际测量的各轴轴重之和(即车辆的实际车货总质量),与该车对应的公路承载能力认定标准相比较,如果该车没有超过公路承载能力,那么该车就是正常装载的合法运输车辆,该车的车货总质量即是正常装载部分。

4.1.1　单一式计重费率模式

单一式计重费率模式不划分计重收费区间,无论轻车、重车统一按照相同的费率计重收费,完全按照实际车货总质量收取费用,体现“多拉多收、少拉少收”的公平性原则。如图4-1所示,图中横坐标 G 表示车货总质量,单位:吨(t);纵坐标 M 表示计重费率,单位:元/吨公里[元/(t · km)],下同。

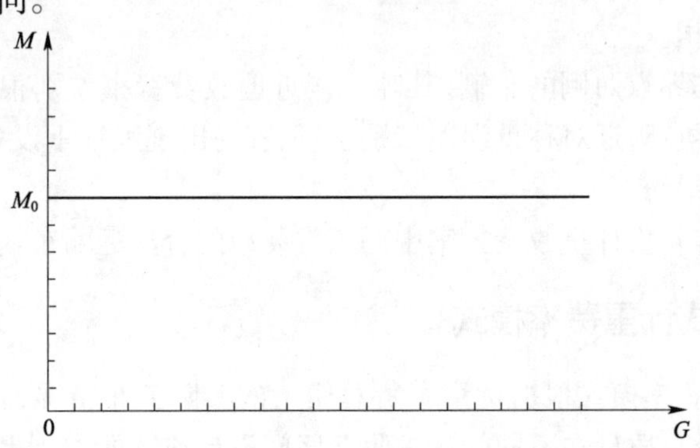

图4-1　正常装载部分单一式计重费率与车货总质量的关系

由图4-1可以看出,该模式计重费率 M_0 是水平的,保持不变,计重费额按车货总质量的增加相应增加。该模式的特点为:费率统一,计费简单。目前在我国还没有省份采纳此模式。

该模式的优点:体现了轻车少收、重车多收的原则;计费方式较为简单。

该模式的缺点:没有体现出对正常装载的运输车辆的鼓励政策,正常装载的大型货车的计重费率未享受到优惠;对大型重载车辆收费较重,未体现国家鼓励多轴大型货车、集装箱车的产业政策;对重车在计重收费实施前后通行费提高幅度较大,不利于计重收费的推广。

4.1.2 阶梯递减式计重费率模式

阶梯递减式计重费率模式按不同的计重收费区间设计不同的计重费率,并对大型车实行一定的优惠。如图 4-2 所示。

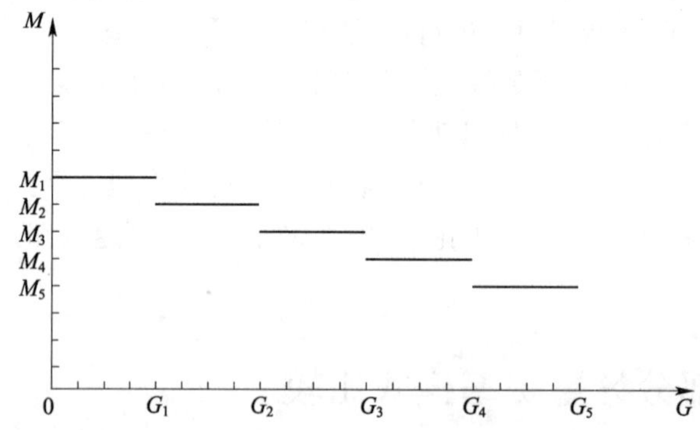

图 4-2 正常装载部分阶梯递减式计重费率与车货总质量的关系

由图 4-2 可以看出,该模式计重费率 M 在每个区间内是水平的,不同的区间段发生跳跃,费率总体上是分段不连续且随着车货总质量的增加而减小,只要货车称重后被划定为同一个计费区间,就执行同一单位费率。

该模式的设计思路:对货车进行称重,按照车货总质量划分收费区间,每个区间的费率与按车型收费相对应,各区间内的费率无变化,在车货总质量发生变化时费率跳档。该模式的特点是"连续计重、分段收费"。在计重收费区间的分界点两边收费不同,重量处在区间分界处下限附近的货车若再增加一点重量,就可能会跳档至下一个区间,收费额变化幅度比较大。

该模式的优点:体现了"轻车少收、重车多收",对正常装载运输车辆的优惠政策;整体上没有过多增加社会负担。

该模式的缺点:临界点两侧的车辆,其吨位接近但收费费率差别很大;对计重设备精确程度要求较高,在临界点附近对称重误差特别敏感,容易出现因计重设备的误差引起驾驶员和收费员之间的收费纠纷。

目前河南、青海等省份计重收费方案中对正常装载的合法运输车辆采用该费率模式。

4.1.3 线性递减式计重费率模式

线性递减式计重费率模式根据货车车货总质量的实际分布情况,划分了不同的计重收费区间,按车辆的车货总质量在不同的计重收费区间设计连续的差别费率,在中间区间的计重费率线性递减,并对大型车实行一定的优惠。如图 4-3 所示。

从图 4-3 可以看出,在区间$(0,G_1)$内费率变化是水平直线,费率均为 M_0;在区间(G_1,G_2)内费率变化为线性递减,也就是直线降低;在车货总重大于 G_2的开区间内费率又按水平直线变化,费率为 αM_0,其中$0<\alpha<1$,下同。计重收费区间的分界点处费率没有发生突变,且逐渐降低,大吨位货车费率小于小吨位货车费率。这样的费率变化趋势是鼓励多轴大吨

位货车上路，符合国家鼓励多轴大型货车发展的产业政策。

该模式特点是“连续计重、连续收费”。在同一个区间的费率随着车货总质量的增加而发生变化，并且在分界点处是连续变化的。这样就避免了阶梯收费费率模式的“连续计重、分段收费”造成的费率跳档的情况。

该模式的优点：体现了“轻车少收、重车多收”，大型车享受更多优惠的原则；计重费率变化平稳，克服了阶梯收费在临界点的突变缺点；在临界点附近对称重误差敏感性减小。

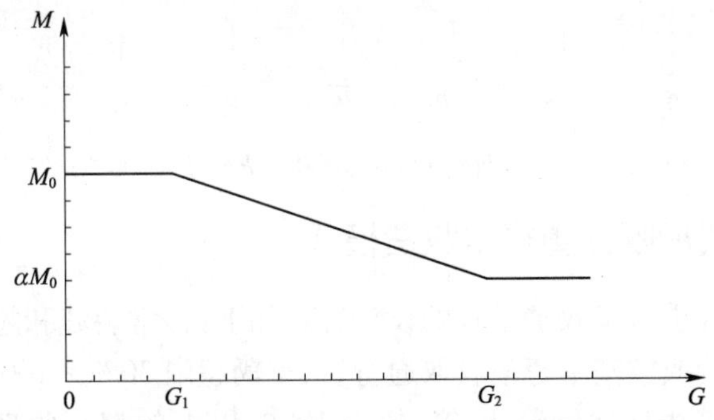

图 4-3 正常装载车辆线性递减式计重费率与车货总质量的关系

目前《指导意见》和绝大多数正式实施计重收费的省份，计重收费方案中对正常装载的合法运输车辆采用该费率模式。这些省份包括江苏、安徽、湖北、山东、山西、河北、四川、贵州、云南、河南等省份。

4.2 超限装载部分计重费率模式比较

超过公路承载能力的车辆是指在实行计重收费的公路，以实际测量的各轴轴重之和（即车辆的实际车货总重），与该车对应的公路承载能力认定标准的相比较，如果该车超过了公路承载能力，那么该车辆就是超过公路承载能力的车辆，也就是属于超限装载车辆，其中超过公路承载能力的质量部分即是超限装载部分。

4.2.1 阶梯递增式超限补偿费率模式

阶梯递增式超限补偿费率模式按照超限率所处的不同区间，以不同的超限收费调节系数乘以基本费率收取计重费额。如图 4-4 所示，图中横坐标 R 表示超限率，$R = G/W$，即车货实际总质量与该车辆所对应的公路承载能力认定标准之比值，W 为该车辆所对应的公路承载能力认定标准，单位：吨（t），下同；纵坐标 M 表示超限补偿费率，单位：元/吨公里[元/(t·km)]，K 为加收倍数，即超过公路承载能力的收费调节系数，下同。

由图 4-4 可以看出，该模式超限收费调节系数在每个区间内是水平的。不同的区间段发生跳跃，费率总体上是分段不连续且随着超限率的增加而增加，只要超限率在同一个加收区间，就加收相应倍数的道路通行费。

目前一些正式实施计重收费的省份，如江苏、安徽、山西、河南等省份采用该种超限收取方式，虽然简单明了，容易理解，但该模式的缺陷是超限收费调节系数在临界点发生了突变，使超限运输车辆在临界点时很敏感，超限率接近但收取费率差别很大，从而使车主对称重误差特别敏感，容易引起纠纷。

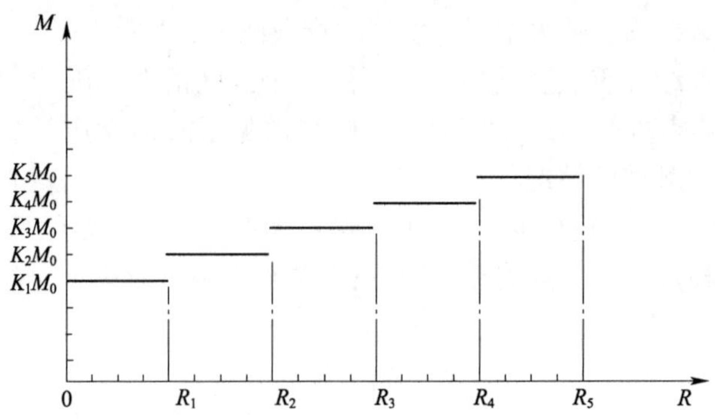

图 4-4 超限装载部分阶梯递增式超限补偿费率与车货总质量的关系

4.2.2 线性递增式加收计重费率收费模式

线性递增式加收计重费率收费模式的设计思路如下:正常装载和超限 30% 以内的车辆,按正常车辆收取通行费或按基本费率收取通行费;车辆超限 30% ~100% 的车辆的超限收费调节系数,采用从 K_1 倍线性递增至 K_2 倍;超限 100% 以上的超限收费调节系数为 K_2。如图 4-5所示。

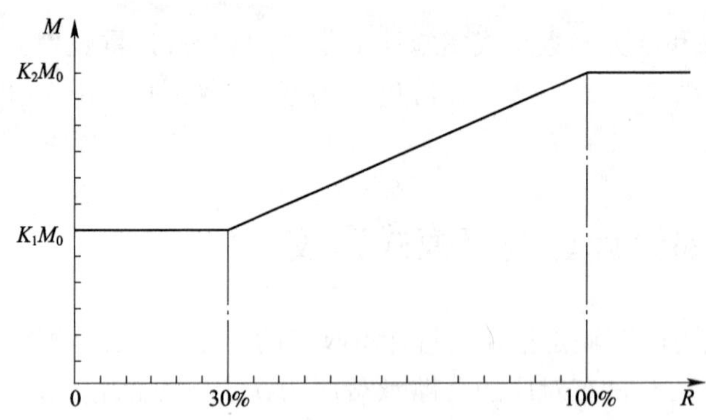

图 4-5 超限装载部分线性递增式超限补偿费率与车货总质量的关系

该模式为《指导意见》所推荐,湖北、山东、江西、河北、四川、贵州、云南、河南等省市的计重收费方案中也采用。该模式在同一个区间的加收倍数随着超限率的增加而发生变化,并且在分界点处是连续变化的,这样就避免了阶梯收费费率模式的收费跳档情况,克服了阶梯加收模式的缺陷,使超限加收倍数在临界点周围平滑变化,降低了超限运输车辆对超限加收倍数变化的敏感程度。此外,该方案可以根据需要修改超限收费调节系数,以满足不同时期通过计重收费治理超限的目标要求。

4.3 正常装载部分计重收费通行费计算模型

正常装载部分计重收费通行费计算模型需要解决两个方面的问题:一是模型构成的要素,即车货总质量、计重费率函数、计费里程;二是计重收费通行费计算方法。显然,计重费率函数与通行费计算方法是关键。

4.3.1 正常装载部分计重费率函数

由于计重费率只与车货总质量有关,与计费里程无关,所以本书中所涉及的计重费率图均表示为计重费率与车货总质量的二元关系图。从我国各省市计重方案可以看出,货车正常装载部分质量区间的计重费率主要有如下两种情况。

1)阶梯递减式计重费率函数

阶梯递减式计重费率模式,按照“连续计重、分段计费”的思想,将计重费率按车重质量区间分段设置,虽然在相邻两个质量区间的临界点费率不连续,会产生突变,但由于费率是递减的,体现了对大型车的优惠,所以一般不会引起争议。从目前来看,对正常装载部分的车货总质量采用这种计重费率的省份主要是河南、青海等省份。这种阶梯递减式计重费率函数关系见图4-2,其函数表达式见式(4-1)。

$$M=\begin{cases}M_1,\text{当}0<G\leqslant G_1\text{时}\\M_2,\text{当}G_1<G\leqslant G_2\text{时}\\M_3,\text{当}G_2<G\leqslant G_3\text{时}\\M_4,\text{当}G_3<G\leqslant G_4\text{时}\\M_5,\text{当}G_4<G\leqslant G_5\text{时}\end{cases}\tag{4-1}$$

式中,G_1、G_2、G_3、G_4、G_5为车货总质量,单位:吨(t);M_1、M_2、M_3、M_4、M_5为计重费率,单位:元/吨公里[元/(t·km)],下同。

2)线性递减式计重费率函数

线性递减式计重费率模式在整个计重区间计重费率连续且单调不增,即在车辆正常装载的情况下,当车货总质量小于G_1时,采用基本费率M_0;车货总质量位于G_1和G_2之间时,计重费率从基本费率M_0线性递减到M_0的α倍(即αM_0),一般取0.50左右;当车货总质量大于G_2时,采用恒定计重费率αM_0。

这种模型不仅对总质量位于G_1和G_2之间的货车实行线性递减的费率优惠,对总质量大于G_2的货车实行低于基本费率的固定费率优惠,而且在区间端点处计重费率是连续的,正常装载下计重标准的数学结构图形优美。采用这种主流模式的省份主要有江苏、安徽、湖北、江西、山东、山西、河北、四川、贵州、云南等地以及《指导意见》推荐方案等。这种线性递减式计重费率函数关系见图4-3,其函数表达式见式(4-2)。

$$M=\begin{cases}M_0, & \text{当}G\leqslant G_1\text{时}\\\left[1-\dfrac{G-G_1}{G_2-G_1}\times(1-\alpha)\right]M_0, & \text{当}G_1<G\leqslant G_2\text{时}\\\alpha M_0, & \text{当}G>G_2\text{时}\end{cases}\tag{4-2}$$

式中,M_0为基本费率,单位:元/吨公里[元/(t·km)],下同。

将以上两种计重费率函数关系进行比较,可以发现,正常装载下,第2种情况在整个计重区间计重费率是连续的且单调不增,而第1种情况在整个计重区间计重费率是阶跃式不连续的;从式(4-1)和式(4-2)可看出,第1种情况的函数表达式清晰,简单易算,而第2种情况的函数表达式当车货总质量位于G_1和G_2之间时,计重费率函数稍显复杂,不易计算。

4.3.2 正常装载部分计重收费通行费计算模型

虽然计重收费通行费计算额与计重费率、车货总质量和行驶里程均有关,但为了方便表达,本章所列计重通行费计算模型图暂不考虑行驶里程,仍利用了计重费率与车货总质量的二元关系图。

1)阶梯递减式计重收费通行费计算模型

对于正常装载情况下第1种情况，即阶梯递减式计重费率模型，计重收费通行费额的计算较为简便，各计重区间通行费额见图4-6～图4-8中阴影部分的面积，图中各条水平直线代表不同计重区间的计重费率。

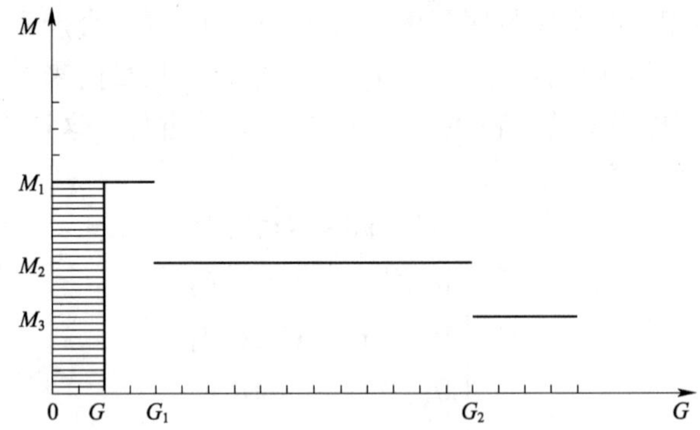

图4-6 正常装载下车货总质量 $G \leqslant G_1$ 时阶梯递减式通行费额(阴影部分)

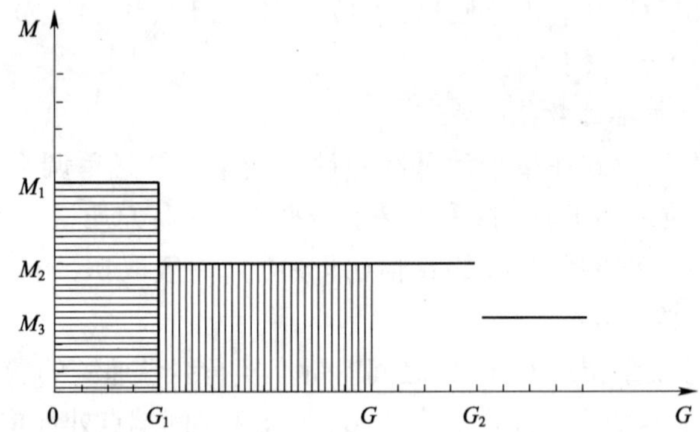

图4-7 正常装载下车货总质量 $G_1 < G \leqslant G_2$ 时阶梯递减式通行费额(阴影部分)

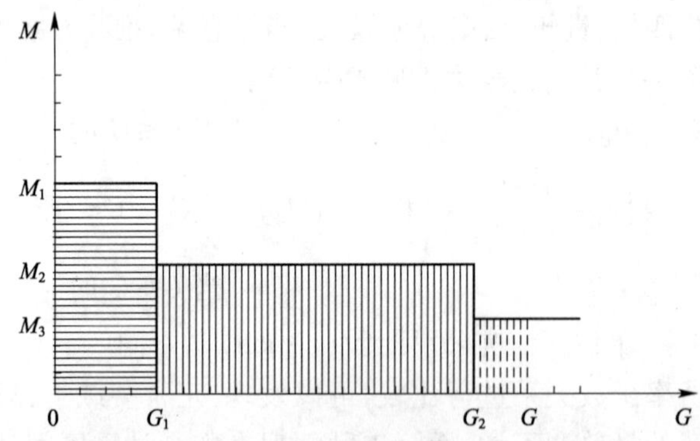

图4-8 正常装载下车货总质量 $G > G_2$ 时阶梯递减式通行费额(阴影部分)

正常装载下阶梯递减式计重收费通行费计算模型见式(4-3)：

$$N=\begin{cases} GM_1L, & \text{当 } G \leqslant G_1 \text{ 时} \\ G_1M_1L+(G-G_1)M_2L, & \text{当 } G_1 < G \leqslant G_2 \text{ 时} \\ G_1M_1L+G_2M_2L+(G-G_2)M_3L, & \text{当 } G > G_2 \text{ 时} \end{cases} \tag{4-3}$$

式中，N 为车辆应缴费额，单位：CNY；L 为车辆在计重收费高速公路上行驶的实际计费里程，单位：km，下同。

对于正常装载且采用阶梯递减式计重费率模型的车辆，由图 4-6 可见，当车货总质量 $G \leqslant G_1$时，计重通行费额为图中阴影部分；由图 4-7 可见，当车货总质量 $G_1 < G \leqslant G_2$时，计重通行费额为图中两个阴影部分的累加和；由图 4-8 可见，当车货总质量 $G > G_2$时，计重通行费额为图中三个阴影部分的累加和。由此可知，正常装载下阶梯递减式计重费率模式对大型车给予了不同程度的优惠。

2）线性递减式计重收费通行费计算模型

对于计重费率连续且单调不增的情况，线性递减式收费模型有累加形式和乘积形式两种主流方法。

（1）累加形式

正常装载情况下各计重区间的通行费额计算方法采取累计形式进行相加。各计重区间通行费额，见图 4-9 ~ 图 4-11 中阴影部分的面积。

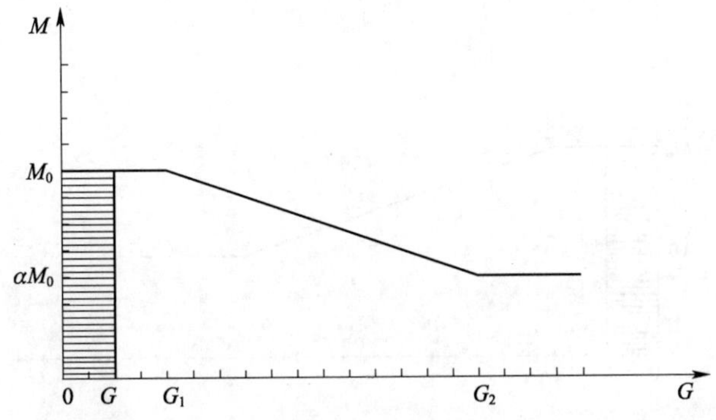

图 4-9　正常装载下车货总质量 $G \leqslant G_1$时线性递减式通行费额（累加阴影部分）

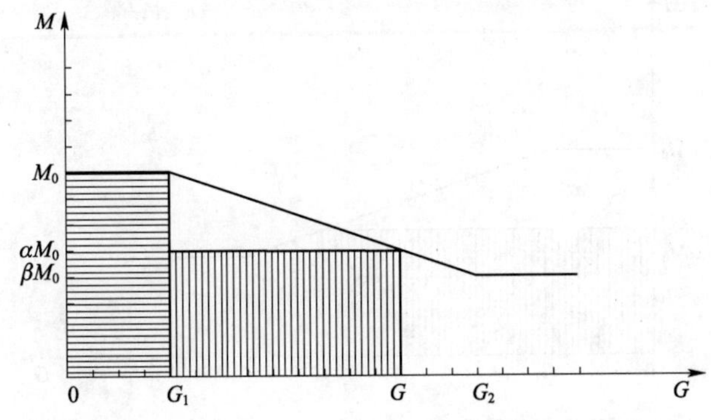

图 4-10　正常装载下车货总质量 $G_1 < G \leqslant G_2$时线性递减式通行费额（累加阴影部分）

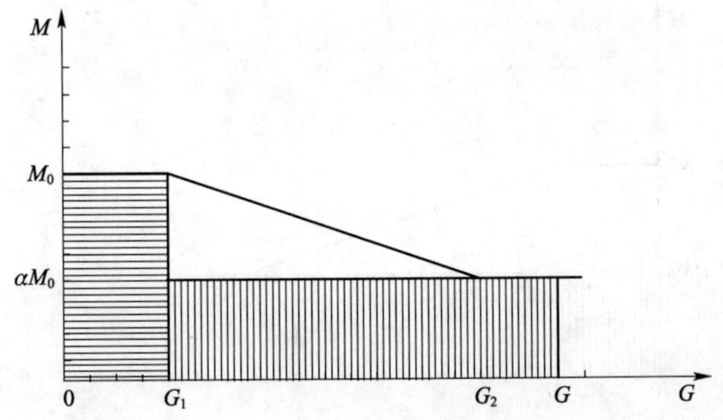

图 4-11　正常装载下车货总质量 $G > G_2$时线性递减式通行费额（累加阴影部分）

正常装载下线性递减式计重收费通行费计算模型(累加形式)见式(4-4):

$$N=\begin{cases}GM_0L, & \text{当 } G\leqslant G_1\text{时}\\ G_1M_0L+(G-G_1)\beta M_0L, & \text{当}G_1<G\leqslant G_2\text{时}\\ G_1M_0L+(G-G_1)\alpha M_0L, & \text{当 } G>G_2\text{时}\end{cases} \tag{4-4}$$

式中,$\beta M_0=\left[1-\dfrac{G-G_1}{G_2-G_1}(1-\alpha)\right]M_0$,为线性递减费率;$\beta$ 为基本费率递减调节系数,下同。

(2)乘积形式

正常装载情况下各计重区间的通行费额计算方法采取乘积形式;各计重区间通行费额,见图 4-12 ~ 图 4-14 中阴影部分的面积。

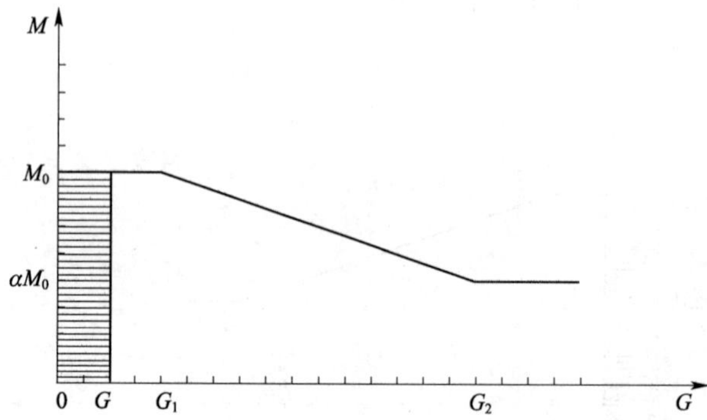

图 4-12　正常装载下车货总质量 $G\leqslant G_1$ 时线性递减式通行费额(乘积阴影部分)

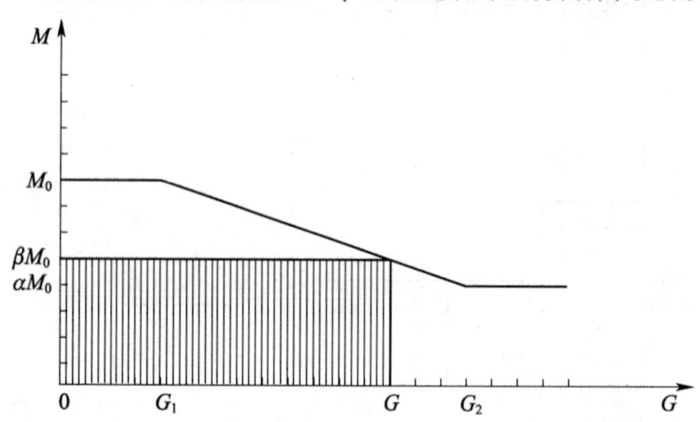

图 4-13　正常装载下车货总质量 $G_1<G\leqslant G_2$ 时线性递减式通行费额(乘积阴影部分)

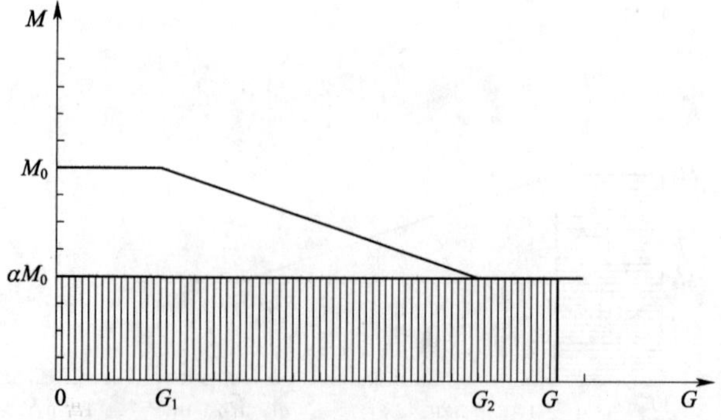

图 4-14　正常装载下车货总质量 $G>G_2$ 时线性递减式通行费额(乘积阴影部分)

正常装载下线性递减式计重收费通行费计算模型(乘积形式)见式(4-5):

$$N=\begin{cases}GM_0L, & \text{当 } G\leqslant G_1\text{时}\\ G\beta M_0L, & \text{当}G_1<G\leqslant G_2\text{时}\\ G\alpha M_0L, & \text{当 } G>G_2\text{时}\end{cases} \tag{4-5}$$

由图4-9和图4-12可见,正常装载下,当车重 $G\leqslant G_1$时,累加形式和乘积形式的计重通行费额相同;由图4-10和图4-13可见,正常装载下,当车重 $G_1<G\leqslant G_2$时,累加形式的计重通行费额比乘积形式收费额高。同样,由图4-11和图4-14可见,正常装载下,当车重 $G>G_2$时,累加形式的计重通行费额也比乘积形式收费额高。

比较正常装载下线性递减累加形式的计重通行费额表达式(4-4)和乘积形式的计重通行费额表达式(4-5),并结合以上6个图,可以发现,当车货总质量 $G\leqslant G_1$以及 $G>G_2$时,无论是累加形式还是乘积形式,计重通行费额是单调增加的;而当车货总质量 $G_1<G\leqslant G_2$时,乘积形式会出现不单调增加的情况,即当车货总质量增加一定值时,若车货总质量继续增加,通行费额不是单调增加,反而有降低的情况发生。

当 $G_1<G\leqslant G_2$时,线性递减乘积形式的计重收费通行费计算模型可转化为 $N=\{[-(1-\alpha)/(G_2-G_1)]G^2+(G_2-G_1\alpha)/(G_2-G_1)\times G\}\times M_0\times L$;当 $G=(G_2-G_1\alpha)/[2\times(1-\alpha)]$ 时,通行费额 N 达到最大值,也就是说,乘积形式的单调递减区间为 $[(G_2-G_1\alpha)/[2\times(1-\alpha)],G_2]$。

目前,正常装载下采取线性递减累加形式的省市主要有:江西、四川、云南、贵州等省市以及《指导意见》的推荐方案。其中贵州省的累加形式又略有不同,$G_1<G\leqslant G_2$区间通行费额为梯形面积而不是矩形面积。采取线性递减乘积形式的省市主要有:江苏、安徽、湖北、山东、山西、河北、河南等省市。

4.4 超限装载部分计重收费通行费计算模型

目前我国超限率区间的主流划分方法,主要有以下两种:

(1)$R\leqslant30\%$、$30\%<R\leqslant100\%$、$R>100\%$。目前采取这种划分法的省份主要有:《指导意见》推荐方案、湖北、江西、山东、河北、四川、贵州、云南、河南等。

(2)$R\leqslant30\%$、$30\%<R\leqslant50\%$、$50\%<R\leqslant100\%$、$R>100\%$。这种区间划分参考《指导意见》的指导思想为依据进行划分。目前采取这种划分法的省份主要有:江苏、安徽、山西等。

这两种划分法的共同点是都包含超限率小于30%的区间和超限率大于100%的区间。不同点是第一种超限率区间划分法将所有超限车辆划分为3个区间,按3种费率收费,划分简单,比较笼统,对超限30%~100%的货车视为同一费率区间,区间跨度稍大;而第二种超限率区间划分法将所有超限车辆划分为4个区间,将超限30%~100%的货车又划分为两个更小的区间,超限加收处罚的针对性更强。

另外,天津和浙江将超限率划分为5个区间,超限率的划分更细致、更复杂。

4.4.1 超限装载部分计重费率函数

同4.3.1节一样,在研究超限装载部分计重收费通行费计算模型之前,先分析超限补偿费率与车货总质量的二元关系图。从我国各省市计重方案可以看出,货车超限装载部分超限补偿费率函数主要有以下两种情况。

1)阶梯递增式超限补偿费率函数

阶梯递增式超限补偿费率模式,在整个超限率区间计重补偿费率不连续且阶梯式递增。即对于超限 R_1 以下的质量部分,按基本费率 M_0 或正常费率 αM_0 计收;对于超限 R_1 以上质量部分,其超限补偿费率按照超限率所处的不同区间,以大于 1 的不同的倍数 K 乘以基本费率计算。目前采用这种超限补偿费率模型的省份主要有江苏、安徽、山西等。

这种阶梯递增式超限补偿费率函数关系见图 4-15,其函数表达式见式(4-6)。

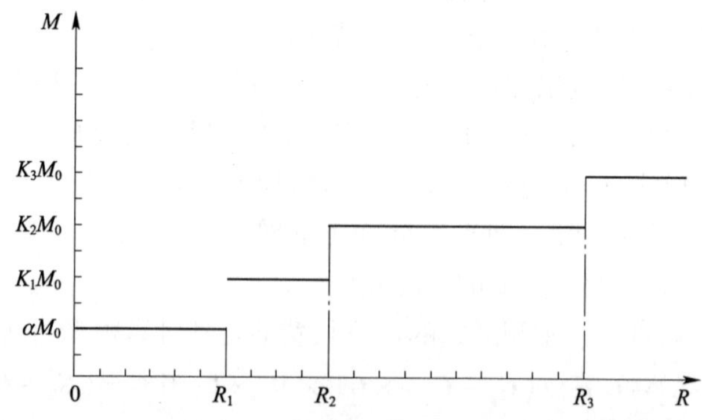

图 4-15　超限装载部分——阶梯递增式超限补偿费率与车货总质量关系

$$M=\begin{cases}\alpha M_0, & 当 R\leqslant R_1 时\\ K_1M_0, & 当 R_1<R\leqslant R_2 时\\ K_2M_0, & 当 R_2<R\leqslant R_3 时\\ K_3M_0, & 当 R>R_3 时\end{cases} \tag{4-6}$$

式中,K_1、K_2、K_3 为超限补偿费率加收倍数;R_1、R_2、R_3 为超限率,下同。

从图 4-15 和表达式(4-6)可见,这种费率模式虽然计算比较简单,但超限费率不连续,车辆超限时会尽量靠近每个区间的上限值,以最大程度获取超限运输所得利益,治超效果不理想,而且车货总质量在相邻两个超限段的临界点处比较敏感,费率会产生突变,容易引起争议。

2)连续递增式超限补偿费率函数

连续递增式超限补偿费率模式,在整个超限率区间计重补偿费率完全连续或部分连续且非阶梯式递增。其费率函数关系主要有如下 3 种情况。

(1)完全连续递增式超限补偿费率。该模式,在整个超限率各区间计重补偿费率完全连续且非阶梯式递增。其费率函数关系主要有如下两种情况。

①其费率函数表达式见式(4-7);函数关系见图 4-16。

$$M=\begin{cases}M_0, & 当 R\leqslant R_1 时\\ \dfrac{M_0}{R_2-R_1}[(K_1-1)R+(R_2-K_1R_1)], & 当 R_1<R\leqslant R_2 时\\ K_2M_0, & 当 R>R_2 时\end{cases} \tag{4-7}$$

②其费率函数表达式见式(4-8);函数关系见图 4-17。

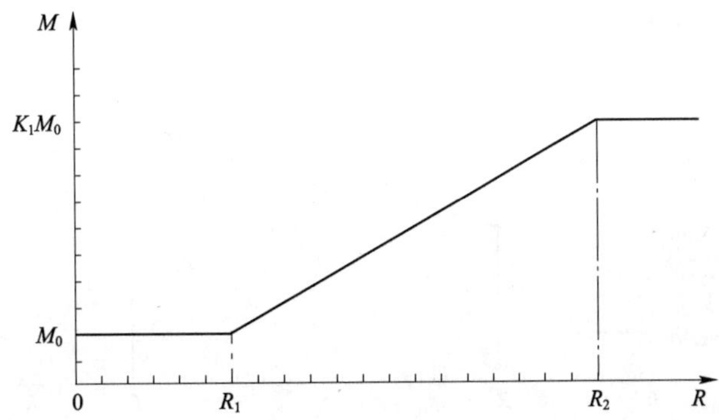

图 4-16　超限装载部分——完全连续递增式超限补偿费率与车货总质量情况 1 关系

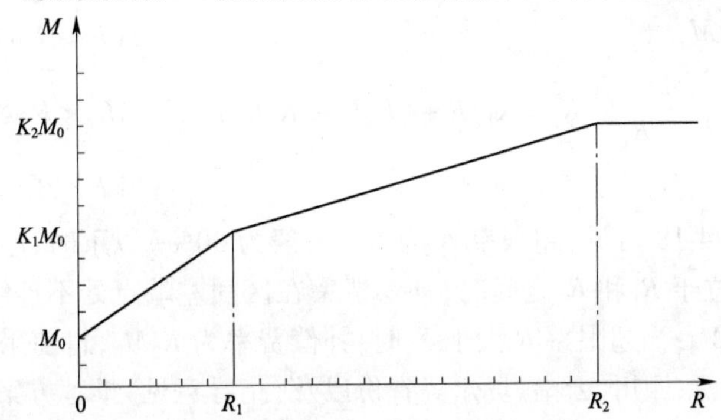

图 4-17　超限装载部分——完全连续递增式超限补偿费率与车货总质量情况 2 关系

$$M=\begin{cases}\dfrac{M_0}{R_1}[(K_1-1)R+R_1], & \text{当 } R\leqslant R_1\text{ 时}\\[2ex] \dfrac{M_0}{R_2-R_1}[(K_2-K_1)R+(K_1R_2-K_2R_1)], & \text{当} R_1<R\leqslant R_2\text{时}\\[2ex] K_2M_0, & \text{当 } R>R_2\text{时}\end{cases} \tag{4-8}$$

由式(4-7)和图 4-16 可见，超限率 R 在 R_1（一般为 30%）以下时，超限补偿费率按基本费率 M_0计算；超限率 R 位于 R_1 和 R_2之间时，补偿费率在区间左端点和右端点处均连续，由 M_0线性递增为基本费率的 K_1倍，即 K_1M_0；当超限率 R 大于 R_2时，补偿费率为 K_1M_0。目前采用这种超限费率模型的省份主要有：河北、河南。

由式(4-8)和图 4-17 可见，超限率 R 为 R_1（一般为 30%）以下时，超限补偿费率由 M_0线性递增为 K_1M_0；超限率 R 位于 R_1和 R_2之间时，补偿费率在区间左端点和右端点处均连续，由 K_1M_0线性递增为 K_2M_0；当超限率 R 大于 R_2时，补偿费率为 K_2M_0。目前采用这种超限费率模型的省份主要有：山东。

这两种情况的完全连续递增式在超限率区间端点处费率函数是连续的，超限重量对补偿费率不会十分敏感，不会引起费率突变；因超限费率引发争议的可能性减小，而且在不同超限率区间，补偿费率不同，且单调不减，体现出一定的治超力度。

(2)部分连续递增式超限补偿费率。该模式，在整个超限率各区间计重补偿费率部分连续且非阶梯式递增。其费率函数关系主要有下述 3 种情况。

①其费率函数表达式见式(4-9)，函数关系见图 4-18。

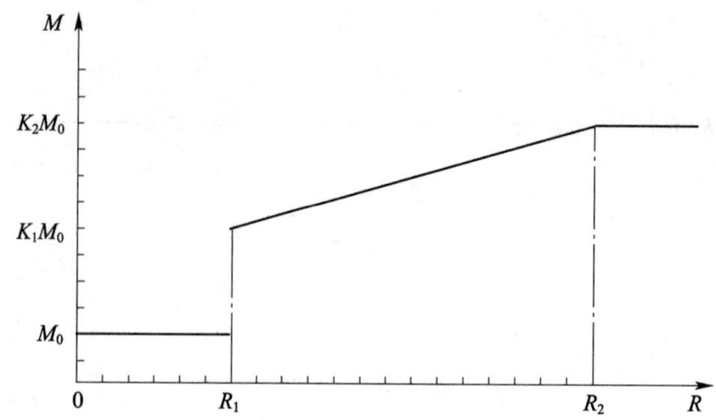

图 4-18　超限装载部分——部分连续递增式超限补偿费率与车货总质量情况 1 关系

$$M=\begin{cases}M_0 & \text{当 } R\leqslant R_1\text{ 时}\\ \dfrac{M_0}{R_2-R_1}[(K_2-K_1)R+(K_1R_2-K_2R_1)], & \text{当 } R_1<R\leqslant R_2\text{ 时}\\ K_2M_0, & \text{当 } R>R_2\text{ 时}\end{cases} \tag{4-9}$$

由式(4-9)和图 4-18 可见,超限率 R 为 R_1(一般为 30%)以下时,超限补偿费率为基本费率 M_0;超限率 R 位于 R_1 和 R_2 之间时,补偿费率在区间左端点处不连续右端点处连续,由 K_1M_0 线性递增为 K_2M_0;当超限率 R 大于 X_2 时,补偿费率为 K_2M_0,目前采用这种超限费率模型的省份主要有:江西、四川、云南、贵州等省份以及《指导意见》推荐方案。

②其费率函数表达式见式(4-10),函数关系见图 4-19。

$$M=\begin{cases}M_0, & \text{当 } R\leqslant R_1\text{ 时}\\ \dfrac{M_0}{R_2-R_1}[(K_1-1)R+(R_2-K_1R_1)] & \text{当 } R_1<R\leqslant R_2\text{ 时}\\ K_2M_0, & \text{当 } R>R_2\text{ 时}\end{cases} \tag{4-10}$$

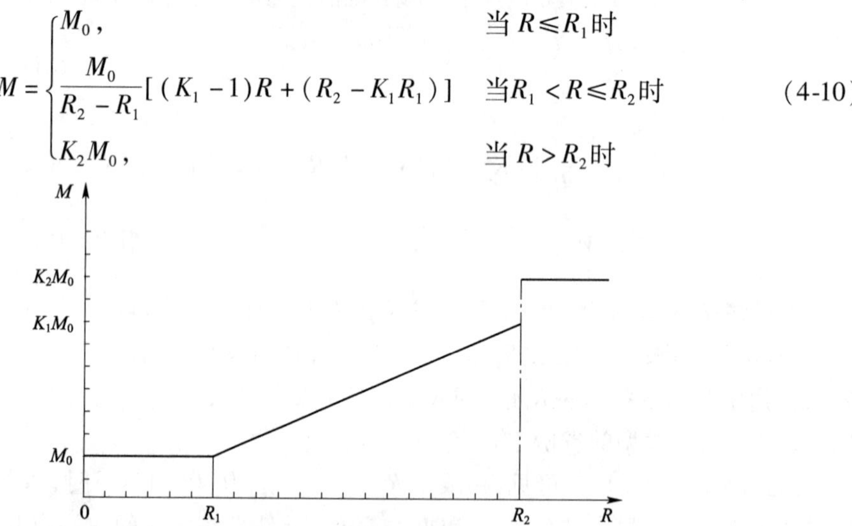

图 4-19　超限装载部分——部分连续递增式超限补偿费率与车货总质量情况 2 关系

由式(4-10)和图 4-19 可见,超限率 R 为 R_1(一般为 30%)以下时,超限补偿费率为基本费率 M_0;超限率 R 位于 R_1 和 R_2 之间时,补偿费率在区间左端点处连续右端点处不连续,由 M_0 线性递增为 K_1M_0;当超限率 R 大于 R_2 时,补偿费率为 K_2M_0。目前采用这种超限费率模型的省市较少。

从上述可知,在超限率区间端点处补偿费率函数部分(图 4-18 和图 4-19)或完全(图 4-16和图 4-17)连续,由计重超限费率突变引起的争议较之在整个超限率区间费率都不连续的概率小。该模式具有一定程度的公平性,同时又体现出相当的治超效果,比阶梯递增式超限补偿费率模式更为合理。相比较而言,图 4-16 和图 4-17 中两种完全连续递增式情况,因动态称重误差引起争议的可能性最小,治超力度可根据一元直线方程的斜率来调节;图 4-17 是较为科学的制定计重超限补偿费率的方法,也是本书推荐采用的一种计重收费超限补偿费率方法。

(3)混合连续递增式超限补偿费率。该模式,在整个超限率各区间计重补偿费率不连续且非阶梯式递增。其费率函数表达式见式(4-11);函数关系见图 4-20。

$$M=\begin{cases}\alpha M_0, & \text{当 } R\leqslant R_1\text{时}\\ \dfrac{M_0}{R_2-R_1}[(K_2-K_1)R+(K_1R_2-K_2R_1)], & \text{当}R_1<R\leqslant R_2\text{时}\\ K_3M_0, & \text{当 } R>R_2\text{时}\end{cases}\tag{4-11}$$

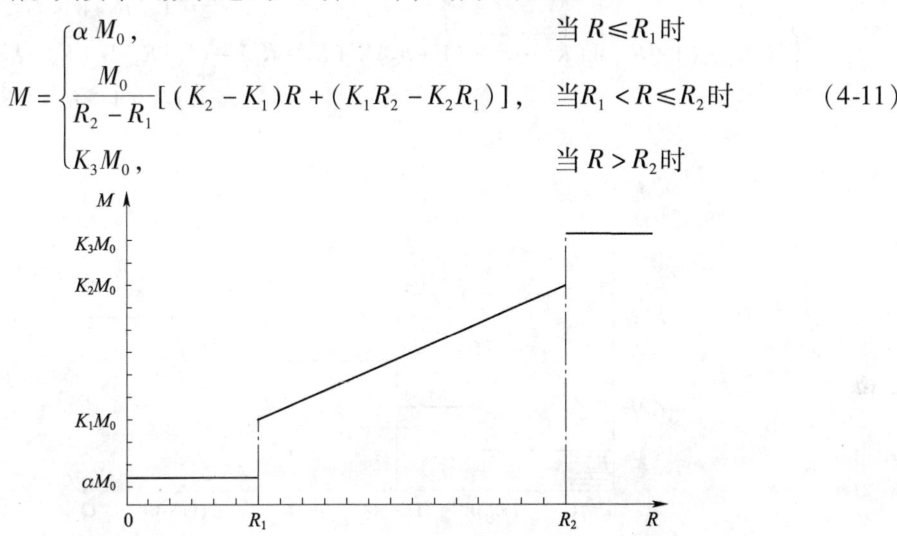

图 4-20　超限装载部分——混合连续递增式超限补偿费率与车货总质量关系

由式(4-11)和图 4-20 可见,当超限率 R 位于 R_1 以下时,超限补偿费率按正常费率 αM_0 计算;当超限率 R 位于 R_1 和 R_2 之间时,计重补偿费率由 K_1M_0 线性递增至 K_2M_0;当超限率 R 大于 R_2 时,超限补偿费率按 K_3M_0 计算。该模式虽然较阶梯递增式有所改进,但在每个超限率区间的左右端点处计重超限费率函数仍不连续,从整个超限率区间来看,仍无法消除费率突变的缺陷,故计重超限费率制定时不建议采纳此模式。目前采用这种超限补偿费率模型的省份主要有:湖北。

4.4.2　超限装载部分计重收费通行费计算模型

1)阶梯递增式计重收费通行费计算模型

对于计重费率在各超限率区间阶梯递增的情况,阶梯递增式计重收费通行费计算模型也有两种主流的计算方法。

(1)累加形式

超限装载情况下各超限率区间的通行费额计算方法,采取面积累加的形式进行相加。整个车货总质量的超限率大于 R_1 时,将超限率位于 R_1 以下的超限质量部分按基本费率 M_0 或正常装载计重费率 αM_0 计算该部分的超限补偿费额;其余超限质量部分按其分属于各超限率区间的计重补偿费率 K_iM_0 进行超限费额累加。超限以上的所有质量部分的计重补偿费额,为超限率处于 R_1 以下的超限质量部分的超限补偿费额与超限率处于 R_1 以上的超限质量部分的各超限补偿费额的累加和。各超限率区间的计重补偿费额,见图 4-21 ~ 图 4-24 中阴影部分的面积。目前采用这种算法的省份主要有:山西。

超限装载下阶梯递增式补偿费额计算模型(累加形式),见式(4-12)。

$$
N=\begin{cases}
G\alpha M_0L, & \text{当 } G\leqslant(1+R_1)W \text{ 时}\\
[GK_1-(1+R_1)W(K_1-\alpha)]M_0L, & \text{当}(1+R_1)W<G\leqslant(1+R_2)W \text{ 时}\\
[GK_2-(1+R_1)W(K_1-\alpha)-(1+R_2)W(K_2-K_1)]M_0L, & \text{当}(1+R_2)W<G\leqslant(1+R_3)W \text{ 时}\\
[GK_3-(1+R_1)W(K_1-\alpha)-(1+R_2)W(K_2-K_1)-(1+R_3)W(K_3-K_2)]M_0L, & \text{当 } G>(1+R_3)W \text{ 时}
\end{cases}
\tag{4-12}
$$

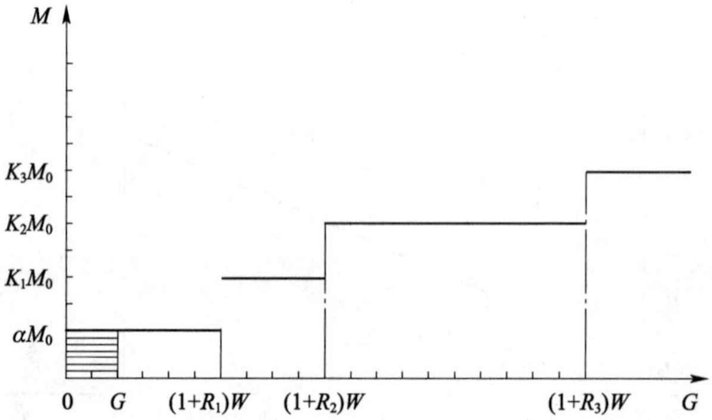

图 4-21　超限率 $R\leqslant R_1$ 时阶梯递增式补偿费额(累加阴影部分)

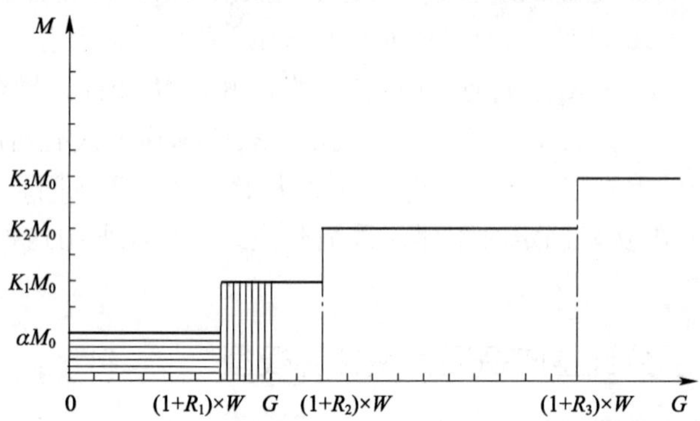

图 4-22　超限率 $R_1<R\leqslant R_2$ 时阶梯递增式补偿费额(累加阴影部分)

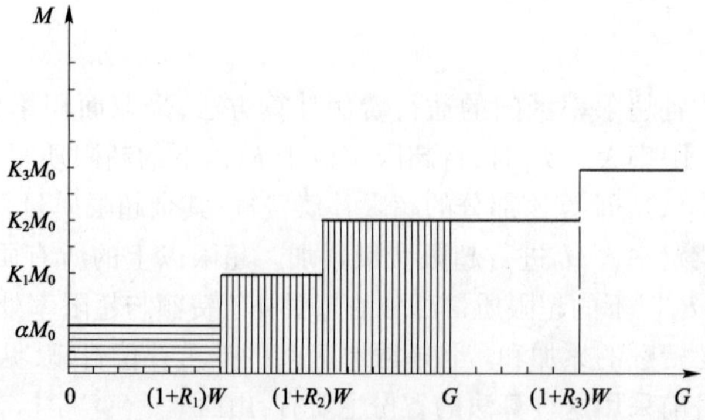

图 4-23　超限率 $R_2<R\leqslant R_3$ 时阶梯递增式补偿费额(累加阴影部分)

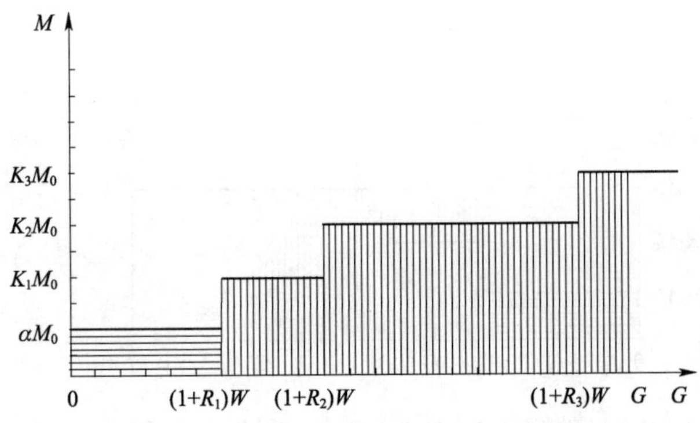

图 4-24　超限率 $R>R_3$ 时阶梯递增式补偿费额(累加阴影部分)

(2)乘积形式

超限装载情况下超限率大于 R_1 的各区间的通行费额计算方法,直接采取面积乘积形式。整个车货总质量的超限率大于 R_1 时,将超限率位于 R_1 以下的超限质量部分按基本费率 M_0 或正常装载计重费率 αM_0 计算该部分的超限补偿费额;其余超限质量部分的计重补偿费率取其各超限率区间计重费率 K_iM_0 的最大值。各超限率区间的计重补偿费额见图 4-25 ~ 图 4-28 中阴影部分的面积。目前采用这种算法的地区主要有:江苏、安徽。

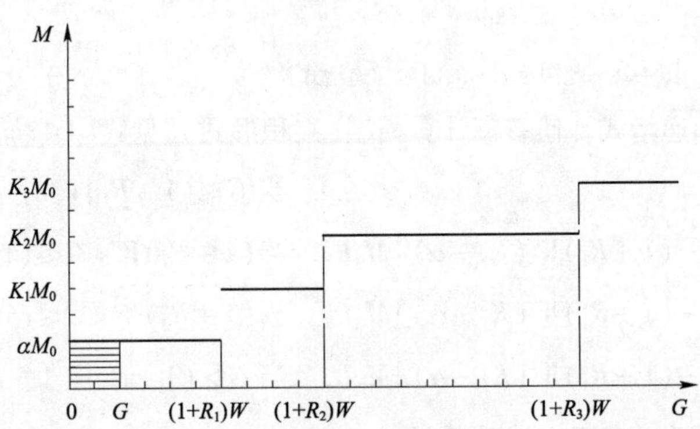

图 4-25　超限率 $R\leqslant R_1$ 时阶梯递增式补偿费额(乘积阴影部分)

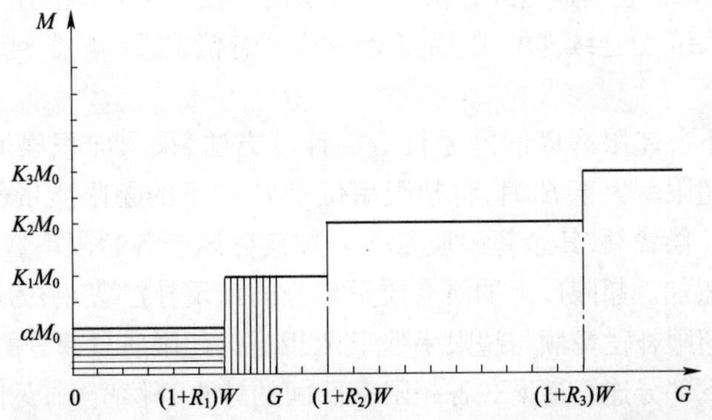

图 4-26　超限率 $R_1<R\leqslant R_2$ 时阶梯递增式补偿费额(乘积阴影部分)

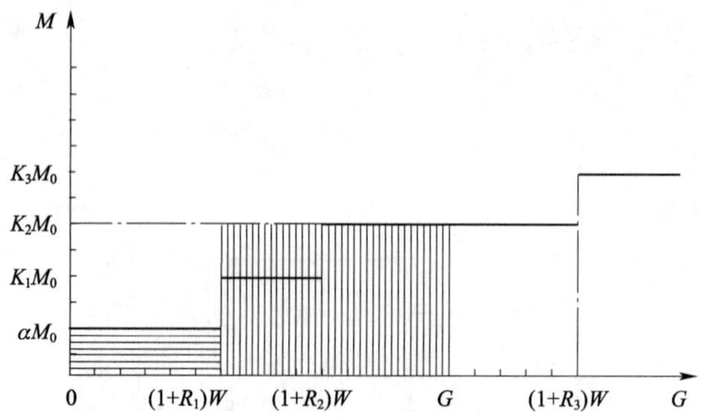

图 4-27　超限率 $R_2 < R \leqslant R_3$ 时阶梯递增式补偿费额(乘积阴影部分)

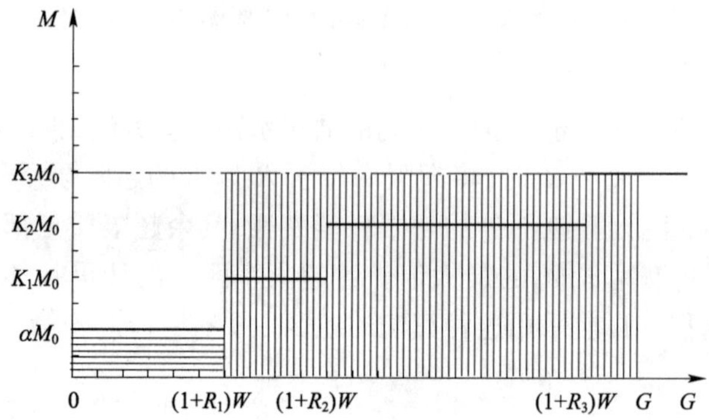

图 4-28　超限率 $R > R_3$ 时阶梯递增式补偿费额(乘积阴影部分)

超限装载下阶梯递增式补偿费额计算模型(乘积形式),见式(4-13)。

$$N=\begin{cases}G\alpha M_0L, & \text{当 } G\leqslant(1+R_1)W \text{ 时}\\ [GK_1-(1+R_1)W(K_1-\alpha)]M_0L, & \text{当}(1+R_1)W<G\leqslant(1+R_2)W \text{ 时}\\ [GK_2-(1+R_1)W(K_1-\alpha)]M_0L, & \text{当}(1+R_2)W<G\leqslant(1+R_3)W \text{ 时}\\ [GK_3-(1+R_1)W(K_1-\alpha)]M_0L, & \text{当 } G>(1+R_3)W \text{ 时}\end{cases} \tag{4-13}$$

2)连续递增式计重收费通行费计算模型

对于计重费率在各超限率区间连续递增的情况,连续递增式计重收费通行费计算模型也有两种主流的计算方法。连续递增式补偿收费费率模型在4.4.1节中分为完全、部分、混合3种介绍;本节主要介绍部分连续递增式,而完全、混合式补偿费额计算模型研究方法类似。

(1)累加形式

超限装载情况下各超限率区间的通行费额计算方法,采取面积累加的形式进行相加。整个车货总质量的超限率大于 R_1 时,将超限率位于 R_1 以下的超限质量部分按基本费率 M_0 计算该部分的超限补偿费额,其余超限质量部分按其分属于各超限率区间的计重补偿费率 K_iM_0 进行超限费额累加。超限以上的所有质量部分的计重补偿费额,为超限率处于 R_1 以下的超限质量部分的超限补偿费额与超限率处于 R_1 以上的超限质量部分的各超限补偿费额的累加和。超限装载下部分连续递增式各超限率区间的计重补偿费额,见图 4-29 ~ 图 4-31 中阴影部分的面积。目前采用此费额计算方法的省份,主要有四川、云南等省份以及《指导意见》的推荐方案。

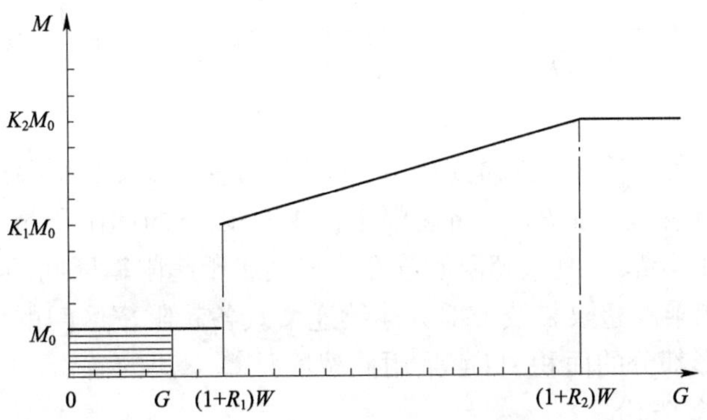

图 4-29　超限率 $R \leqslant R_1$ 时部分连续递增式补偿费额(累积阴影部分)

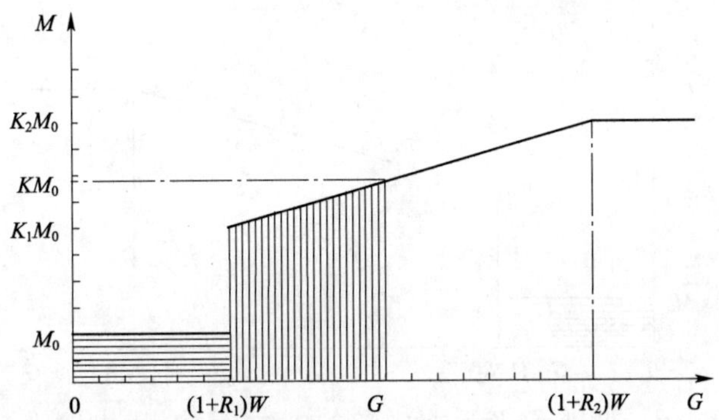

图 4-30　超限率 $R_1 < R \leqslant R_2$ 时部分连续递增式补偿费额(累积阴影部分)

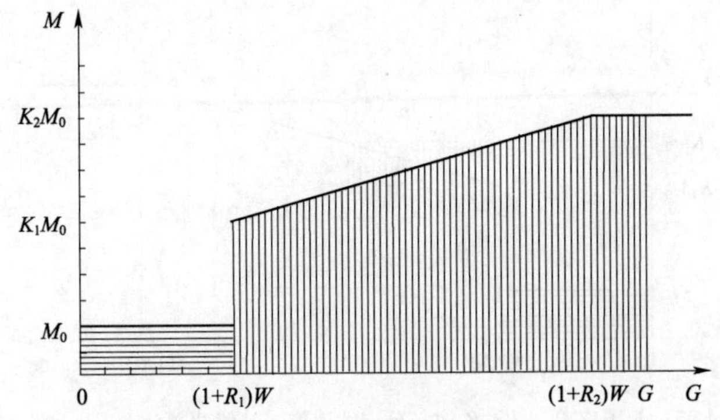

图 4-31　超限 $R > R_2$ 时部分连续递增式补偿费额(累积阴影部分)

从图 4-29 ~ 图 4-31 可知,当 $G \leqslant (1+R_1)W$ 时,补偿费额为第 1 个矩形面积;当 $(1+R_1)W < G \leqslant (1+R_2)W$ 时,补偿费额为第 1 个矩形面积与第 2 个梯形面积的累加之和;当 $G > (1+R_2)W$ 时,补偿费额第 1 个矩形面积、第 2 个梯形面积与第 3 个矩形面积的累加之和。

超限装载下部分连续递增式补偿费额计算模型(累加形式),见式(4-14)。

$$N=\begin{cases} G M_0 L, & \text{当 } G \leqslant (1+R_1)W \text{ 时} \\ \left\{(1+R_1)W+[G-(1+R_1)W]\dfrac{1}{2}(K_1+K)\right\}M_0 L, & \text{当 } (1+R_1)W < G \leqslant (1+R_2)W \text{ 时} \\ \left\{(1+R_1)W+(R_2-R_1)W\dfrac{1}{2}(K_1+K_2)+[G-(1+R_2)W]K_2\right\}M_0 L, & \text{当 } G > (1+R_2)W \text{ 时} \end{cases} \tag{4-14}$$

其中，$KM_0=\left[\frac{K_1(R_2+1)-K_2(R_1+1)}{R_2-R_1}+\frac{K_2-K_1}{R_2-R_1}\frac{G}{W}\right]M_0$，$K$ 也就是为补偿收费的调节系数。

（2）乘积形式

超限装载情况下各超限率区间的通行费额计算方法，采取面积乘积的形式进行相加。整个车货总质量的超限率大于 R_1 时，将超限率位于 R_1 以下的超限质量部分按基本费率 M_0 计算该部分的超限补偿费额；其余超限质量部分按其属于超限率区间的计重补偿费率 K_iM_0 进行超限费额直接相乘。超限装载下部分连续递增式各超限率区间的计重补偿费额，见图4-32～图4-34中阴影部分的面积，目前采用此费额计算方法的省份，主要有湖北、江西、山东、河北、贵州、河南等省份。

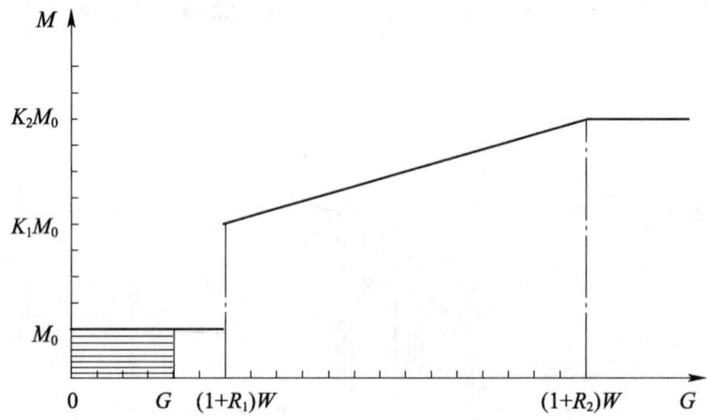

图4-32　超限率 $R\leqslant R_1$ 时部分连续递增式补偿费额（乘积阴影部分）

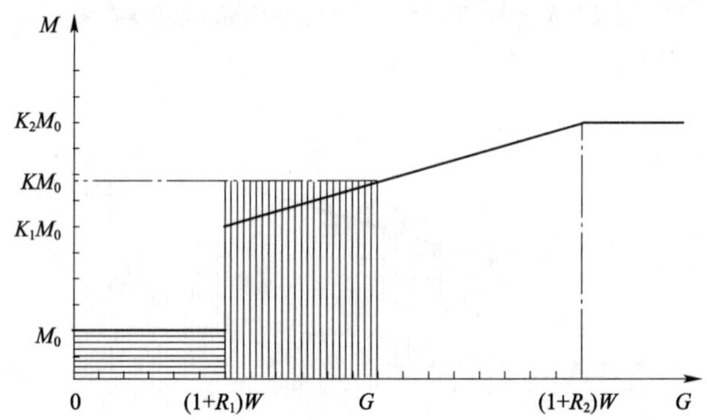

图4-33　超限率 $R_1<R\leqslant R_2$ 时部分连续递增式补偿费额（乘积阴影部分）

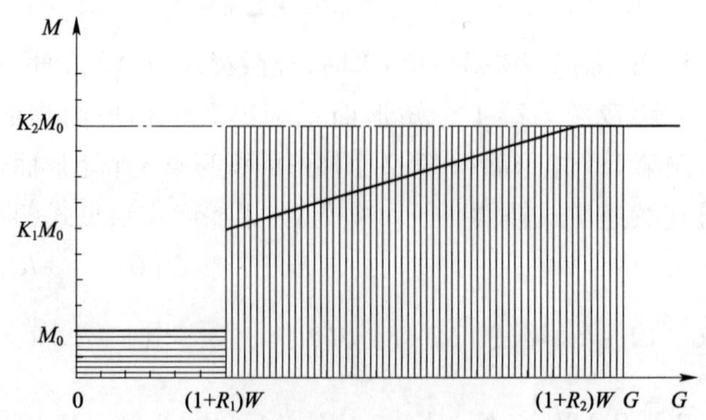

图4-34　超限 $R>R_2$ 时部分连续递增式补偿费额（乘积阴影部分）

超限率 $R\leqslant R_1$ 时部分连续递增式补偿费额图（乘积阴影部分），图4-32与图4-29相同。此处以经说明。

从图 4-32 ~ 图 4-34 可知，当 $G \leqslant (1+R_1)W$ 时，补偿费额为第 1 个矩形面积；当 $(1+R_1)W < G \leqslant (1+R_2)W$ 时，补偿费额为第 1 个矩形面积与第 2 个矩形面积的乘积之和；当 $G > (1+R_2)W$ 时，补偿费额第 1 个矩形面积、第 2 个矩形面积与第 3 个矩形面积的乘积之和。此计算方法与累加形式主要区别：当 $(1+R_1)W < G \leqslant (1+R_2)W$ 时，采取车货总质量在该超限率区间所对应的计重费率与其所对应的车货总质量的乘积进行计算。

超限装载下部分连续递增式补偿费额计算模型（乘积形式），见式(4-15)。

$$N = \begin{cases} G M_0 L, & \text{当 } G \leqslant (1+R_1)W \text{ 时} \\ \{(1+R_1)W + [G-(1+R_1)W]K\} M_0 L, & \text{当 } (1+R_1)W < G \leqslant (1+R_2)W \text{ 时} \\ \{(1+R_1)W + (R_2-R_1)WK_2 + [G-(1+R_2)W]K_2\} M_0 L, & \text{当 } G > (1+R_2)W \text{ 时} \end{cases} \tag{4-15}$$

其中，$K M_0 = \left[\dfrac{K_1(R_2+1) - K_2(R_1+1)}{R_2 - R_1} + \dfrac{K_2 - K_1}{R_2 - R_1}\dfrac{G}{W}\right] M_0$；$K$ 为补偿收费的调节系数，也就是指超过公路承载能力的收费调节系数。

4.5 高速公路计重收费通行费计算模型

计重通行费额的计算，是由车辆正常装载部分计重基本通行费额与超限超载部分计重补偿通行费额两部分构成。基本通行费额由正常装载部分计重费率标准（基本费率与优惠递减费率按优惠质量区间相结合）、限内质量（当车货实际总质量小于车辆承载能力认定标准时，按实际质量计算；当车货总质量超出车辆承载认定标准时，按选定的超限认定标准质量计算）、行驶里程这三个参数确定；超限补偿通行费额为根据超限率所对应的超限费率、超限质量、行驶里程等参数定；计重通行费额为基本费额与超限补偿费额的累加和。

由 4.3.1 和 4.4.1 节内容可知，正常装载部分计重费率模式分为阶梯递减式和连续递减式两种情况；超限装载部分计重费率模式分为阶梯递增式和连续递增式两种情况。在计重收费具体实施方案中，正常装载部分计重费率模式基本上是采用连续递减式，而超限装载部分要么采用阶梯递增式要么采用连续递增式。

由 4.3.2 和 4.4.2 节内容可知，正常装载部分和超限装载部分计重收费通行费额计算方法主要有两种（累加形式和乘积形式）。对我国各省市现行计重收费通行费计算模型进行分析，正常装载部分与超限装载部分主要有 4 种情况：乘积与乘积、乘积与累加、累加与乘积、累加与累加形式等。

4.5.1 乘积与乘积形式的高速公路计重收费通行费计算模型

“乘积与乘积”计算模型指高速公路货运车辆正常装载部分与超限装载部分的计重收费通行费额计算方法都采用乘积的形式。它主要有如下 4 种情况。

4.5.1.1 第一种情况

正常装载部分通行费额计算方法采用连续递减式的乘积形式；超限装载部分采用阶梯递增式的乘积形式。这种情况对正常装载部分给予了较大的优惠，而对超限装载部分给予了较大的治超力度；但是在各超限率区间采用同一费率，使道路使用者往往容易向该区间上限靠近，且在各超限率区间的分界点容易引起纠纷。目前采用此类情况的省份主要有江苏、安徽等。以江苏省为例，对其高速公路计重收费通行费计算模型进行分析，具体见式(4-16)~式(4-31)。

1)江苏省正常装载的合法运输车辆高速公路计重收费通行费计算模型

当 $G/W \leqslant 1.0$ 时，

$$N=\begin{cases} G\times\beta\times0.09\times L, & \text{当 } G\leqslant10 \text{ 时}\\ G\times\beta\times0.09\times L, & \text{当 } 10<G\leqslant40 \text{ 时}\\ G\times\beta\times0.09\times L, & \text{当 } G>40 \text{ 时}\end{cases} \tag{4-16}$$

式中，基本费率递减调节系数 β：

$$\beta=\begin{cases} 1.0, & \text{当 } G\leqslant10 \text{ 时}\\ 1-\dfrac{G-10}{30}\times(1-0.44), & \text{当 } 10<G\leqslant40 \text{ 时}\\ 0.44, & \text{当 } G>40 \text{ 时}\end{cases} \tag{4-17}$$

2)江苏省超限车辆高速公路计重收费通行费计算模型

(1)当 $1.0<G/W\leqslant1.3$ 时，

①若 $W\leqslant10$ 时，

$$N=G\times\beta\times K\times0.09\times L \tag{4-18}$$

②若 $10<W\leqslant40$ 时，

$$N=G\times\beta\times K\times0.09\times L \tag{4-19}$$

③若 $W>40$ 时，

$$N=G\times\beta\times K\times0.09\times L \tag{4-20}$$

(2)当 $1.3<G/W\leqslant1.5$ 时，

①若 $W\leqslant10$ 时，

$$N=1.3\times W\times\beta\times0.09\times L+(G-1.3\times W)\times K\times0.09\times L \tag{4-21}$$

②若 $10<W\leqslant40$ 时，

$$N=1.3\times W\times\beta\times0.09\times L+(G-1.3\times W)\times K\times0.09\times L \tag{4-22}$$

③若 $W>40$ 时，

$$N=1.3\times W\times\beta\times0.09\times L+(G-1.3\times W)\times K\times0.09\times L \tag{4-23}$$

(3)当 $1.5<G/W\leqslant2.0$ 时，

①若 $W\leqslant10$ 时，

$$N=1.3\times W\times\beta\times0.09\times L+(G-1.3\times W)\times K\times0.09\times L \tag{4-24}$$

②若 $10<W\leqslant40$ 时，

$$N=1.3\times W\times\beta\times0.09\times L+(G-1.3\times W)\times K\times0.09\times L \tag{4-25}$$

③若 $W>40$ 时，

$$N=1.3\times W\times\beta\times0.09\times L+(G-1.3\times W)\times K\times0.09\times L \tag{4-26}$$

(4)当 $G/W>2.0$ 时，

①若 $W\leqslant10$ 时，

$$N=1.3\times W\times\beta\times0.09\times L+(G-1.3\times W)\times K\times0.09\times L \tag{4-27}$$

②若 $10<W\leqslant40$ 时，

$$N=1.3\times W\times\beta\times0.09\times L+(G-1.3\times W)\times K\times0.09\times L \quad (4\text{-}28)$$

③若 $W>40$ 时，

$$N=1.3\times W\times\beta\times0.09\times L+(G-1.3\times W)\times K\times0.09\times L \quad (4\text{-}29)$$

式中，基本费率递减调节系数 β：

$$\beta=\begin{cases}1.0, & 当 W\leqslant10 时\\ 1-\dfrac{W-10}{30}\times(1-0.44), & 当 10<W\leqslant40 时\\ 0.44, & 当 W>40 时\end{cases} \quad (4\text{-}30)$$

超过公路承载能力的收费调节系数 k：

$$k=\begin{cases}1.0, & 当 1.0<G/W\leqslant1.3 时\\ 2.0 & 当 1.3<G/W\leqslant1.5 时\\ 3.0, & 当 1.5<G/W\leqslant2.0 时\\ 4.0, & 当 G/W>2.0 时\end{cases} \quad (4\text{-}31)$$

3)江苏省超限车辆高速公路计重收费通行费额图

为了方便起见，仅举例说明当 $1.5<G/W\leqslant2.0$、$W>40$t 时的超限车辆高速公路计重收费通行费额图。其中 M_0 为 0.09 元/(t·km)，见图 4-35。

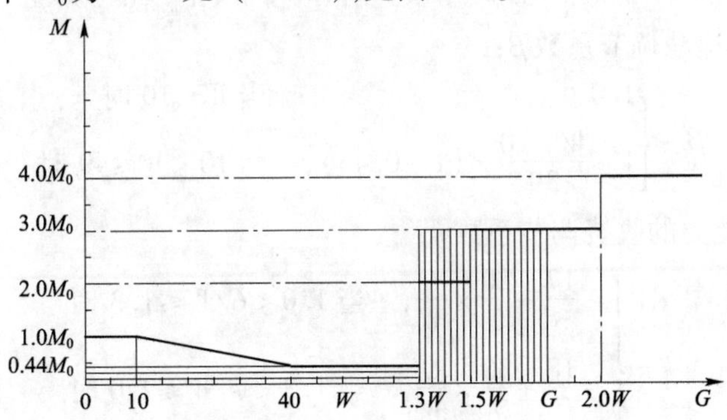

图 4-35　江苏省超限车辆 $1.5<G/W\leqslant2.0$ 且 $W>40$ 时通行费额

4.5.1.2　第二种情况

正常装载部分通行费额计算方法采用连续递减式的乘积形式；超限装载部分采用全部连续递增式的乘积形式。这种情况对正常装载部分同样也给予了较大的优惠，而对超限装载部分给予了较大的治超力度；但是在各超限率区间采用不同费率，道路使用者在各超限率区间的分界点不易引起纠纷。目前采用此类情况的省份主要有山东、河北等。以山东省为例，对其高速公路计重收费通行费计算模型进行分析，具体见式(4-32)～式(4-41)。

1)山东省正常装载的合法运输车辆高速公路计重收费通行费计算模型

当 $G/W\leqslant1.0$ 时，

$$N=\begin{cases}G\times\beta\times0.08\times L, & 当 G\leqslant10 时\\ G\times\beta\times0.08\times L, & 当 10<G\leqslant49 时\end{cases} \quad (4\text{-}32)$$

式中，基本费率递减调节系数 β：

$$\beta=\begin{cases}1.0, & 当 G\leqslant10 时\\ 1-\dfrac{G-10}{39}\times(1-0.45), & 当 10<G\leqslant49 时\end{cases} \quad (4\text{-}33)$$

2)山东省超限车辆高速公路计重收费通行费计算模型

(1)当 $1.0 < G/W \leqslant 1.3$ 时,

①若 $W \leqslant 10$ 时,

$$N = [W \times \beta + (G - W) \times K] \times 0.08 \times L \tag{4-34}$$

②若 $10 < W \leqslant 49$ 时,

$$N = [W \times \beta + (G - W) \times K] \times 0.08 \times L \tag{4-35}$$

(2)当 $1.3 < G/W \leqslant 2.0$ 时,

①若 $W \leqslant 10$ 时,

$$N = [W \times \beta + 0.3 \times W \times 3 + (G - W) \times K] \times 0.08 \times L \tag{4-36}$$

②若 $10 < W \leqslant 49$ 时,

$$N = [W \times \beta + 0.3 \times W \times 3 + (G - W) \times K] \times 0.08 \times L \tag{4-37}$$

(3)当 $G/W > 2.0$ 时,

①若 $W \leqslant 10$ 时,

$$N = [W \times \beta + 0.3 \times W \times 3 + (G - W) \times K] \times 0.08 \times L \tag{4-38}$$

②若 $10 < W \leqslant 49$ 时,

$$N = [W \times \beta + 0.3 \times W \times 3 + (G - W) \times K] \times 0.08 \times L \tag{4-39}$$

式中,基本费率递减调节系数 β:

$$\beta = \begin{cases} 1.0, & \text{当 } W \leqslant 10 \text{ 时} \\ 1 - \dfrac{W - 10}{39} \times (1 - 0.45), & \text{当 } 10 < W \leqslant 49 \text{ 时} \end{cases} \tag{4-40}$$

超过公路承载能力的收费调节系数 k:

$$k = \begin{cases} -\dfrac{17}{3} + \dfrac{20}{3} \times \dfrac{G}{W}, & \text{当 } 1.0 < G/W \leqslant 1.3 \text{ 时} \\ -\dfrac{18}{7} + \dfrac{30}{7} \times \dfrac{G}{W}, & \text{当 } 1.3 < G/W \leqslant 2.0 \text{ 时} \\ 6.0, & \text{当 } G/W > 2.0 \text{ 时} \end{cases} \tag{4-41}$$

3)山东省超限车辆高速公路计重收费通行费额图

为了方便起见,仅举例说明当 $1.5 < G/W \leqslant 2.0$、$W > 49$t 时的超限车辆高速公路计重收费通行费额图。其中 M_0 为 0.08 元/(t · km),见图 4-36。

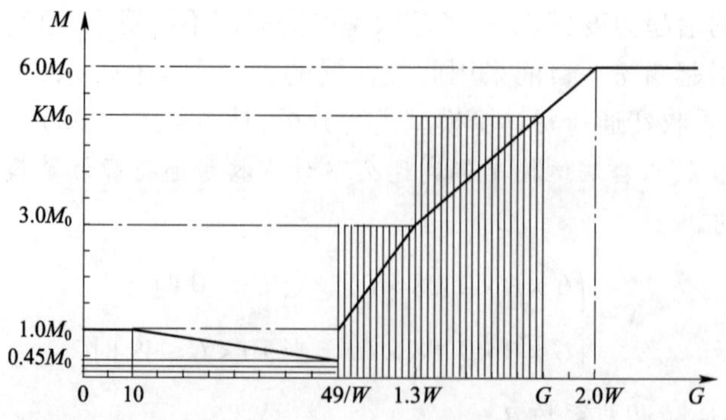

图 4-36 山东省超限车辆 $1.5 < G/W \leqslant 2.0$ 且 $W > 49$ 时通行费额

4.5.1.3 第三种情况

正常装载部分通行费额计算方法采用连续递减式的乘积形式;超限装载部分采用混合

连续递增式的乘积形式。这种情况对正常装载部分同样也给予了较大的优惠,而对超限装载部分给予了较大的治超力度;但是在各超限率区间采用不同费率,在各分界点存在跳跃,容易引起道路使用者的纠纷。目前采用此类情况的省份主要有湖北等。以湖北省为例,对其高速公路计重收费通行费计算模型进行分析,具体见式(4-42)~式(4-54)。

1)湖北省正常装载的合法运输车辆高速公路计重收费通行费计算模型

当 $G/W \leqslant 1.0$ 时,

$$N=\begin{cases} G\times\beta\times0.08\times L, & \text{当 } G\leqslant10 \text{ 时} \\ G\times\beta\times0.08\times L, & \text{当 } 10<G\leqslant40 \text{ 时} \\ G\times\beta\times0.08\times L, & \text{当 } G>40 \text{ 时} \end{cases} \tag{4-42}$$

式中,基本费率递减调节系数 β:

$$\beta=\begin{cases} 1.0, & \text{当 } G\leqslant10 \text{ 时} \\ 1-\dfrac{G-10}{30}\times(1-0.50), & \text{当 } 10<G\leqslant40 \text{ 时} \\ 0.50, & \text{当 } G>40 \text{ 时} \end{cases} \tag{4-43}$$

2)湖北省超限车辆高速公路计重收费通行费计算模型

(1)当 $1.0<G/W\leqslant1.3$ 时,

①若 $W\leqslant10$ 时,

$$N=G\times\beta\times K\times0.08\times L \tag{4-44}$$

②若 $10<W\leqslant40$ 时,

$$N=G\times\beta\times K\times0.08\times L \tag{4-45}$$

③若 $W>40$ 时,

$$N=G\times\beta\times K\times0.08\times L \tag{4-46}$$

(2)当 $1.3<G/W\leqslant2.0$ 时,

①若 $W\leqslant10$ 时,

$$N=1.3\times W\times\beta\times0.08\times L+(G-1.3\times W)\times K\times0.08\times L \tag{4-47}$$

②若 $10<W\leqslant40$ 时,

$$N=1.3\times W\times\beta\times0.08\times L+(G-1.3\times W)\times K\times0.08\times L \tag{4-48}$$

③若 $W>40$ 时,

$$N=1.3\times W\times\beta\times0.08\times L+(G-1.3\times W)\times K\times0.08\times L \tag{4-49}$$

(3)当 $G/W>2.0$ 时,

①若 $W\leqslant10$ 时,

$$N=1.3\times W\times\beta\times0.08\times L+(G-1.3\times W)\times K\times0.08\times L \tag{4-50}$$

②若 $10<W\leqslant40$ 时,

$$N=1.3\times W\times\beta\times0.08\times L+(G-1.3\times W)\times K\times0.08\times L \tag{4-51}$$

③若 $W>40$ 时,

$$N=1.3\times W\times\beta\times0.08\times L+(G-1.3\times W)\times K\times0.08\times L \tag{4-52}$$

式中,基本费率递减调节系数 β:

$$\beta=\begin{cases} 1.0, & \text{当 } W\leqslant10 \text{ 时} \\ 1-\dfrac{W-10}{30}\times(1-0.50), & \text{当 } 10<W\leqslant40 \text{ 时} \\ 0.50, & \text{当 } W>40 \text{ 时} \end{cases} \tag{4-53}$$

超过公路承载能力的收费调节系数 k：

$$k=\begin{cases}1.0 & \text{当 } 1.0<G/W\leqslant 1.3 \text{ 时}\\ -\dfrac{32}{7}+\dfrac{30}{7}\times\dfrac{G}{W}, & \text{当 } 1.3<G/W\leqslant 2.0 \text{ 时}\\ 5.0, & \text{当 } G/W>2.0 \text{ 时}\end{cases} \tag{4-54}$$

3）湖北省超限车辆高速公路计重收费通行费额图

为了方便起见，仅举例说明当 $1.5<G/W\leqslant 2.0$、$W>40$t 时的超限车辆高速公路计重收费通行费额图。其中 M_0 为 0.08 元/(t·km)，见图 4-37。

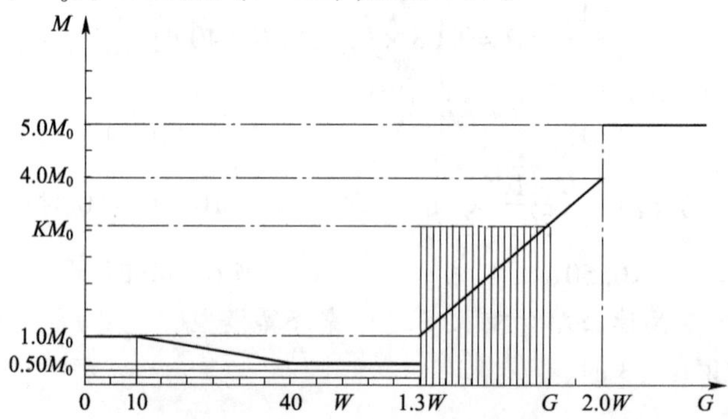

图 4-37　湖北省超限车辆 $1.5<G/W\leqslant 2.0$ 且 $W>40$ 时通行费额

4.5.2　乘积与累加形式的高速公路计重收费通行费计算模型

“乘积与累加”计算模型指高速公路货运车辆正常装载部分采用连续递减式的乘积形式；超限装载部分采用阶梯递增式的累加形式。这种情况同样对正常装载部分给予了较大的优惠，而对超限装载部分给予了一定的治超力度；但是在各超限率区间采用同一费率，使道路使用者往往容易向该区间上限靠近，且在各超限率区间的分界点容易引起纠纷。目前采用此类情况的省份主要有：山西等。以山西省为例，对其高速公路计重收费通行费计算模型进行分析，具体见式(4-55)～式(4-66)。

1）山西省正常装载的合法运输车辆高速公路计重收费通行费计算模型

当 $G/W\leqslant 1.0$ 时，

$$N=\begin{cases}G\times\beta\times 0.09\times L, & \text{当 } G\leqslant 10 \text{ 时}\\ G\times\beta\times 0.09\times L, & \text{当 } 10<G\leqslant 49 \text{ 时}\end{cases} \tag{4-55}$$

式中，基本费率递减调节系数 β：

$$\beta=\begin{cases}1.0, & \text{当 } G\leqslant 10 \text{ 时}\\ 1-\dfrac{G-10}{39}\times(1-0.70), & \text{当 } 10<G\leqslant 49 \text{ 时}\end{cases} \tag{4-56}$$

2）山西省超限车辆高速公路计重收费通行费计算模型

(1) 当 $1.0<G/W\leqslant 1.3$ 时，

①若 $W\leqslant 10$ 时，

$$N=[W\times\beta\times K+(G-W)\times 1.0]\times 0.09\times L \tag{4-57}$$

②若 $10<W\leqslant 49$ 时，

$$N=[W\times\beta\times K+(G-W)\times 1.0]\times 0.09\times L \tag{4-58}$$

(2) 当 $1.3<G/W\leqslant 1.5$ 时，

①若 $W \leqslant 10$ 时,

$$N = [W \times \beta + 0.3 \times W \times 1.0 + (G - 1.3 \times W) \times K] \times 0.09 \times L \tag{4-59}$$

②若 $10 < W \leqslant 49$ 时,

$$N = [W \times \beta + 0.3 \times W \times 1.0 + (G - 1.3 \times W) \times K] \times 0.09 \times L \tag{4-60}$$

(3)当 $1.5 < G/W \leqslant 2.0$ 时,

①若 $W \leqslant 10$ 时,

$$N = [W \times \beta + 0.3 \times W \times 1.0 + 0.2 \times W \times 2.0 + (G - 1.5 \times W) \times K] \times 0.09 \times L \tag{4-61}$$

②若 $10 < W \leqslant 49$ 时,

$$N = [W \times \beta + 0.3 \times W \times 1.0 + 0.2 \times W \times 2.0 + (G - 1.5 \times W) \times K] \times 0.09 \times L \tag{4-62}$$

(4)当 $G/W > 2.0$ 时,

①若 $W \leqslant 10$ 时,

$$N = [W \times \beta + 0.3 \times W \times 1.0 + 0.2 \times W \times 2.0 + 0.5 \times W \times 4.0 + (G - 2.0 \times W) \times K] \times 0.09 \times L \tag{4-63}$$

②若 $10 < W \leqslant 49$ 时,

$$N = [W \times \beta + 0.3 \times W \times 1.0 + 0.2 \times W \times 2.0 + 0.5 \times W \times 4.0 + (G - 2.0 \times W) \times K] \times 0.09 \times L \tag{4-64}$$

式中,基本费率递减调节系数 β:

$$\beta = \begin{cases} 1.0, & \text{当 } W \leqslant 10 \text{ 时} \\ 1 - \dfrac{W - 10}{39} \times (1 - 0.70), & \text{当 } 10 < W \leqslant 49 \text{ 时} \end{cases} \tag{4-65}$$

超过公路承载能力的收费调节系数 k:

$$k = \begin{cases} 1.0, & \text{当 } 1.0 < G/W \leqslant 1.3 \text{ 时} \\ 2.0 & \text{当 } 1.3 < G/W \leqslant 1.5 \text{ 时} \\ 4.0, & \text{当 } 1.5 < G/W \leqslant 2.0 \text{ 时} \\ 6.0, & \text{当 } G/W > 2.0 \text{ 时} \end{cases} \tag{4-66}$$

3)山西省超限车辆高速公路计重收费通行费额图

为了方便起见,仅举例说明当 $1.5 < G/W \leqslant 2.0$、$W > 40$t 时的超限车辆高速公路计重收费通行费额图。其中 M_0 为 0.09 元/(t · km),见图 4-38。

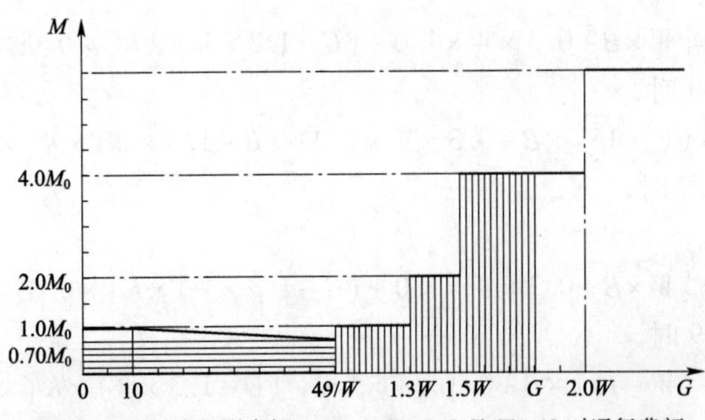

图 4-38　山西省超限车辆 $1.5 < G/W \leqslant 2.0$ 且 $W > 40$ 时通行费额

4.5.3 累加与乘积形式的高速公路计重收费通行费计算模型

“累加与乘积”计算模型指高速公路货运车辆正常装载部分通行费额计算方法采用连续递减式的累加形式；超限装载部分采用部分或完全连续递增式的乘积形式。这种情况对正常装载部分同样也给予了一定的优惠，而对超限装载部分给予了较大的治超力度；但是在各超限率区间采用不同费率，在各分界点基本上是连续性的，较难引起道路使用者的纠纷。该模型主要在正常装载部分的费率递减优惠区间通行费额计算方法累加形式上存在一定的区别，主要有如下两种情况。

4.5.3.1 第一种情况

正常装载部分的费率递减优惠区间通行费额的计算方法以矩形面积累加，目前采用此类情况的省份主要有：江西、河南等。以河南省为例，对其高速公路计重收费通行费计算模型进行分析，具体见式(4-67)~式(4-76)。

1）河南省正常装载的合法运输车辆高速公路计重收费通行费计算模型

当 $G/W \leqslant 1.0$ 时，

$$N=\begin{cases}G\times\beta\times 0.09\times L, & \text{当 } G\leqslant 15 \text{ 时}\\ 15\times 0.09\times L+(G-15)\times\beta\times 0.09\times L, & \text{当 } 15<G\leqslant 49 \text{ 时}\end{cases} \tag{4-67}$$

式中，基本费率递减调节系数 β：

$$\beta=\begin{cases}1.0, & \text{当 } G\leqslant 15 \text{ 时}\\ 1-\dfrac{G-15}{34}\times(1-0.44), & \text{当 } 15<G\leqslant 49 \text{ 时}\end{cases} \tag{4-68}$$

2）河南省超限车辆高速公路计重收费通行费计算模型

(1) 当 $1.0<G/W\leqslant 1.3$ 时，

①若 $W\leqslant 15$ 时，

$$N=[W\times\beta+(G-W)\times K]\times 0.09\times L \tag{4-69}$$

②若 $15<W\leqslant 49$ 时，

$$N=[15+(W-15)\times\beta+(G-W)\times K]\times 0.09\times L \tag{4-70}$$

(2) 当 $1.3<G/W\leqslant 2.0$ 时，

①若 $W\leqslant 15$ 时，

$$N=[W\times\beta+0.3\times W\times 1.0+(G-1.3\times W)\times K]\times 0.09\times L \tag{4-71}$$

②若 $10<W\leqslant 49$ 时，

$$N=[15+(W-15)\times\beta+0.3\times W\times 1.0+(G-1.3\times W)\times K]\times 0.09\times L \tag{4-72}$$

(3) 当 $G/W>2.0$ 时，

①若 $W\leqslant 15$ 时，

$$N=[W\times\beta+0.3\times W\times 1.0+(G-1.3\times W)\times K]\times 0.09\times L \tag{4-73}$$

②若 $15<W\leqslant 49$ 时，

$$N=[15+(W-15)\times\beta+0.3\times W\times 1.0+(G-1.3\times W)\times K]\times 0.09\times L \tag{4-74}$$

式中，基本费率递减调节系数 β：

$$\beta=\begin{cases}1.0, & \text{当 } W\leqslant 15 \text{ 时}\\ 1-\dfrac{W-10}{39}\times(1-0.44), & \text{当 } 15<W\leqslant 49 \text{ 时}\end{cases} \tag{4-75}$$

超过公路承载能力的收费调节系数 k：

$$k=\begin{cases}1.0, & \text{当 } 1.0<G/W\leqslant 1.3 \text{ 时}\\ -\dfrac{5}{7}+\dfrac{20}{7}\times\dfrac{G}{W}, & \text{当 } 1.3<G/W\leqslant 2.0 \text{ 时}\\ 5.0, & \text{当 } G/W>2.0 \text{ 时}\end{cases} \tag{4-76}$$

3)河南省超限车辆高速公路计重收费通行费额图

为了方便起见,仅举例说明当 $1.5<G/W\leqslant 2.0$、$W>49$t 时的超限车辆高速公路计重收费通行费额图。其中 M_0 为 0.09 元/(t·km),见图 4-39。

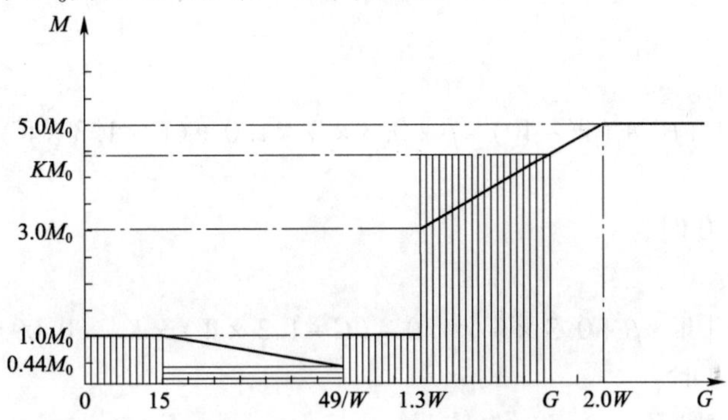

图 4-39 河南省超限车辆 $1.5<G/W\leqslant 2.0$ 且 $W>49$ 时通行费额

4.5.3.2 第二种情况

正常装载部分的费率递减优惠区间通行费额的计算方法以梯形面积累加,目前采用此类情况的省份主要有:贵州等。以贵州省为例,对其高速公路计重收费通行费计算模型进行分析,具体见式(4-77)~式(4-89)。

1)贵州省正常装载的合法运输车辆高速公路计重收费通行费计算模型

当 $G/W\leqslant 1.0$ 时,

$$N=\begin{cases}G\times\beta\times 0.09\times L, & \text{当 } G\leqslant 20 \text{ 时}\\ \left[20+(G-20)\times(1+\beta)\times\dfrac{1}{2}\right]\times 0.09\times L, & \text{当 } 20<G\leqslant 40 \text{ 时}\\ \left[20+10\times(1+\beta)+(G-40)\times\beta\right]\times 0.09\times L, & \text{当 } G>40 \text{ 时}\end{cases} \tag{4-77}$$

式中,基本费率递减调节系数 β:

$$\beta=\begin{cases}1.0, & \text{当 } G\leqslant 20 \text{ 时}\\ 1-\dfrac{G-20}{20}\times(1-0.70), & \text{当 } 20<G\leqslant 40 \text{ 时}\\ 0.70, & \text{当 } G>40 \text{ 时}\end{cases} \tag{4-78}$$

2)贵州省超限车辆高速公路计重收费通行费计算模型

(1)当 $1.0<G/W\leqslant 1.3$ 时,

①若 $W\leqslant 20$ 时,

$$N=[W\times\beta+(G-W)\times K]\times 0.09\times L \tag{4-79}$$

②若 $20 < W \leqslant 40$ 时，

$$N = [20 + (W - 20) \times (1 + \beta) \times \frac{1}{2} + (G - W) \times K] \times 0.09 \times L \tag{4-80}$$

③若 $W > 40$ 时，

$$N = [20 + 10 \times (1 + \beta) + (W - 40) \times \beta + (G - W) \times K] \times 0.09 \times L \tag{4-81}$$

(2)当 $1.3 < G/W \leqslant 2.0$ 时，

①若 $W \leqslant 20$ 时，

$$N = [W \times \beta + 0.3 \times W \times 1.0 + (G - 1.3 \times W) \times K] \times 0.09 \times L \tag{4-82}$$

②若 $20 < W \leqslant 40$ 时，

$$N = [20 + (W - 20) \times (1 + \beta) \times \frac{1}{2} + 0.3 \times W \times 1.0 + (G - 1.3 \times W) \times K] \times 0.09 \times L \tag{4-83}$$

③若 $W > 40$ 时，

$$N = [20 + 10 \times (1 + \beta) + (W - 40) \times \beta + 0.3 \times W \times 1.0 + (G - 1.3 \times W) \times K] \times 0.09 \times L \tag{4-84}$$

(3)当 $G/W > 2.0$ 时，

①若 $W \leqslant 20$ 时，

$$N = [W \times \beta + 0.3 \times W \times 1.0 + (G - 1.3 \times W) \times K] \times 0.09 \times L \tag{4-85}$$

②若 $20 < W \leqslant 40$ 时，

$$N = [20 + (W - 20) \times (1 + \beta) \times \frac{1}{2} + 0.3 \times W \times 1.0 + (G - 1.3 \times W) \times K] \times 0.09 \times L \tag{4-86}$$

③若 $W > 40$ 时，

$$N = [20 + 10 \times (1 + \beta) + (W - 40) \times \beta + 0.3 \times W \times 1.0 + (G - 1.3 \times W) \times K] \times 0.09 \times L \tag{4-87}$$

式中，基本费率递减调节系数 β：

$$\beta = \begin{cases} 1.0, & \text{当 } W \leqslant 20 \text{ 时} \\ 1 - \dfrac{W - 20}{20} \times (1 - 0.70), & \text{当 } 20 < W \leqslant 40 \text{ 时} \\ 0.70, & \text{当 } W > 40 \text{ 时} \end{cases} \tag{4-88}$$

超过公路承载能力的收费调节系数 k：

$$k = \begin{cases} 1.0, & \text{当 } 1.0 < G/W \leqslant 1.3 \text{ 时} \\ -\dfrac{38}{7} + \dfrac{40}{7} \times \dfrac{G}{W}, & \text{当 } 1.3 < G/W \leqslant 2.0 \text{ 时} \\ 6.0, & \text{当 } G/W > 2.0 \text{ 时} \end{cases} \tag{4-89}$$

3)贵州省超限车辆高速公路计重收费通行费额图

为了方便起见，仅举例说明当 $1.5 < G/W \leqslant 2.0$、$W > 40$t 时的超限车辆高速公路计重收费通行费额图。其中 M_0 为 0.09 元/(t · km)，见图 4-40。

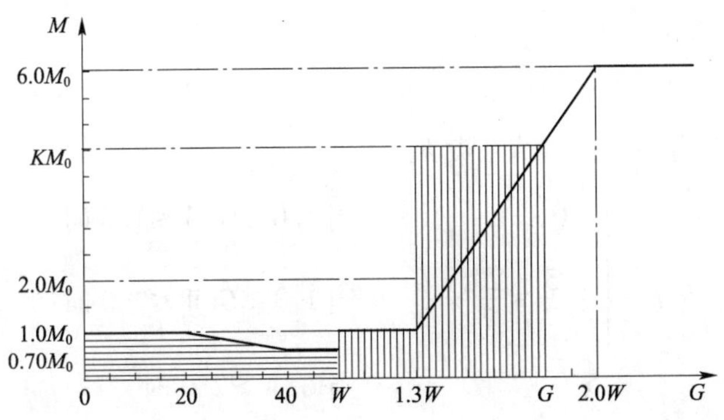

图 4-40　贵州省超限车辆 $1.5<G/W\leqslant2.0$ 且 $W>40$ 时通行费额

4.5.4　累加与累加形式的高速公路计重收费通行费计算模型

"累加与累加"计算模型指高速公路货运车辆正常装载部分采用连续递减式的乘积形式；超限装载部分采用连续递增式的累加形式。这种情况同样对正常装载部分给予了较大的优惠，而对超限装载部分给予了一定的治超力度；但是在超限率30%的分界点存在跳跃，此分界点容易引起纠纷。此模型与前面几种情况的主要区别：前面几种情况当车辆超限时，正常装载部分一般还是按照正常车辆收取通行费，但是此模型30%（含）超限以内所有质量部分计重费率均按照基本费率收取通行费，属于正常装载部分的质量没有给予优惠。目前采用此类情况的省份主要有：云南、四川以及交通运输部《指导意见》等。

在此，首先以云南省为例，对其高速公路计重收费通行费计算模型进行分析，具体见式(4-90)～式(4-95)。

1)云南省正常装载的合法运输车辆高速公路计重收费通行费计算模型

当 $G/W\leqslant1.0$ 时，

$$N=\begin{cases}G\times\beta\times0.08\times L, & \text{当 } G\leqslant20 \text{ 时}\\ [20+(G-20)\times\beta]\times0.08\times L, & \text{当 } 20<G\leqslant40 \text{ 时}\\ [20+\times(G-20)\times\beta]\times0.08\times L, & \text{当 } G>40 \text{ 时}\end{cases}\tag{4-90}$$

式中，基本费率递减调节系数 β：

$$\beta=\begin{cases}1.0, & \text{当 } G\leqslant20 \text{ 时}\\ 1-\dfrac{G-20}{20}\times(1-0.50), & \text{当 } 20<G\leqslant40 \text{ 时}\\ 0.50, & \text{当 } G>40 \text{ 时}\end{cases}\tag{4-91}$$

2)云南省超限车辆高速公路计重收费通行费计算模型

(1)当 $1.0<G/W\leqslant1.3$ 时，

$$N=G\times K\times0.08\times L\tag{4-92}$$

(2)当 $1.3<G/W\leqslant2.0$ 时，

$$N=\left[1.3\times W\times1.0+(G-1.3\times W)\times(3+K)\times\frac{1}{2}\right]\times0.08\times L\tag{4-93}$$

(3)当 $G/W>2.0$ 时，

$$N=[1.3\times W\times1.0+0.7\times W\times4+(G-2\times W)\times K]\times0.08\times L \tag{4-94}$$

超过公路承载能力的收费调节系数 k：

$$k=\begin{cases}1.0, & 当\ 1.0<G/W\leqslant1.3\ 时\\ -\dfrac{5}{7}+\dfrac{20}{7}\times\dfrac{G}{W}, & 当\ 1.3<G/W\leqslant2.0\ 时\\ 5.0, & 当\ G/W>2.0\ 时\end{cases} \tag{4-95}$$

3)云南省超限车辆高速公路计重收费通行费额图

为了方便起见，仅举例说明当 $1.5<G/W\leqslant2.0$、$W>40$t 时的超限车辆高速公路计重收费通行费额图。其中 M_0 为 0.08 元/(t·km)，见图 4-41。

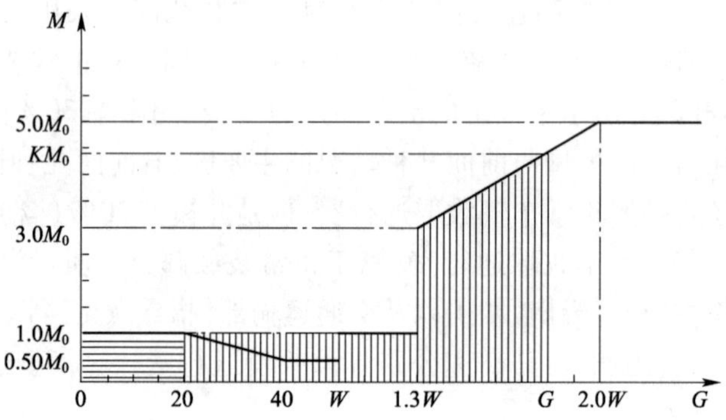

图 4-41 云南省超限车辆 $1.5<G/W\leqslant2.0$ 且 $W>40$ 时通行费额

此外，以《指导意见》为例，对其高速公路计重收费通行费计算模型进行分析，具体见式(4-96)~式(4-101)。

(1)《指导意见》正常装载的合法运输车辆高速公路计重收费通行费计算模型

当 $G/W\leqslant1.0$ 时，

$$N=\begin{cases}G\times\beta\times M_0\times L, & 当\ G\leqslant20\ 时\\ [20+(G-20)\times\beta]\times M_0\times L, & 当\ 20<G\leqslant40\ 时\\ [20+(G-20)\times\beta]\times M_0\times L, & 当\ G>40\ 时\end{cases} \tag{4-96}$$

式中，基本费率递减调节系数 β：

$$\beta=\begin{cases}1.0, & 当\ G\leqslant20\ 时\\ 1-\dfrac{G-20}{20}\times(1-0.50), & 当\ 20<G\leqslant40\ 时\\ 0.50, & 当\ G>40\ 时\end{cases} \tag{4-97}$$

(2)《指导意见》超限车辆高速公路计重收费通行费计算模型

①当 $1.0<G/W\leqslant1.3$ 时，

$$N = G \times K \times M_0 \times L \tag{4-98}$$

②当 $1.3 < G/W \leqslant 2.0$ 时，

$$N = \left[1.3 \times W \times 1.0 + (G - 1.3 \times W) \times (3 + k) \times \frac{1}{2}\right] \times M_0 \times L \tag{4-99}$$

③当 $G/W > 2.0$ 时，

$$N = \left[1.3 \times W \times 1.0 + 0.7 \times W \times (3 + K_{max}) \times \frac{1}{2} + (G - 2 \times W) \times k\right] \times M_0 \times L \tag{4-100}$$

式中，K_{max}为各省市确定的超过公路承载能力的最大基本费率递增调节系数，$3 < K_{max} \leqslant 6$；超过公路承载能力的收费调节系数 k：

$$k = \begin{cases} 1.0, & \text{当 } 1.0 < G/W \leqslant 1.3 \text{ 时} \\ \dfrac{60 - 13 \times K_{max}}{7} + \dfrac{(K_{max} - 3) \times 10}{7} \times \dfrac{G}{W}, & \text{当 } 1.3 < G/W \leqslant 2.0 \text{ 时} \\ K_{max}, & \text{当 } G/W > 2.0 \text{ 时} \end{cases} \tag{4-101}$$

4.6 本书推荐的高速公路计重收费通行费计算模型

4.6.1 高速公路计重收费通行费计算模型推荐说明

1）正常装载部分优惠区间划分推荐方法

从4.4、4.5节可以看出，各省市车辆正常装载部分的质量区间主流划分方法主要有以下两种：

（1）基本费率质量区间为：$G \leqslant 10$t。优惠费率质量1区间为：$10\text{t} < G \leqslant 40$t；优惠费率质量2区间为：$G > 40$t。采用这种正常装载货车质量区间划分法的省份主要有：江苏、安徽、湖北、江西等。这种车辆正常装载质量区间划分方法对优惠质量区间1即10～40t的正常装载车辆实行线性递减的计重费率优惠标准，这个区间包含了采取本书第2章2.1节中所列举的所有四种超限认定标准中的二轴、三轴、四轴货车总质量限以及后两种超限认定标准的总轴限，因此对这三种轴型的货车都实行了线性递减的计重优惠费率，而且车货总质量愈接近区间右端点40t，费率优惠程度愈大；而对40t以上的车辆实行比基本费率低且为一恒定值的计重优惠费率，即对五轴和六轴货车也以一个固定低费率进行了优惠，优惠程度相同。这种正常载货质量区间划分法体现出了对中大型货车的优惠性，具有一定的科学合理性，本书推荐采取这种货车正常装载质量区间划分方法，且优惠幅度取50%。

（2）基本费率质量区间为：$G \leqslant 20$t。优惠费率质量1区间为：$20\text{t} < G \leqslant 40$t；优惠费率质量2区间为：$G > 40$t。这种正常装载货车质量区间划分法的依据是《指导意见》。采用这种划分法的省市主要有：贵州、云南、四川、重庆等。这种车辆正常装载质量区间划分方法对优惠质量区间1即20～40t的正常装载车辆实行线性递减的计重费率优惠标准。这个区间仅包含了采取本书第2章2.1节中所列举的最后两种超限认定标准中的三轴和四轴货车总质量限和总轴限，不包含二轴车的车货总质量限和总轴限，因此仅对三轴和四轴货车实行了线性递减的计重优惠费率，且对四轴货车的计重费率优惠程度大；而对40t以上的车辆实行比基本费率低且为一恒定值的计重优惠费率，即对五轴和六轴货车也以一个固定低费率进行了相同程度的优惠。这种正常载货质量区间划分法虽然也对三轴及四轴货车给予了一定的优惠,但没有前一种质量区间划分方法科学合理。

除以上两种主流质量区间划分方法之外,山东、山西、河南等地的车货质量区间划分方法各不相同。其划分依据主要是根据该地区车流量中几种主要车型的质量在总体车流量中所占比例来划分,其优惠费率区间($10t < G \leqslant 49t$)跨度过大;另外,天津和浙江两地的质量区间划分更细。这两类地区的划分方法也是因地制宜的体现,有一定的合理性。

2)正常装载部分通行费额计算推荐方法

(1)正常装载部分计重费率主要有两种模式:阶梯递减式与线性递减式。从第4章4.1节、4.3节研究成果可知,显然线性递减式优于阶梯递减式。线性递减式的计重收费区间的分界点处费率没有发生突变,且逐渐降低,大吨位货车费率小于小吨位货车费率,这样的费率变化趋势是鼓励多轴大吨位货车上路,符合国家鼓励多轴大型货车发展的产业政策。该模式特点是“连续计重、连续收费”,在同一个区间的费率随着车货总质量的增加而发生变化,并且在分界点处是连续变化的,计重标准的数学结构图形优美,这样就避免了阶梯收费费率模式的“连续计重、分段收费”造成的费率跳档的情况。目前主要有江苏、安徽、湖北、山东、山西、河北、四川、贵州、云南、河南等省份采用。鉴于此,本书推荐线性递减式作为正常装载部分计重费率模式。

(2)正常装载部分通行费额计算方法主要有两种方法:累加形式和乘积形式。从第4章4.3.2节研究成果可知,正常装载下,当车重 $G \leqslant G_1$ 时,累加形式和乘积形式的计重通行费额相同;当车重 $G_1 < G \leqslant G_2$ 和 $G > G_2$ 时,累加形式的计重通行费额比乘积形式收费额略高。但是,当车货总质量 $G_1 < G \leqslant G_2$ 时,乘积形式会出现不单调增加的情况,即当车货总质量增加一定值时,若车货总质量继续增加,通行费额不是单调增加,反而有降低的情况发生,这势必会引起一些不必要的纠纷。目前,正常装载下采取线性递减累加形式的省份主要有:江西、四川、云南、贵州等,以及《指导意见》的推荐方案。鉴于此,本书推荐累加形式作为正常装载部分通行费额计算方法。

3)超限装载部分超限率区间划分推荐方法

同样从4.4节、4.5节可以看出,各省市车辆超限装载部分的超限率区间主流划分方法主要有以下两种:

(1)$R \leqslant 30\%$;$30\% < R \leqslant 100\%$;$R > 100\%$。目前采取这种划分法的省份主要有:贵州、湖北、江西、山东、河北、河南、四川、云南以及《指导意见》。

(2)$R \leqslant 30\%$;$30\% < R \leqslant 50\%$;$50\% < R \leqslant 100\%$;$R > 100\%$。这种区间划分是根据《指导意见》的指导思想为依据进行划分。目前采取这种划分法的省份主要有:江苏、安徽、山西等。

这两种划分法的共同点是都包含超限率小于30%的区间和超限率大于100%的区间;不同点是第一种超限率区间划分法将所有超限车辆划分为三个区间,按三种费率收费,划分简单,比较笼统,对超限30%~100%的货车视为同一费率区间,区间跨度稍大,是目前较为流行的超限率划分方法。而第二种超限率区间划分法将所有超限车辆划分为四个区间;将超限30%~100%的货车又划分为两个更小的区间,超限加收处罚的针对性更强,但是计算稍显复杂。鉴于此,本书推荐第一种方法作为超限装载部分的超限率区间划分方法。

4)超限装载部分通行费额计算推荐方法

(1)超限装载部分计重费率主要有两种模式:阶梯递增式与线性递增式。从第4章4.2

节、4.4 节研究成果可知，显然线性递增式优于阶梯递增式，而完全连续递增式优于部分或混合连续递增式。线性递增模式在同一个区间的加收倍数随着超限率的增加而发生变化，并且在分界点处是连续变化的，这样就避免了阶梯收费费率模式的收费跳档情况，克服了阶梯加收模式的缺陷，使超限加收倍数在临界点周围平滑变化，降低了超限运输车辆对超限加收倍数变化的敏感程度。此外，该方案可以根据需要修改超限收费调节系数，以满足不同时期通过计重收费治理超限的目标要求。鉴于此，本书推荐完全连续递增式作为超限装载部分计重费率收费模式。

(2)超限装载部分通行费额计算方法主要有两种主流方法：累加形式与乘积形式。从第4章4.4节研究成果可知，显然乘积形式优于累加形式。乘积形式采取车货总质量在该超限率区间所对应的计重费率与其所对应的车货总质量的乘积进行计算，加大了治超力度，更能体现计重收费的指导思想和基本原则。鉴于此，本书推荐乘积形式作为超限装载部分通行费额的计算方法。

5)超限装载部分加收倍数推荐方法

从第4章4.4节内容可知，各省市超过公路承载能力的最大基本费率递增调节系数为6倍，而第1超限率区间加收倍数一般为1~3倍，第2和第3超限率区间为3~6倍。鉴于此，一方面为了继续加大治超力度，另一方面为了考虑用户的承受能力，本书超限装载部分加收倍数推荐为1~5倍，其中第1区间1~3倍、第2区间3~5倍。

4.6.2 高速公路计重收费通行费计算推荐模型

4.6.2.1 计重收费推荐方案

1)超限认定标准

超限认定标准，按照《指导意见》执行。

2)计重收费方案

(1)正常装载的合法运输车辆行驶试行计重收费的公路时，其计重收费推荐方案见表4-1。

《推荐方案》正常装载的合法运输车辆计重收费方案 表4-1

类别	车货总质量≤10t	10t<车货总质量≤40t		车货总质量>40t		
计重方案	按基本费率计收	10t及以下部分	10t以上部分	10t及以下部分	10~40t的部分	40t以上部分
		按基本费率计收	按基本费率线性递减到基本费率的50%计收	按基本费率计收	按基本费率线性递减到基本费率的50%计收	按基本费率的50%计收

以收费站实际测量确定的车货总质量为依据，小于10t(含10t)的车辆，按基本费率计算确定车辆通行费收费标准；10~40t(含40t)的车辆，10t及以下部分，其费率按基本费率计收，10t以上的部分，其费率按基本费率线性递减到基本费率的50%计收；大于40t的车辆，10t及以下的部分，其费率按基本费率计收，10~40t的部分，其费率按基本费率线性递减到基本费率的50%计收，超过40t的部分按基本费率的50%计收。

(2)超过公路承载能力的车辆行驶试行计重收费的公路时，其计重收费推荐方案见表4-2。

《推荐方案》超过公路承载能力的车辆计重收费方案　　表 4-2

超过公路承载能力30%以内	超过公路承载能力30%~100%（含100%）		超过公路承载能力100%以上		
车货总质量中符合公路承载能力认定标准的重量部分按正常车辆的计算方法计收					
超过公路承载能力0~30%的超限部分	超过公路承载能力0~30%（含）的超限部分	超过公路承载能力30%~100%（含）的超限部分	超过公路承载能力0~30%（含）的超限部分	超过公路承载能力30%~100%（含）的超限部分	超过公路承载能力100%以上的超限部分
按基本费率的1倍线性递增至3倍计收	按基本费率的1倍线性递增至3倍计收	按基本费率的3倍线性递增至5倍计收	按基本费率的1倍线性递增至3倍计收	按基本费率的3倍线性递增至5倍计收	按基本费率的5倍计收

超过公路承载能力的车辆行驶试行计重收费的公路时，总轴重超过该车对应的公路承载能力认定标准30%以内（含30%）的车辆，该车车货总质量中符合公路承载能力认定标准的重量部分按正常车辆的计算方法计重收取通行费，其超限部分按基本费率的1倍线性递增至3倍计收取车辆通行费。

总轴重超过该车对应的公路承载能力认定标准30%~100%（含100%）的车辆，该车车货总质量中符合公路承载能力认定标准的重量部分按正常车辆的计算方法计重收取通行费。该车超出公路承载能力认定标准30%的重量部分，其费率按基本费率的1倍线性递增至3倍计收取车辆通行费；超过公路承载能力认定标准30%以上的重量部分，其费率按基本费率的3倍线性递增至5倍计重收取车辆通行费。

总轴重超过该车对应的公路承载能力认定标准100%以上的车辆，该车车货总质量中符合公路承载能力认定标准的重量部分按正常车辆的计算方法计重收取通行费。该车车货总质量中超出公路承载能力认定标准30%的重量部分，其费率按基本费率的1倍线性递增至3倍计收取车辆通行费；超过公路承载能力认定标准30%~100%的部分重量，其费率按基本费率的3倍线性递增至5倍收取车辆通行费；超过公路承载能力认定标准100%以上的部分质量，其费率按基本费率的5倍计重收取车辆通行费。

3）主要措施及政策

（1）鲜活农产品运输和其他经批准的临时免缴通行费的货车在正常装载的情况下，免收车辆通行费。但车货总质量数超过该车对应的公路承载能力认定标准30%以上的部分，按超过公路承载能力的收费方法收取通行费。

（2）货车车货总质量不足5t（含5t）的，按车型分类一类车标准收取车辆通行费；高速公路收费总额不足5元时按5元收费。

（3）货车车货总质量以吨为单位，不足一吨的按四舍五入法归入吨处理。通行费计费以元为单位，尾数不足一元的，按四舍五入法归入元处理。

（4）根据《收费公路管理条例》和《中华人民共和国计量法》的有关规定，为保证高速公路道口通畅和维持正常的收费秩序，所有计重车辆在车道上一律不予复秤；若对称重量结果有异议，可向技术监督部门申诉。

（5）根据《收费公路管理条例》有关规定，凡拒交、逃交、少交车辆通行费，应责令补缴通行费；故意堵塞收费道口、强行冲卡、殴打收费人员、破坏收费设施或从事其他扰乱收费秩序，构成违反治安管理法规的行为，由公安机关依法予以处罚；构成犯罪的，依法追究刑事责任。

4.6.2.2 推荐方案计重收费通行费计算模型

正常装载部分正常区间划分为三个区间，优惠幅度50%，且通行费额的计算方法采用累加形式；超限装载部分超限区间划分为三个区间，最大加收倍数为基本费率的5倍，且通行费额的计算方法采用乘积形式。具体见式(4-102)～式(4-114)。

1）正常装载的合法运输车辆高速公路计重收费通行费计算模型

当 $G/W \leqslant 1.0$ 时，

$$N=\begin{cases} G\times\beta\times M_0\times L, & \text{当 } G\leqslant 10 \text{ 时} \\ [10+(G-10)\times\beta]\times M_0\times L, & \text{当 } 10<G\leqslant 40 \text{ 时} \\ [10+(G-10)\times\beta]\times M_0\times L, & \text{当 } G>40 \text{ 时} \end{cases} \tag{4-102}$$

式中，基本费率递减调节系数 β：

$$\beta=\begin{cases} 1.0, & \text{当 } G\leqslant 10 \text{ 时} \\ 1-\dfrac{G-10}{30}\times(1-0.50), & \text{当 } 10<G\leqslant 40 \text{ 时} \\ 0.50, & \text{当 } G>40 \text{ 时} \end{cases} \tag{4-103}$$

2）超限车辆高速公路计重收费通行费计算模型

（1）当 $1.0<G/W\leqslant 1.3$ 时，

①若 $W\leqslant 10$ 时，

$$N=[W\times\beta+(G-W)\times K]\times M_0\times L \tag{4-104}$$

②若 $10<W\leqslant 40$ 时，

$$N=[10+(W-10)\times\beta+(G-W)\times K]\times M_0\times L \tag{4-105}$$

③若 $W>40$ 时，

$$N=[10+(W-10)\times\beta+(G-W)\times K]\times M_0\times L \tag{4-106}$$

（2）当 $1.3<G/W\leqslant 2.0$ 时，

①若 $W\leqslant 10$ 时，

$$N=[W\times\beta+0.3\times W\times 3+(G-1.3\times W)\times K]\times M_0\times L \tag{4-107}$$

②若 $10<W\leqslant 40$ 时，

$$N=[10+(W-10)\times\beta+0.3\times W\times 3+(G-1.3\times W)\times K]\times M_0\times L \tag{4-108}$$

③若 $W>40$ 时，

$$N=[10+(W-10)\times\beta+0.3\times W\times 3+(G-1.3\times W)\times K]\times M_0\times L \tag{4-109}$$

（3）当 $G/W>2.0$ 时，

①若 $W\leqslant 10$ 时，

$$N=[W\times\beta+0.3\times W\times 3+(G-1.3\times W)\times K]\times M_0\times L \tag{4-110}$$

②若 $10<W\leqslant 40$ 时，

$$N=[10+(W-10)\times\beta+0.3\times W\times 3+(G-1.3\times W)\times K]\times M_0\times L \tag{4-111}$$

③若 $W>40$ 时，

$$N=[10+(W-10)\times\beta+0.3\times W\times 3+(G-1.3\times W)\times K]\times M_0\times L \tag{4-112}$$

式中，基本费率递减调节系数 β：

$$\beta=\begin{cases}1.0, & \text{当 } W\leqslant 10 \text{ 时}\\ 1-\dfrac{W-10}{30}\times(1-0.50), & \text{当 } 10<W\leqslant 40 \text{ 时}\\ 0.50, & \text{当 } W>40 \text{ 时}\end{cases} \tag{4-113}$$

超过公路承载能力的收费调节系数 k：

$$k=\begin{cases}-\dfrac{17}{3}+\dfrac{20}{3}\times\dfrac{G}{W}, & \text{当 } 1.0<G/W\leqslant 1.3 \text{ 时}\\ -\dfrac{5}{7}+\dfrac{20}{7}\times\dfrac{G}{W}, & \text{当 } 1.3<G/W\leqslant 2.0 \text{ 时}\\ 5.0, & \text{当 } G/W>2.0 \text{ 时}\end{cases} \tag{4-114}$$

3）超限车辆高速公路计重收费通行费额图

为了方便起见，仅举例说明当 $1.5<G/W\leqslant 2.0$、$W>40$t 时的超限车辆高速公路计重收费通行费额图，见图4-42。

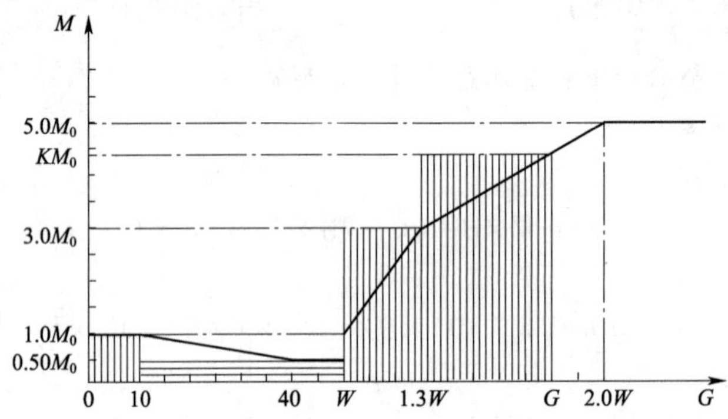

图4-42　超限车辆 $1.5<G/W\leqslant 2.0$ 且 $W>40$ 时通行费额

5 高速公路计重收费标准影响因素与定价理论

本章首先介绍了高速公路收费标准确定的相关理论,分别对其制定的理论基础、确定原则、定价机制以及传统的高速公路收费标准定价方法进行阐述;然后,分别对还贷性高速公路和经营性高速公路计重收费标准的影响因素进行着重分析;最后重点对高速公路计重收费标准一般定价理论进行了介绍,为高速公路计重收费标准测算模型提供理论支撑。

5.1 高速公路收费标准确定的相关理论

5.1.1 高速公路收费标准制定的理论基础

目前我国关于高速公路收费定价的理论研究中,存在着不同的理论观点。虽然这些观点各自还不尽完善,但它们无疑对计重收费标准的制定提供了重要的思路。

5.1.1.1 经济成本补偿理论

收费公路的经济成本是指在收费公路项目建设和运营过程中所耗用的经济资源及预期收益之和。经济成本补偿理论认为,公路建设所耗费的经济成本应当通过对道路使用者征收通行费得以补偿。根据这一理论,一旦收费总额能够补偿全部经济成本时,应免收公路车辆通行费供使用者无偿使用。因此,公路的经济成本制约着公路车辆通行费收费标准的高低。不同的收费公路具有不同的经济成本概念和构成,程度不同地影响着各自收费标准的制定。政府还贷收费公路与经营性收费公路的经济成本构成及其对收费标准的影响分析如下:

1)政府还贷收费公路

站在个体立场上,修建政府还贷收费公路耗费的经济资源只有需偿还的各种贷款和集资本息,不包括国家无偿投入的各种经济资源耗费,所以其经济成本主要包括收费公路建设项目投资成本中的贷款和集资额本息、公路养护与维修成本、公路收费与管理成本等。经济成本补偿理论认为,政府还贷收费公路的收费标准应当保证在其收费期间所收取的通行费收入总额能够弥补该公路项目的全部经济成本。经济成本理论下政府还贷收费公路收费标准的确定模型,见式(5-1)。

$$\sum_{t=1}^{n}\sum_{i=1}^{m}P_{it}Q_{it}=C_0+\sum_{i=1}^{n}C_t \tag{5-1}$$

式中:P_{it}——未来第 t 年第 i 种车型的收费标准;

Q_{it}——未来第 t 年第 i 种车型的平均交通量;

C_0——投资成本中的贷款额和集资额本息;

C_t——未来第 t 年发生的养护、维修与收费管理等费用。

2)经营性收费公路

投资经营性收费公路的主要目的是为了回收投资成本并获得预期收益,所以其经济成本应当包括公路项目投资成本、公路养护与维修成本、公路收费与经营管理成本以及期望收益(资本的机会成本)等。其收费标准确定的模型,见式(5-2)。

$$\sum_{t=1}^{n}\sum_{i=1}^{m}P_{it}Q_{it}=P_0+\sum_{i=1}^{n}C_t \tag{5-2}$$

式中:P_0——初始投资成本及预期收益之和;

C_t——未来第 t 年所发生的养护与维修、收费与经营管理等费用。

经济成本补偿理论在对收费标准确定研究时是立足于回收公路建设项目的经济成本。运用该理论测算出的公路收费标准能确保投资者按期收回其成本并获得预期的利润,以维护道路投资者的合法权益,因而这种理论具有科学性和合理性。该种理论无论是对政府还贷收费公路还是经营性收费公路的通行费标准的确定都具有重要的指导意义。但是,这种理论也存在着不足之处,就是其理论研究的前提假设是收费公路所发生的全部经济成本均为合理,而未考虑将公路建设和运营过程中发生的不合理因素从经济成本中加以剔除。在此理论下,收费公路在建设过程中因工程施工不合理所形成的成本超支和运营管理过程中因管理不善等原因所造成的成本浪费也计入工程造价和运营费用,作为确定收费公路收费标准的基础而分摊给道路使用者,这样势必会将这种不合理因素转嫁到道路使用者的头上。从这种意义上讲,是不符合公平性原则的。这样会损害到道路使用者的经济利益,收费公路的正常交通量也会因其收费的不合理而下降,进而影响到公路通行费的收入,使收费公路合理的经济成本不能按期得以补偿。这种做法,也不利于提高收费公路的建设及运营管理水平。

5.1.1.2 阻塞成本补偿理论

与经济成本补偿理论不同,阻塞成本补偿理论主张对交通严重阻塞的公路通过收取公路车辆通行费来控制其交通量,以经济手段调整交通量在公路上的时间分布、空间分布。其主要思路是不同时间和不同区段的公路交通量实施差别收费标准,引导道路使用者在非高峰时间使用公路或对高峰路段的交通量实行有效分流,以达到减少道路拥挤阻塞成本、提高道路使用效益的目的。

在阻塞成本补偿理论下,当收费公路达到其最大通行能力时,再增加交通量势必会导致收费公路车辆通行能力的降低,进而造成道路的阻塞,从而增加整个路网使用者的成本(如车辆行驶速度降低造成的时间延误、油耗增加等)。为了提高现有公路网的使用效益,根据现代经济学中的边际效益理论,其合理的收费标准,应当使边际效益等于其边际成本,这样才能获得最大的公路使用效益。当收费导致交通量减少时,一方面会获得阻塞成本下降的效益,另一方面会产生交通量减少的经济损失;当由于收费所导致的交通量减少到一定程度时,边际效益(减少单位交通量的效益)将呈下降趋势,边际成本(减少单位交通量的经济损失)将呈上升趋势;当边际效益等于边际成本时,具有最大的公路使用效益。公路收费应有助于实现最大公路使用效益。其最优收费标准,见式(5-3)。

$$f=AC'(Q)\cdot Q \tag{5-3}$$

式中: f——收费标准;

$AC'(Q)$——车辆的边际成本;

Q——交通量(标准车辆数)。

阻塞成本补偿理论认为,收费标准应当使边际道路使用者使用公路所获得的效益等于其为使用公路付出的包括通行费在内的经济代价。所以阻塞成本补偿理论又可称为公路边际运营成本补偿理论。

阻塞成本补偿理论的关键,在于科学地确定阻塞状况下发生的阻塞经济损失以及边际经济损失;但到目前为止尚缺乏用于估算的可靠数学模型。中国台湾省国道高速公路局在确定中山高速公路的收费标准时曾经于 1995 年两次试行差别收费标准,其目的是为了减少中山高速公路上的阻塞交通量,最大限度地提高高速公路的服务能力和服务效率。

根据阻塞成本补偿理论确定的收费公路收费费率对于控制交通量,减少交通拥挤具有重要的现实意义。但因高速公路交通拥挤造成的阻塞经济损失难以量化,在实际工作中也不便于操作,加之在阻塞成本补偿理论下所研究的收费公路既不是政府还贷收费公路,也不是经营性收费公路。就目前我国公路交通的现状而言,高速公路的交通量还大多处于不饱和状态,其理论在我国尚无较大的适用性,所以本书对此不作过多的涉及。但阻塞成本补偿理论对于某些交通处于拥挤的路段,特别是城市高速公路调整交通量时间和空间的分布提供了研究思路。

5.1.1.3 道路级差效益理论

确定收费公路通行费标准的又一理论依据是道路级差效益理论。高速公路由于技术等级高、运行速度快、安全与舒适性好、运输时间节约和成本节约明显等优点使高速公路较一般公路具有可观的道路级差效益。其效益主要包括运行里程缩短的效益、运行成本降低的效益、运行时间节约的效益及降低交通事故发生率的效益等。上述道路级差效益在道路使用者使用高速公路时得以体现。

从理论上讲,道路级差效益应当是收费标准的上限。一般来说,只要分车型收费标准不超过各自的级差效益,收费不会对道路使用者的经济利益造成任何实质性的不利影响,因而也不应当影响道路的正常交通量。为了使公路用户成为高速公路的真正受益者,在收费可以完全补偿公路经济成本的前提下,可以考虑由公路用户分享部分高速公路级差效益。对竞争性高速公路来说,采用级差效益分享制也有助于吸引交通量。考虑到道路级差效益分享因素,道路级差效益理论下收费标准确定的模型,见式(5-4)。

$$f \leqslant \Delta B(1-F)=(B_1-B_0)(1-F) \tag{5-4}$$

式中:f——收费标准;

ΔB——道路级差效益;

B_1——收费公路的道路使用效益;

B_0——平行竞争线路的道路使用效益;

F——分享比例。

道路使用级差效益理论为确定高速公路收费标准提供了崭新的思路。根据现代经济学理论,为某一特定对象服务所需的费用,应当由特定的受益对象承担,而不应转嫁到他人头上。修建的高速公路是为特定对象服务的,因此向道路使用者收取公路通行费用于补偿公路建设的投资支出与经营费用,符合“谁受益、谁承担”的经济原则。高速公路因技术等级高给道路使用者带来了高于其他公路的道路使用级差效益而使道路通行者受益。为此,根据道路使用级差效益理论确定的公路通行费收费标准既科学又能为道路使用者所接受。此外,以此理论建立的收费模型适用于各种类型收费公路收费标准的确定,这为规范我国高速公路通行费确定的方法奠定了坚实的基础。但在分析高速公路给道路使用者带来的级差效益时,需进行交通量分析预测、道路使用效益的分析,在这些预测和分析过程中因存在着一定的不确定因素而需要人为加以估计。如果用于预测交通量和对道路使用效益分析所取得的原始数据中存在着一定的误差，必将会影响到高速公路收费标准确定的准确性；此外，在道路使用级差效益的分析中，只能估算出能予以量化的道路使用效益，而忽略了一些难以定量分析的道路使用效益，这样测算所得的道路使用级差效益不够全面与准确。但从现状而言，道路使用级差效益理论仍然是确定公路通行费收费标准的一个行之有效的方法之一。

5.1.2 高速公路收费标准的确定原则

1）高速公路收费标准的确定原则

制定公路收费标准时要遵循以下几个主要原则：

（1）社会效益最大原则。公路的建设主要是促进区域经济和国民经济的发展，最终达到改善和提高人民生活水平的目的。因此实现社会效益的最大化是基础设施项目或者是公益性项目的共性。由于收费公路是作为一种服务产品提供给用户，它既有普通服务产品的特点，亦具有专卖产品的特性。它是一种准公共产品，因此要综合考虑多方面的因素。

（2）合理收益原则。公路的收费标准应该在道路使用者和业主之间相互兼顾，尽可能做到双方都要有合理收益。

（3）公平负担原则。科学合理的收费标准应该保护合法道路使用者的权益，做到"多拉多收、少拉少收、超载加收"，实施计重收费正是公平原则的最好体现。这里的公平主要是指所得效益的公平，即道路使用者支付的道路的使用费应该与其使用道路所获得的收益成正比。收益愈大其费用负担也应愈大。

（4）配比原则。高速公路的收费标准与普通公路的收费标准要有合理的价差，还要与当地的国民经济发展水平相适应。

实际上要同时满足上述4个原则是很困难的，收费标准往往不能同时让投资者、政府、道路使用者都满意。因此，收费标准的制定应综合各方面的因素，尽可能地合理、公平，使利益相关各方都能接受。

2）高速公路收费标准的确定准则

（1）基于公平的定价准则，即包括费用责任公平；所得效益公平；支付能力公平。

实施计重收费是道路收费政策公平合理的较佳体现，这里的公平主要是指所得效益的公平，也就是道路使用者行驶道路所取得的效益与其所承担的使用道路费用成正比，即收益愈大使用费用愈大。道路使用者的收入是由运价和运输量决定的，在一定时期运价是相对固定的，因此，运输量是决定道路使用者收入高低的主要因素。重车多交费，空车少交费，这才是公平合理的。欲使引发费用责任公平，要求道路使用者的费用负担应与道路使用者在道路使用过程中所引发的道路损耗费相匹配，引发的费用越大其承担的费用责任越大，这是因为根据公路设计技术规范，正常荷载时对道路的磨损较小；当车辆出现超限时，车辆对道路的损害呈几何级数上升，所以对超限车辆加收补偿费就是这一原则的具体表现。

（2）基于效率的定价准则，即包括最优道路定价；次优道路定价。

从理论上来说，任何一条收费道路总有一个最优的定价，只是这个最优定价在现实中还难以实现，因为决定定价的因素很多并且这些因素还存在不断地变化。我们只能找出一个相对合理的定价，既能为道路使用者所接受也能为道路经营者所接受，所以我们无法做到最优，仅仅能达到次优。

总而言之，对载货类汽车实施计重收费既能使道路的收费相对公平合理，又能达到保护路产路权的目的，真正做到了费用责任公平，使道路的使用效率得以正常发挥，对过度使用道路所造成的损失也会得到补偿。当然对治理超限运输也大有好处。

5.1.3 高速公路收费标准的定价机制

我国目前高速公路收费标准主要有企业定价与政府价格管制定价机制。

1)企业定价

高速公路营运企业为使其制定的计重收费标准适应市场要求、实现定价目标,在选择制定通行费标准时,通常会考虑到投资成本、企业目标利润、使用者承受能力、竞争对手的价格水平等几个基本因素。其在定价方法上主要有需求导向定价法、成本导向定价法、价格歧视定价法3类。

2)政府价格管制

对于高速公路这种公益性较强的基础设施,交通主管部门和上级物价部门在进行价格管制时主要考虑的因素有道路使用者的承受能力、供求关系和社会效益的协调。价格管制方法主要有两种:一种叫作投资回报率价格管制;另一种叫作最高上限价格管制。其中投资回报率价格管制是指政府不直接制定自然垄断行业产品的最终价格,而是通过制定投资回报率来控制价格构成中利润的大小,使自然垄断行业能够补偿其运营成本,并给其总资本投入带来公平的回报率,以此实现对自然垄断行业价格水平的间接管制。而最高上限价格管制又称为RPI-X模型,它的创新之处在于把管制价格与零售价格指数、企业生产效率的进步率相挂钩。这里,RPI表示零售价格指数(Retail Price Index),即通货膨胀率,X是由管制者确定的在一定时期内企业生产效率增长的百分比。这个简单的价格模型意味着,企业在任何一年中制定的名义价格取决于RPI和X的相对值。如果RPI是一个负数,则企业必须降价,其降价幅度是RPI-X的绝对值。

这样,如果企业本期的价格为P_t,则下期的管制价格P_{t+1}见式(5-5)。

$$P_{t+1}=P_t(1+\text{RPI-X}) \tag{5-5}$$

3)实践中的定价机制

在我国高速公路发展的实践中,运用的定价机制主要有3种:平均成本法、级差效益法、类比法。

(1)平均成本法,是根据高速公路的建设、经营成本加上一定的利润来确定车辆通行费标准。方法的优势在于其计算简单,可操作性强;不足之处在于高速公路经营单位和交通主管部门存在着信息不对称,可能会存在高速公路经营单位的道德风险,浮报建设和经营成本等。

(2)级差效益法,是指按照高速公路使用者使用高速公路获得级差效益的一定比例(世界银行提出为30%~50%)作为收费标准的一种方法。

(3)类比法,是参照可类比的其他高速公路已经实行的费率标准来定价的一种方法。此法在我国高速公路通行费标准确定中使用得非常广泛,其优点在于收费标准在制定操作上比较简单,但是这种方法没有考虑高速公路个体之间的差异,定价缺乏理论依据,有时会导致高速公路收不回投资。

5.1.4 传统高速公路收费标准的制定方法

近十多年来,随着我国高速公路,特别是高速公路的快速建设,国内学者对公路收费标准的研究日渐升温,较早的研究是长安大学周国光教授"分控制收费、还贷收费和经营收费三种收费模式的所建立的公路收费费率的确定模型”。之后,随着一些先进的数学和经济理论被应用到交通领域,国内外学者采用了各种方法对公路收费标准的制定进行深入研究,其中有代表性的几种方法是“成本反算法、收费弹性法、博弈模型法、双层规划法”。

1)成本反算法

成本反算法遵循以下基本原则:对于收费还贷型高速公路,收费收入刚好能够涵盖总成本;对于收费经营型高速公路,收费收入不仅能够涵盖总成本,而且能够保证正常的收益率。因此,收费收入是独立于收费费率和收费交通量的外生变量。同时,该方法假设收费费率与预期收费交通量之间是单向的函数关系,即收费费率受到预期收费交通量的影响,而预期收费交通量不会受到收费费率的影响。

龙涌等(2001)就建立了一个典型的成本反算法模型,见式(5-6)。

$$\pi = \frac{T}{\sum_{j=1}^{n} Q_j \cdot \lambda \cdot L} \eta \cdot \gamma \cdot \delta \tag{5-6}$$

式中:π——收费标准,元/(辆·km);

T——收费经营期限内的收费总收入,元;

$\sum_{j=1}^{n} Q_j$——收费经营期限内的收费交通量总和,辆(n 为收费经营期限);

λ——交通量调整系数;

η——收费标准影响系数;

γ——收费车型换算系数;

δ——收费车辆车重系数;

L——行驶距离,km。

随着历史阶段的不同,又有多种成本定价法,主要有还贷成本反推法、成本加成定价法,还有人在探讨边际成本定价法等。

(1)还贷成本反推法。这是收费公路建设初期普遍采用的方法。当时收费公路基本为政府还贷收费公路,政府关心的是还本付息问题,还贷成本反推法应运而生。其基本思路是假定贷款一次性取得,或将分期贷款折算为现值,根据贷款总规模、贷款利率和其他贷款限制条件、公路管理和养护成本、还贷期限等因素,计算各年需要取得的收费收入;再根据交通流量预测、车型分类等因素计算出各车型的收费费率。这种方法目前仍然在用,但已不是确定价格标准的主要方法。因为,根据还贷资金反算通行费收费标准,仅考虑实际还贷成本因素,而不考虑用户的支付能力和支付意愿,计算出的价格可能脱离实际,一般情况下会使收费标准偏高,通行量大大低于预期量,使收费收入不能达到还贷需求量。

(2)成本加成定价法。这是一种以成本为基础,加上按一定的利润率计算的预期利润、税金等因素定价的方法,是目前我国比较普遍采用的方法。成本加成定价法有如下几点关键因素:

①核算成本。首先,成本应当是社会平均成本,而非个别成本,虽然由于公路建设的地域性差异,个别成本会存在差别,这个差别应当在合理范围内。其次,被投资模式区分收费公路,由于投资主体不同,投资资金来源不同,作为定价基础的“成本”概念和范围也不同。如果是政府还贷公路,定价成本中就不应当包括政府投入的资本金部分,是不完全成本;如果是经营性公路,则应当是完全成本。再次,成本中不仅包括建设成本,还应当包括养护和管理、运营成本,前者属固定成本需要均摊,后者是可变成本,是后期可控成本。最后,确定

定价成本,对成本项目进行分析,明确哪些成本是可以通过价格补偿的,哪些成本是需要政府补偿的,哪些属于不合理支出,只能从利润中扣除。这样,使定价基础建立在科学合理的基础上。

②确定加成比例。税金按政府规定缴纳,是已知的量,关键是利润率因素。首先,利润率应当取社会平均利润率;其次,计算利润时应当考虑收费公路的全部收入,包括通行费收入、广告收入、服务收入等;再次,对收费公路的收益水平以及公路沿线经济发展水平进行评估,合理确定收益率。在合理确定成本与加成比例之后,收费费率的确定与还贷成本反推法相同。成本加成法简便易行,锁定了定价成本,能确保合理成本得到补偿。得到补偿的不仅是成本支出,不仅可以还本付息,还包括投资收益,得到合理回报。

但是,成本加成定价法存在如下几点明显的弊病:

①这种方法与还贷成本反推法一样,只侧重于成本补偿,没有考虑需求因素;

②定价成本确定有难度,个别成本的差异性和建设、运营成本的不可控性,导致对成本上升实际上没有约束力,易于产生成本“倒逼”效应;

③加成比例在很大程度上取决于有关方面的谈判能力,具有很大程度上的主观性。

成本反算法模型,尽管后来丰富和完善了不同车型的成本配置因子,但是模型建立的基本原则和假设前提并没有改变,即该模型否认了收费费率和预期收费交通量之间相互依赖的函数关系,所以仅适用于垄断性的高速公路,如果应用于竞争性路网中的高速公路,就会产生较大的收费交通量误差,造成收费标准的设置不合理。

2)效益分享法

效益分享法是根据用户使用收费公路所获得的效益并支付所获效益的一部分来确定通行费率的方法。显然,这是考虑了需求因素的定价方法,也可以说是需求定价法。京津塘高速公路采用的就是这种定价方法。

收费公路大多是在基础较差的老路上改建或在与老路基本平行的近距离内新建,用户在使用收费公路时,必然产生与老路的比较效益。行驶收费公路会获得时间节约、成本降低、安全舒适性提高等效益,这种效益是收费公路经营者提供的,用户不应无代价获得,用户应当将所得收益的一部分支付给收费公路经营者,以便经营者偿还贷款或收回投资并取得合理回报。效益分享法的关键是确定分享比例。比例定在什么水平,取决于用户对所获效益的认可、用户的支付意愿。而用户的支付意愿又取决于当地经济发展水平、居民收入、其他交通方式的可替代程度等因素。在这里,一方面,大量的工作是调查用户受益数量,在市场经济中,这种受益量可折算成经济效益。其中有些效益是比较好计算的,如时间节约、成本降低等,有些是无法直接计算的,如舒适性、安全性等。但是,通过车型分类、增大样本数、规范调查程序、合理选择参数等,完善调查方法,还是可以估算出一个大致能反映实际情况的用户收益数。事实上,建设收费公路的可行性研究报告中都有效益分析的内容。另一方面,通过调查得出的用户受益数,也得到用户承认,用户确实能从使用收费公路中得到实实在在的好处,但用户是否由于有好处就使用收费公路,或接受使用收费公路的程度,取决于经济发展水平,或者说取决于用户的支付能力和支付意愿,可能会有相当一部分用户更关注的是自己运输成本支出,而不是能得到的实际效益。这就使通过调查计算得出的用户受益数大打折扣,分享比例要在受益数与通行量之间找平衡。世界银行提出的分享比例是30%~50%,即调查得到的某类车辆使用收费公路可获得100元收益的话,通行费标准定在30~50元之间是合适的。在经济发展程度高的地区,人们对使用收费公路所获得的收益更为关注，支付能力也强，比例可以定得高一些；在经济相对不发达的地区，人们更关注直接成本支出，使用收费公路的欲望低，支付能力也低，比例可以定得低一些。同样，在有较多可替代交通工具的地区，更应当注意不同交通工具间的比价关系，而可替代交通工具较少的地区，分享的比例可高一些。效益分享定价法考虑了供求双方面的因素，又考虑了同行业间的竞争，比价关系较为合理，价格具有一定竞争力，是一种比较科学的定价方法。但是，这种定价方法工作量大，要求的技术含量比较高，要做到数据的充分掌握和正确测定，都有一定难度，特别是对用户的支付意愿的判定带有一定的经验判断成分，需要做大量细致的工作才能完成。

3）收费弹性法

收费弹性法，是利用经济学中的需求价格弹性概念，首先研究高速公路费率变化率与收费交通量变化率之间的关系，然后，在保证收费收入增加的条件下，利用已知的弹性系数，来合理确定收费费率。

裴玉龙等（2003）研究了如何利用收费价格弹性系数来确定收费费率，其具体模型见式（5-7）和式（5-8）。

$$E_d = -\frac{\Delta Q}{\Delta P} \times \frac{P}{Q} \tag{5-7}$$

$$\Delta M = M(P + \Delta P, Q + \Delta Q) - M(P, Q) = (P - P \times E_d - \Delta P \times E_d) \times Q \times \Delta P / P \tag{5-8}$$

式中：P——收费费率；

ΔP——收费费率变化量；

Q——收费交通量；

ΔQ——收费交通量变化量；

M——收费收入；

ΔM——收费收入变化量；

E_d——收费价格弹性系数。

通过求解不等式 $\Delta M > 0$ 从而确定新的收费费率。由此得到收费费率变化量 ΔP。

收费弹性法没有考虑到影响费率的供给因素作用，仅仅从需求角度出发，其原理和模型虽然简单，但是需要收集长期大量的原始数据；并且，正如在高速公路费率的需求影响因素分析中所看到的，高速公路费率仅仅是影响收费交通量的一个因素，还有许多其他因素在对收费交通量发生作用。因此，排除掉其他因素对收费交通量的影响，单纯地研究收费费率和收费交通量之间的弹性关系，仍然需要艰苦细致的工作。

4）博弈模型法

Dusica joksimovic et al 利用博弈模型，研究了不同政策目标下的收费费率确定问题。首先，他们认为政府和运营企业之间的利益没有冲突，并将他们视为博弈的同一个参与人，即高速公路管理者，而 N 个公路使用者是 N 个参与人。其次，运用纳什均衡理论，建立了 $N+1$ 人的非合作博弈模型，该模型由上下两层博弈模型组成，上层模型是公路管理者与 N 个公路使用者之间的博弈，公路管理者做出费率设计的决策；下层模型是 N 个公路使用者之间，以运输效用最大化为目标的运输行为选择博弈。

5）双层规划法

在交通运输系统规划与管理决策问题中，交通管理部门要考虑用户的反映决定最优规划、费率和控制。而用户根据这些规划、费率和控制以用户最优方式做出自己的运输行为选择。此类问题可视为 Leader-Follower 问题，其中交通管理规划部门（政府）是领导者，而用户是跟随者,相应问题可以用双层规划这一数学模型表示出来。上层问题代表交通运输管理者的决策行为;下层问题代表用户考虑了上层决策者的决策后的运输行为。此类交通双层规划模型和优化问题在公路收费标准的研究与应用已经成为一个热点。刘安(1996)将经营者作为领导者,建立了固定需求下使通行费收费额最大的分车型双层规划模型,但没有考虑不同车型对交通流的影响不同。yang&meng(2000,2002)针对弹性需求条件下既定道路网络,建立了双层规划模型以研究 BOT 下新建高速公路的最佳道路容量与收费问题,同时充分考虑了 BOT 下用户的反应,对收费道路网设计问题展开富有成效的开创性研究。在国内较早将双层规划理论系统的应用于公路收费标准制定研究的学者是刘伟铭教授,其建立了路网下高速公路费率优化的双层规划模型。上层(政府),为在满足经营者的财务目标前提下,实现系统最优、用户盈余最大和 OD 需求量最大等目标;下层采用多车型多准则的固定需求、弹性需求和随机 3 种用户均衡模型。

5.2 确定高速公路计重收费标准需考虑的因素

由于高速公路收费运营是结合当前我国国情的有益的制度安排,是政府适当管制下市场配置资源的必然结果,也是政府、运营企业、高速公路使用者三方博弈的均衡。高速公路收费标准制定既要考虑道路建设者及高速公路管理者的利益,还要考虑道路用户对收费标准的承受能力,使得高速公路发挥其最大社会效益和经济效益。要研究收费标准的定价方法机理,就必须首先从市场供求的角度分析影响高速公路收费标准的影响因素。同时,应结合各地区公路运输车辆的结构调整和道路货运行业的发展需要,使收费标准体现国家扶持专业化、规范化运输企业发展的政策导向;在提高高速公路利用率的同时,促进公路运输业的发展,进而促进区域经济社会发展。

在以往的许多文献都对影响收费公路标准因素有过分析,例如,周望军对收费公路的定价问题研究(2002),认为影响收费标准的因素,包括收费交通量、收费收入,以及地区经济发展水平和人口增长速度、高速公路使用者的消费心理、物价波动、环境污染和交通安全等方面。又如,冯云才在高速公路收费合理性的理论研究一文中则将影响因素分为系统内和系统外两个部分:系统内部因素主要有交通流量的大小、道路的运输成本、项目的投资规模、收费道路的长度、用户使用道路所获经济效益的大小、道路的服务质量和用户支付通行费的意愿以及平行路线的交通与道路状况和车型组成情况等;系统外部因素主要有收费公路相关地区的经济水平、所在地区的路网密度、运输供求和货币价值量等。此外,王俊燕在固定交通需求条件下高速公路最优费率的研究一文中则认为,影响因素包括收费期限、税率、运营成本、投资额、预期收益率和级差效益等。从以往的研究中可以看出,对影响高速公路收费标准因素的分析上,基本都是零碎的,均没有从市场机制出发,没有形成系统的分析结论。

目前我国的收费公路大致可以分为两类:一类为收费还贷公路;另一类为收费经营公路。鉴于这两类收费公路具有不同的特点,应该分别考虑其计重收费标准的影响因素。当收费目的是偿还贷款时,则收费标准主要取决于贷款的金额、贷款利率、还贷期限、还款方式、未来预期成本和交通量预测等因素;当收费目的是经营盈利时,应当确定合理的特许经营期和投资效益,并在此基础上科学地确定收费标准。下面分类探讨两种高速公路运营模式的计重收费标准的影响因素。

5.2.1 收费还贷高速公路收费标准的主要影响因素

5.2.1.1 收费还贷高速公路成本总额

收费还贷型高速公路作为国家的基本设施,政府部门对其建设按等级进行财政补贴,而大部分资金需要通过借贷方式筹集。其中世界银行贷款、亚洲开发银行贷款、外国政府贷款、国内政策性银行贷款、国家开发银行贷款和商业银行贷款等已成为我国高速公路建设资金的重要来源。目前我国的高速公路工程主要是争取世界银行与亚洲开发银行的优惠贷款,贷款利率低,贷款偿还年限长,这对我国的高速公路建设是非常有利的。但这种贷款是有限的,向其他银行贷款或民间集资的方式也经常使用,其贷款利息相对而言较高,还贷期限短,过多的这类贷款会加重还贷负担。高速公路的贷款本息主要用于高速公路的建设和运营,在随后高速公路的经营期用收费收入来逐年偿还,只有累计收费收入才能保证所修建的高速公路能够在规定的贷款偿还期内通过收取车辆通行费还清全部贷款本息,则借款筹资或者发行公路建设债券筹资不会对未来高速公路筹资和建设能力产生任何不利影响,这才说明收费标准对企业而言是合理的。

根据财务会计的准则,成本是指企业为生产产品、提供劳务所发生的各种耗费。为生产产品发生的耗费称为生产成本,为提供劳务发生的耗费称为劳务成本,为筹措资金耗费的成本为财务成本。按照此定义我们可以推理出高速公路的成本内涵,即为提供高速公路通行服务所发生的各种耗费,包括高速公路建设成本和运营成本两大块。根据交通运输部和财政部制定的《高速公路经营公司财务管理办法》规定,高速公路成本分为 3 个组成部分:公路工程建设成本、公路管理成本、公路营运成本。其中公路工程建设成本指的是高速公路收费经营权转让的价格(经营性公路)或者以工程招投标概预算为基础,经过适当调整的工程结算成本(收费还贷公路)。公路管理、公路运营成本的制定比较困难,可以根据历史资料和公路经营公司的实际情况确定合适的定额标准。运营成本中很大一部分是养护成本,养护成本在经济内容上主要为人工费和材料费,人工工资和材料单价在地区范围内,差价一般不大,价格管制机关可以根据这一点制定地区人工工资和材料单价定额,对其消耗量,则可以有交通主管部门根据道路等级制定统一养护工程定额,这样就可以计算出养护成本的标准。对于其他费用的审定,应审核其发生与效果的合理性,对于其发生额可以通过中介审计机构的审定,审定时应特别关注的是费用发生是否与预期的效果一致,即发生额是否为提高通行服务质量所必需的。常见的高速公路经营企业成本费用有以下几种,见表 5-1。

高速公路经营单位成本费用构成表 表 5-1

项目	内容	备注
工程建设成本	工程投资、设备投资、待摊投资,其他等	与建设相关
养护成本	安全通信维护设施成本、道路维护成本、绿化成本等	与运营相关
管理成本	公司经费、职工工资、劳动保险费、审计费、排污费、咨询费、技术成本研发费、职工福利费、财务费用、诉讼费等	与运营相关

1)工程建设成本

高速公路的工程建设成本是指收费公路本身及其附属设施的建造成本;其附属设施包括收费站所、收费出入口车道等设施。工程建设成本的大小,与高速公路建设的里程、资金的来源,以及建设期等因素有关。一般来说,高速公路的等级越高,里程越长,工程建设成本就越大;工程建设资金的借贷比例越高,建设期越长,收费公路建设的资金成本就越大。工程建设成本是形成高速公路资产价格的基础，是高速公路运营企业固定成本中的主要组成部分。因此，在其他因素固定不变的条件下，工程建设成本越高，高速公路的收费标准就越高。高速公路工程建设成本的构成见表5-2。该表对高速公路经营公司成本费用项目的规范，对高速公路经营单位的成本费用发生的规范是很有指导意义的。

高速公路工程建设成本的构成 表5-2

成本项目	说明
建设筹办规划设计费	指建设筹办费和规划设计费
工程费	道路桥梁服务区的建设费
公务行政费	因组织施工发生的费用
土地占用成本	购地费、拆迁费、土地改良费用
交通设备费	工程车和交通车费用
建筑物设备费	办公职工房舍费用
养护及其他设备费	各工程建设设备费

资料来源：周国光，公路行业财务管理学，人民交通出版社，2001年8月第一版。

高速公路经营企业以高速公路通行服务为主要业务，同时也可能运作其他业务，而成本加成法制定高速公路收费标准中的成本费用是针对某一条高速公路引起的成本费用。以上工程建设成本，一般在公路项目建成以后以折旧摊入经营成本，作为投资的补偿。

2）经营成本

高速公路的经营成本是指收费公路在运营过程中所发生的成本，包括高速公路的养护成本、管理成本、税金等。养护成本，主要与收费交通量有关，是指修补因车辆通过造成的路面损耗而产生的养护以及收费、通信、监控3大系统维护等费用。养护成本在相当大的范围内与收费交通量成正比例关系。管理成本主要是指实施收费公路管理运营企业的正常支出，包括管理人员的工资等支出，它在收费公路供给成本中占有一定的比例，但变动幅度很小。其中还要缴纳一部分税金，税金是指收费公路运营企业依照法律规定缴纳的营业税、城市建设维护税、教育附加税等，它一般要受到国家产业政策、运营企业的收费收入和管理水平等因素的影响。一般来讲，收费公路的供给成本越大，收费标准就越高，两者呈正向相关。随着车辆荷载的增加，高速公路的损坏速度就越快，恢复高速公路使用性能所需的养护管理费用也就越多，其在收费效益的支出中所占的比例就越大。交通量在一定时期内相对稳定，因此养护管理成本的变动将影响到收费标准的高低。

5.2.1.2 高速公路收费还贷年限

由于收费年限、收费总额、收费标准三者之间彼此相互影响，要确定收费标准，必须首先明确收费年限。根据中华人民共和国国务院第417号令颁布的《收费公路管理条例》中规定：政府还贷公路的收费期限，按照用收费偿还贷款、偿还有偿集资款的原则确定，最长不得超过15年。国家确定的中西部省、自治区、直辖市的政府还贷公路收费期限，最长不得超过20年。

高速公路收费年限是指高速公路收取车辆通行费的时间跨度，即从开始收费到收费终止的这一段时间。一般来说收费终止会有两种情况：一是收回贷款本息或者高速公路投资成本得到回收并取得相应的利润；另外一种情况是达到国务院规定的收费最高年限自动取消收费。一条高速公路修建之前要做可行性研究，一般来说要有一定的经济效益，不会出现收不回投资成本并获得收益的情况，如果可行性研究中主要考虑的是国家某些特殊需要，则国家肯定会在经济利益上给予投资者适当的补偿；其次还要考虑企业的经济利益，要基本保证投资者投入的资金得以收回并取得相应报酬,高速公路的收费期限过短,在其他因素不变的情况下,收费公路项目的财务内部收益率就会较低,运营公司为了保证自身的收益和资金安全,必然会提高收费标准。一般情况下,收费经营期限和收费标准呈反向变动。最后还要考虑高速公路的交通量,高速公路收费的多少与高速公路上交通量也存在着相关关系,交通量越多,则在一定期限内收取的通行费就越多,收回投资的年限就越少。

上述国家规定中明确规定了公路建设项目经济评价动态预测投资回收期原则上为20年。这样做的原因是:为了保证经济上的合理可行,并将其作为是否批准立项建设的前提,这是国家宏观管理的重要手段。动态投资回收期超过20年即为经济上不合理、不可行,就不准予立项建设。

5.2.1.3 高速公路计重收费交通量

高速公路的收费交通量,是指在一定收费标准前提下高速公路的车辆通行量。它和收费标准有着密切的关系,收费标准的高低是收费交通量最重要的影响因素,也就是说在总交通量一定的情况下,随着收费标准的提高,选择高速公路的车辆会减少;当收费标准超过一定程度时,交通量会大大降低,收费总额随之减少。相反,若收费标准过低,交通量将大大提高,而收费总额也会随之下降。因此确定道路收费标准与交通量的关系具有非常重要的意义,其基本用途有两个:一是在保证一定有效交通量水平下,确定相应的收费标准;二是可确定最佳收费标准,使收费效益最大。这是高速公路社会效益与经营管理效益两个方面相互矛盾的体现。要充分发挥高速公路的社会效益,要求尽可能多的车辆使用高速公路,这就要求经营者降低收费标准,一方面收费标准降低到一定程度时,即使交通量较高但其总收益会降低,另一方面过高的交通量,管理者的养护维修投入也随之增大。为此正确了解收费标准与交通量的关系是收费体制下充分发挥高速公路社会效益的前提。因此,科学准确地预测高速公路的交通量,已成为确定高速公路收费标准的一项重要工作。我们在进行交通量预测时,应主要考虑以下因素:

(1)高速公路在建设前可行性研究报告中所做的OD调查交通量统计数据及预测结果。

(2)高速公路近年交通量变化趋势,对于已经通车运行的高速公路我们还要分析其近几年交通量变化趋势,以便进行趋势外推预测。

(3)地区交通运输发展状况,了解高速公路所在地区及周边地区公路网建设、民用汽车数量变化、公路客货运输量及周转量变化等信息,收集数据资料,分析变化趋势。

(4)周边地区社会经济发展状况,了解高速公路所在地区及周边地区社会经济增长变化情况(包括国内生产总值和工业总产值增长率等经济指标)、产业结构变化、开发区建设等情况:预测工作需要了解和收集经济、交通方面数据的地区范围取决于高速公路吸引车流的来源和去向,可由交通量OD调查数据中车辆起讫点分析结果来确定。

(5)通行费标准调整变化。在进行交通量预测时,应注意车辆通行费标准上调对吸引交通量可能带来的负面影响。

现行的交通量预测方法较为常用的是四阶段预测法,其次还有趋势外推法以及相关因素分析法等。四阶段预测法是从国外引进的一种交通量预测方法,它是假定发生交通量同环境因素(人口、社会经济)的关系在过去、现在和将来均不发生变化,在这种情况下来分析发生交通量与现状"OD"调查表中的数字之间的关系;再根据未来的环境因素来推算未来发生交通量的一种方法,它是目前最为常用的一种预测方法。趋势外推法是根据历史交通量数据推算出未来交通量的一种方法。相关因素分析法是根据影响高速公路交通量的因素与交通量的相关关系来建立数学模型,推算未来交通量的一种方法。

5.2.2 经营性高速公路收费标准的主要影响因素

对高速公路进行收费经营,其目的是吸引更多的资金,用于公路设施的建设,弥补国家投资的不足,以解决迅速发展的经济与相对落后的公路基础设施之间的矛盾。在制定这一类公路的收费标准时,不但要考虑公共设施的社会效益,也要考虑到公路经营公司的经济效益。因此,针对此类型的收费公路主要考虑如下因素。

1)经营性高速公路的投资额和收益率

经营性高速公路的投资额主要包含建设成本、运营管理成本、养护成本、税收成本以及各项财务成本等等,与收费还贷型高速公路的成本是相似的,在这里就不赘述了。常见的收益率指标是投资收益率和内部收益率,其中投资收益率反映投资的收益能力,是指达产期正常年度利润或年均利润占投资总额的百分比。投资收益率是使收费公路在收费经营期限内,逐年预期收费净收益的现值之和等于收费公路供给价格或者重置成本的百分比率。内部收益率(IRR)是指项目投资实际可望达到的收益率。实质上,它是能使项目的净现值等于零时的折现率。由于投资收益率没有考虑资金时间价值因素,不能正确反映建设期长短及投资方式不同和回收额等条件,一般高速公路行业针对这种大项目投资主要是计算其内部收益率。内部收益率是一个特殊的贴现率,从动态的角度直接反映投资项目的实际收益水平,又不受行业基准收益率高低的影响,比较客观。当高速公路的投资项目取这个内部收益率这个贴现值进行分析评价时,项目经营期限内收入现值与成本现值相等,即该投资项目不亏不盈。当内部收益率大于实际贷款利率,高速公路项目盈利;当内部收益率小于实际贷款利率时,高速公路项目将发生亏损。内部收益率指标的优点是:内部收益率显示项目投资贷款所能承担的最大利率,并可与实际贷款利率比较,这样可以减少企业利用贷款投资高速公路项目时的风险。收益率的大小与收费经营期限内的利率以及收费公路运营公司的性质有关。收费公路运营公司的性质不同,贴现率也会有所区别。收费还贷型公路,其收费目的是偿还贷款,投资收益率仅仅补偿利率和汇率就可以了。但是,收费经营性公路,其收费目的是经营盈利,所以投资收益率除了补偿利率以外,还要包含一定的风险利润率,经营性高速公路公司的经营目标是追求较高的投资收益率,在其他条件不变的情况下,投资收益率越高,收费标准也就越高,两者呈正向相关。由于不同的公路经营者对投资收益率的要求也是不同,因此,在能满足经营者追求的投资收益率的基础上,又能有效地保护公路使用者的利益上来制定收费标准成为一个难题。

2)经营性高速公路的收费年限

经营性公路的收费期限,按照收回投资并有合理回报的原则确定,最长不得超过25年。国家确定的中西部省、自治区、直辖市的经营性公路收费期限,最长不得超过30年。

3)经营性高速公路的计重收费交通量

经营性高速公路的计重收费和收费还贷型高速公路的测算方法是一致的,那么在这里就不赘述了。

5.2.3 影响高速公路计重收费标准的其他因素

5.2.3.1 高速公路的级差效益

与普通公路相比,高速公路具有鲜明的级差效益。高速公路所特有的级差效益也为高速公路筹资、建设及运营管理采用不同于普通公路的方式奠定了基础。所谓级差效益是指用相同汽车完成相同的运输工作,在使用高速公路时可以比使用普通公路得到较高的收益。与土地的级差地租相似,公路也会因等级的不同而产生级差效益,不同等级的公路提供相同服务时所产生的效益不同。我们从以下几种效益进行分析:

1)成本节约效益

成本节约效益是指高速公路建设项目实施后使得客、货运输成本降低所产生的效益。它主要有运输成本降低额、费用节约效益两种。其中高速公路的运输成本降低额,按客、货通过高速公路运输时的运输成本,与客、货通过原有普通公路运输时的运输成本之差额计算。可采用抽样调查、技术测定、专家评价等方法来分别测定由于公路等级、路面条件等变动对车辆运行成本中相关成本项目高低的影响。费用节约效益通常包含了缩短里程效益,高速公路的路线设计一般对道路坡度、转弯半径等有特殊的要求,以适应车辆行驶需要,以节约客、货运输费用。节约的成本主要来自于缩短路线长度带来的货运、燃油成本等的减少。相对于旧路而言,高速公路往往可以在一定程度上缩短公路里程。例如,沈大高速公路比原线缩短了46km;沪宁高速公路(江苏段)比国道312线缩短了27km;成渝高速公路比原线缩短了98km等。高速公路缩短里程效益的计算见式(5-9)。

$$B_1 = C \cdot Q \cdot L \tag{5-9}$$

式中:B_1——高速公路缩短里程降低客(货)运成本;

C——无此高速公路时原有公路的客、货运输单位成本;

Q——高速公路的客、货运输量;

L——高速公路比原有公路缩短的里程。

2)在途时间节约效益

在途时间节约效益分为货物在途时间节约的效益和旅客在途时间节约的效益。货物在途时间节约的价值,以货物运送速度提高引起资金周转期缩短而获得的效益来考虑,按在途物资所需资金利息(国民经济评价时采用的社会折现率)的减少支出量来计算。国家计委《建设项目经济评价方法与参数》给出计算见式(5-10)。

$$B_{2货} = \frac{P \cdot Q \cdot R \cdot T}{24 \times 365} \tag{5-10}$$

式中:$B_{2货}$——货物节约在途时间的效益;

P——在途货物平均(影子)价格;

Q——高速公路货运量;

R——社会折现率(不同时期,国家规定的社会折现率不同),

T——项目节约的运输时间。旅客在途时间节约效益以旅客旅行时间缩短,可多创造国民收入来考虑。

国家计委在《建设项目经济评价方法与参数》中规定,旅客在途时间节约效益以客运量中的生产人员数计算,并考虑节约的时间只有一半用于生产目的。具体计算见式(5-11)。

$$B_{2客} = \frac{1}{2} \times \frac{I \cdot Q \cdot T}{8 \times 365} \times U \tag{5-11}$$

式中:$B_{2客}$——旅客在途时间节约效益;

I——计算年度生产人员的年均国民收入;

Q——高速公路的客运量;

U——旅客中生产人员比重；

T——项目节约的旅客运输时间。

高速公路具有明显的运行时间节约效益，这是无可置疑的。但要将此效益货币量化，并取得令众人信服的评价结果，却并非易事。由于不同的使用者具有不同的时间利用效率，利用节约的运行时间从事的是获利高低不等的经营或创收活动，人们为增加休闲时间支付货币的意愿也存在较大的差异，所以量化有较大的难度，也难以完全避免判断上的主观随意性。

3）交通事故减少效益

高速公路运营后使得交通事故减少，其效益以事故率差及事故平均损失费用计算。计算见式(5-12)。

$$B_3 = P \cdot (J - K) \cdot M \tag{5-12}$$

式中：B_3——交通事故减少效益；

P——公路交通事故平均损失费；

J——原有公路的事故率；

K——新建高速公路的事故率；

M——高速公路通行量。

交通事故损失费可以参照现有事故赔偿处理情况来确定。高速公路和原有公路的事故率，可以参照统计资料和预测数据确定。

总的来说，高速公路相对于普通公路而形成的级差效益主要表现在3个方面：

(1)运行成本降低的效益(B_1)，包括油料的节省、维修费用的降低、轮胎消耗成本的下降，减少货损，缩短里程的效益等等；

(2)行驶时间的节约(B_2)，包括货物运行时间减少、资金周转加快的效益，驾驶员工作时节约的效益，旅客时间节约的效益等；

(3)交通事故损失减少的效益(B_3)，这些效益都是道路使用者能够直接得到的。

高速公路的级差效益也是影响交通量转移的重要因素之一，通常情况下，级差效益越高，对道路使用者的吸引力越大，转移到高速公路上的交通量就越大；反之，转移到高速公路上的交通量就越小。因此，制定收费标准必须参考其级差效益。

5.2.3.2 高速公路沿线经济发展水平

高速公路的兴起，对经济的现代化起了巨大的促进作用。反过来看，在一定时期内、一定区域的经济发展水平也影响了该区域内高速公路的发展及其经营管理水平。高速公路沿线其他收入是指高速公路沿线除去收取通行费以外的其他收入，主要包括服务区收入、广告收入等。这些可以根据历史资料或者其他高速公路的资料，取其单位平均值作为高速公路沿线收入的标准用以计算这个指标。一定区域内的经济发展水平因素及其变动，对高速公路的收费标准的确定及其变化有一定的影响和作用。但在实践中，要具体把握两者之间的定量关系是十分困难的，即使能做到并且按照这种关系确定了比较细分的标准，操作起来也相当烦琐复杂。因此，在考虑经济发展水平因素的影响作用时，常常通过对道路作用区域范围内的经济发展水平及其结构的具体识别，结合其变动趋势比较定性地把握制定标准。

5.2.3.3 国家财政补贴

政府对高速公路的收费管理，尤其是对收费标准的干预是由于公路基础设施这种公共物品的巨大的外部经济性的基本特性决定的。高速公路的外部经济性表现在量上，是指高速公路的使用能给道路用户带来很大的使用效益,如行驶费用与时间费用的大量节约等;表现在作用范围上则是指道路基础设施必须向社会开放,以支撑社会经济运转。高速公路这种巨大的外部经济性决定了即使是在市场经济或者局部市场经济的环境中,只靠收费标准调节来实行道路管理是不够的,还必须同时要求政府采取有关措施,来扩大这种外部经济的覆盖面和覆盖程度,控制外部经济、保证私人成本和私人利益同社会成本和社会利益的一致性,借以优化资源配置。加之高速公路的建设所需投资庞大,资金筹集速度要与工期进展吻合,在经营管理中由于道路设计交通量的形成需要一定的时期,因此在道路经营初期会出现一定量的亏损等,这些特征都要求政府必须以相应的经济政策手段介入道路的收费管理。

在政府干预道路建设和经营管理的有关政策措施中,最常用的有经济补贴政策和税收政策两种:经济补贴政策主要是指从道路的供给管理入手,包括直接将补贴资金给从事道路投资的经营体或者以事先参股的身份介入道路的经营管理和向补贴的企业提供低价投入品(主要是道路建设的材料和机械)两种形式。而税收政策则从道路的供给管理和道路用户的需求管理两方面入手,主要包括减免对一定时期内道路经营收入的征税和根据道路用户使用道路的收益程度或其他效益目标来调整有关税收两种形式。它们对标准的确定都有一定程度的影响。

5.2.3.4 当地路网情况

某条收费公路是否具有与其平行的免费公路,也是制定合理收费标准的考虑因素。在存在免费平行公路的情况下,由于消费者很可能会选择使用免费公路,此时可以考虑给予收费公路的经营者一定的定价权,根据需求弹性来确定收费标准。但这样做的前提是由经营者决定的收费标准不得超过政府制定的收费标准的上限以保护公路使用者的合法权益。在不存在免费平行公路的情况下,收费公路实际上就成了垄断性公路,此时便不能赋予经营者定价权,否则经营者可能会在追求垄断利润目的的驱动下确定较高的收费标准,从而损害了公路使用者的合法权益,也会造成该收费公路的社会效益的下降。

5.3 高速公路计重收费标准定价理论

5.3.1 高速公路计重收费的经济学基础

1)公共经济学理论

现代公共经济学理论对公路的计重收费制度具有重要的影响。公共经济学将物品分为私人物品和公共物品。私人物品具有消费上的排他性,而公共物品则具有消费上的共享性特点。作为公益性基础设施的公路是特殊的公共物品,具有明显的非竞争性和非排他性的特点,使公路具有天然的垄断性,因而必须受到政府管制,也决定了路权的归属是国家。公路具有明显的外部性经济效果,只有由政府负责规划、建设、养护和管理才有助于最优配置资源,发挥最优的经济效益与社会效益。如果政府以税收形式收取的资金能满足公路网建设与维护的需要,就不应该收取通行费,但事实是公路建设资金相对短缺。为了有效提供这一特殊的公共物品,政府只能采取收费的形式筹集资金,这也是世界上许多国家都采取的方式。这种方式对维持公路的滚动发展提供了良好的保障。公共物品具有共享性并不意味着人人都可免费使用,因为生产用之于民的公共物品所需的开支取之于民。因此计重收费从公共经济学理论角度分析是合理的。

2)现代经济学理论

根据现代经济学理论,建造与经营公益性基础设施所需的费用,应当以征税或收费的形式收取,由全体公益性基础设施的使用者或受益者共同负担。服务于全社会的公益性基础设施由全社会公民共同负担。如果服务于特定对象则由特定的受益者负担而不应该转嫁到他人头上,即符合“谁受益、谁负担;多受益、多负担”的公平原则。而公平原则正是计重收费的基本原则之一。

其次,由于当前我国公路网建设还远远不能满足国民经济发展的需要,还处于很不饱和的状态,体现出了明显的稀缺性。按照现代经济学基本观点,对稀缺的公路资源施行计重收费来合理配置,可以发挥提高公路网整体效益的作用。目前我国正在建立和发展社会主义市场经济体制,在市场经济下,应主要通过市场来配置有限的经济资源,以求取得最大限度地提高有限资源的使用效率。计重收费可以克服有些公路使用率少,而有些公路又被过度使用造成了资源的闲置和不合理配置的问题。

3)福利经济学原理

货运作为一种市场行为,毫无疑问,驾驶员将想方设法追求利润最大化。在多拉货不多交道路通行费的前提下,选择超限运输是驾驶员获取利润的主要手段。对货车驾驶员而言,当其运货的边际收益大于边际成本时,就会选择运货。而计重收费的好处在于货车多拉货多付通行费,少拉货少付通行费,超限运输反而可能导致“吃力不讨好”的亏本结果。在这种情况下,根据福利经济学原理,驾驶员完全可以找到一个成本效益临界点,使其运输效益达到帕累托最优,既能多拉货,又能少付通行费。如果所有的驾驶员都这样,既可以维护良好的货运市场秩序,使资源得到最合理的配置,又能解决现在供大于求的货运现实(实施计重收费之前货车超载许多在100%以上,一个车运的货可以供合理运输时两个或三个车运输,意味着在合理运输时可以为货车提供一倍以上的就业机会),使驾驶员与公路得到双赢。而计重收费的产生正是以此为理论基础的。

在市场经济下,竞争是市场经济有效性的最根本保证。市场机制正是通过优胜劣汰的竞争,迫使企业降低成本、提高质量、改善管理、积极创新,从而达到提高效率,优化资源配置的结果。但竞争必须有效,否则也很难取得良好的效果。从当前我国货运市场来看竞争非常无序。由于供求关系失衡,同时又缺少有效的经济手段加以约束,使得货运市场很混乱,不超载就无法生存是许多货车驾驶员不得不面临的现实。而经济手段是维系市场经济秩序的最有效手段。经济手段就是市场经济的维系者通过经济政策、经济组织、经济力量,借助利益诱导机制引导市场主体自觉规范有序地从事经济活动。货车运输业作为一种市场行为,最好的治理方法还是应该按照市场规律和经济规律,以经济手段加以治理。货车超限、超载运输的最大目的是为了追求赢利最大化,计重收费作为经济手段将使超限、超载者无利可图,车主将被迫采取其他服务手段从事运输,这样可以达到遏制货车超限、超载、大改小、改装拼装汽车等一系列非正常的经济行为的目的,从而净化规范的公路运输市场,维护公平、正当竞争,保护国家、集体和个人的正当权利。

5.3.2 高速公路计重收费标准制定理论

根据定价基础的不同,目前计重收费标准的确定方法可大致划分为两类:两部定价法和转换定价法。

1）两部定价法

两部定价法所形成的价格结构由两部分组成：一是与使用量无关的“基本费”；二是根据使用量收取的“从量费”。两部定价法在传统公路收费标准的定价理论中有过很多的应用，王建伟等人（2004）第一次将其应用到计重收费标准的定价中。首先，对每一条道路使用者征收一笔固定费用 C/Q；然后，再按个别道路使用量 q_i，乘以边际成本 c 向每条道路使用者收取从量费，见式（5-13）。

$$P_i = \frac{C}{Q} + c \cdot q_i \tag{5-13}$$

式中：C——高速公路的固定成本；

c——边际成本；

Q——总需求量；

q_i——个别道路使用量；

P_i——计重收费标准。

在确定边际成本时，仅考虑大中修费用。采用两部定价法确定计重收费标准的模型见式（5-14）。

$$p_i = \sum_{j=1}^{7} \frac{C_j}{Q} + \frac{c_{\mathrm{D}}}{N_{\mathrm{D}}} \sum_{i=1}^{n} c_{i1} \cdot c_{i2} \cdot \left(\frac{q_i}{q}\right)^k \tag{5-14}$$

式中：n——车辆的实际轴数；

c_{i1}——轴组系数；

c_{i2}——轮组系数；

c_{D}——大中修费用；

N_{D}——公路需大修的累计标载作用次数。

王建伟等人为计重收费标准的定价提供了一个比较好的模式，也是到目前为止，真正从定价理论的角度采用数学的方法对计重收费标准进行独立分析为数不多的研究；但该研究仍然摆脱不了对传统收费标准的依赖，基本费 $\sum_{j=1}^{7} C_j/Q$ 取值仍旧是生硬的采用人为赋值，而不是通过结合计重收费的特点科学测算得到。

2）转换定价法

所谓转换定价法是指在确定计重收费模式后，以原收费标准为基础，采用一定的数学方法将元/（车·km）转换为元/（t·km），从而得到相应的计重收费标准的定价方法。目前国内大部分关于计重收费标准定价方面的研究，其定价思想基本都可用以下几个步骤进行描述：

（1）确定计重收费原则和计重收费模式。

（2）确定计重质量。计重质量是指按质量计算收费时根据一定方法求出的计费依据。计重质量与货车的实际载重量有所区别，在不超限和允许的范围内，计重质量和实际载重量相同。

（3）划分计重区间。根据车货总重的不同区间采用差别费率标准，同时根据5公路汽车征费标准计量手册6中所列各车型的整备质量和额定载质量，划分计重区间。

（4）通过收费标准转换生成理论计重收费曲线。根据计重区间的划分各抽取一定数量的货车样本，将所有样本在以质量为横轴以原收费标准为纵轴的坐标图上描点，根据计重费率质量对应点的分布情况，形成理论计重收费曲线。

(5)方案比选。根据计重收费对各利益主体的影响以及其治理超限运输的有效性多角度详细测算并分析,多种方案对比分析以求得出最为合理的方案。如通过分析“大吨小标”“绿色通道”等因素对计重收费标准的计重收费方案进行优化;另外,也有通过方案比选时考虑了方案对收费额的影响、治超效果、社会认可度、消费者认可度、管理和运行、风险与机遇等因素。

转化定价法是基于对计重收费尽量与原分车型收费平稳过渡考虑的前提下所提出,因此,其所具备的优越性是,能较好保持现收费系统的稳定性,确保收费方式的平稳转换。正是基于这点考虑,《指导意见》中推荐的计重收费标准定价采用的就是转换定价法。然而,由于该方法的提出基于对传统收费标准的完全肯定,且没有考虑计重收费的自有特点,具有很大的局限性。

综上所述,以上计重收费标准定价的研究,存在以下不足:

(1)完全把收费道路(高速公路)当作垄断性产品,经营者为实现自己的目的享有绝对的定价权,虽然在制定计重收费标准时会考虑到治超效果、“大吨小标”等因素,但是更多的是把自己作为绝对的领导者,很少或简单地考虑用户的反应,不仅不能有效发挥收费道路的社会效益,而且在民主与法制逐步健全的社会中有失公平性。

(2)计重收费与分车型收费的定价目标和功能不同,后者的定价目标是收费还贷或收费经营,而前者的定价目标在后者的基础上增加了鼓励空车和大型车、惩罚超限等目标。因此,若盲目地将分车型收费标准通过数学手段转换为计重收费标准,将不能较好地发挥计重收费的功能。

(3)原收费标准的确定本身存在主观定价的因素,随着计重收费的深入实施,货车的车型结构和运输结构将出现较大程度的改变,单纯按原收费标准转换,不符合计重收费的特性,且不严谨、不科学。

(4)主观生硬地给出不同超限程度的超限加成系数,没有对超限运输的外部成本进行定量分析,使得计重收费的治超功能大打折扣。

(5)忽视了政府、道路经营者和使用者三者互相关系的研究。

6　基于成本加成法的计重收费费率测算模型

本章首先分析采取成本加成法测算收费标准的合理性；然后对收费还贷性高速公路和经营性高速公路分别提出成本加成法计重费率测算模型，并且对其主要特点和新的发展模式进行了介绍；最后以云南省昆明市绕城高速公路东南段为实例进行研究，测算得到其合理的费率，并对其项目还贷能力与盈利能力进行评价。

6.1　应用成本加成法分析现行收费标准的合理性

6.1.1　成本加成法的基本概念

以成本为主要依据加上一定税金和利润来制定价格的方法称为成本加成定价法，也叫做成本导向法。企业出售商品或提供劳务的价格是由企业成本、应纳税金和利润三部分组成的。成本是企业生产和销售产品或提供劳务所耗费的各项费用之和，它是构成价格的基本因素，也是价格补偿价值的最低经济界限。企业在不同的经营要求下价格补偿的成本形态很多，有完全成本、变动成本、边际成本、平均成本以及目标成本等。相应的成本导向定价法也很多，本书主要讨论的是平均成本形态的成本加成法在确定高速公路收费标准中的应用。成本加成定价法的关键因素：

（1）核算成本。首先，成本应当是高速公路的建设运营管理税收等等方面的支出成本。其次，投资模式不同，作为定价基础的"成本"概念和范围也不同，对于政府还贷公路，定价成本中就不应当包括政府投入的资本金部分，主要是贷款本息和运营成本，是不完全成本；经营性公路，则应当是完全成本。其三，成本中不仅包括建设成本，还应当包括养护和管理、运营成本。其四，确定定价成本，对成本项目进行分析，使定价基础建立在科学合理的基础上。

（2）税金按政府规定缴纳，是已知量，关键是利润率因素。首先，利润率应当取社会平均利润率。其次，计算利润时应当考虑收费公路的全部收入，对收费公路的收益水平以及公路沿线经济发展水平进行评估，合理确定收益率。在合理确定成本与加成比例之后，收费费率的确定与还贷成本反算法相同。成本加成法简便易行，锁定了定价成本，能确保合理成本得到补偿，得出补偿的不仅是成本支出，还包括运营企业能够得到合理的投资回报。

6.1.2　运用成本加成法测算的合理性

高速公路是具有准公共产品特征的混合产品。西方经济学中对高速公路的性质问题进行了广泛的讨论。按照萨缪尔森对公共产品和私人产品划分的定义：在公路不存在拥挤现象的情况下此时拥挤成本为零。因为拥挤造成排队现象，浪费了时间，所以产生了成本，它表现为公共产品，具有非排他性和非竞争性的特征；而当消费者增加到一定数量，拥挤现象产生后，公路又具有排他性和竞争性的私人产品特征。对高速公路收费的经济原因是为了降低拥挤成本，增进社会福利，主要可以通过明确界定产权，通过价格调节机制增加准公共产品有效供给，公共产品异化演绎成为私人产品的问题。而具有竞争性、排他性特征的私人产品，由私人提供比由政府提供更有效率，那么在完全竞争市场中，价格是确定资源配置的唯一标准。那么对高速公路收费的问题，实质上是通过价格调节机制增加有效供给，从而增进整个社会福利。

结合高速公路具有较强的自然垄断性和准公共产品属性，决定了在测算高速公路计重收费标准时要兼顾高速公路的营运企业、道路使用者和政府三者的利益。对于这种准公共物品的收费是一项复杂的系统工程，其中最重要的一步就是测算收费标准。那么，收费标准的确定必须从其对各利益主体的影响以及其治理超限运输的有效性多角度详细测算并分析，以求得出最为合理的方案。所谓合理的收费标准，应该能够反映政府、运营企业和公路使用者三方的利益，是政府纠正市场失灵的结果。

针对计重收费下高速公路通行费标准的特性，本书采用政府管制下的企业成本加成法来确定和分析计重收费的合理收费标准。这种定价方法的思路是来源于成本反算法，即是通过把高速公路建设成本、运营成本等各种成本之和加上公路营运企业所要获得的利润，再加上要上交给国家的税金，减去国家补贴就构成了公路使用者所要负担的全部费用；以此费用除以该条高速公路形成的全部产品的客货重量即高速公路收费交通量吨位，就形成了高速公路的计重收费标准。其主要思路是从高速公路管理者控制各项运营成本的角度出发的，定价仅以偿还寿命周期中各阶段成本为目标，所获得的小额利润仅以维持高速公路运营成本为宜。同时，考虑了消费者使用高速公路获取的级差效益与付出的代价之间的比例。此模型弥补成本反算法中没有考虑到消费者的效益，模型一方面侧重于成本补偿，另一方面也考虑到消费者的承受能力，从而保证了消费者、高速公路运营企业以及政府三者的利益。

本书认为，运用成本加成法来分析高速公路收费标准，在一定程度上可以克服前述模型中提到的不足，具有一定的合理性。

1）理论上具有合理性

成本加成法是以成本为基础加上合理的利润税金来确定收费标准的一种方法。以路养路，收取通行费来发展高速公路是为了解决国家财政不足而出现的一种新的公路建设投融资形式。在财力不足的情况下，国家为解决国民经济发展瓶颈的基础设施问题，实行有偿经营的方式来发展高速公路。这种方式下国家贷款修建高速公路，通过收取车辆通行费来偿还贷款本息，贷款本息偿清之后终止收费；或者把高速公路经营权转让给投资者，投资者在收回成本、获得一定的经济利益之后不再收费，把高速公路归还给国家。高速公路建设所需的成本，通过对使用者收取车辆通行费得以补偿，符合“谁受益、谁负担”的经济学原则。

2）实践上具有实用性和可控性

首先，成本加成法的成本内容是具体的、客观的，这为收费标准的制定提供了客观依据。因此，用这种方法确定高速公路收费标准，在操作过程中对高速公路建设、经营成本以及利润加以规范，一定程度上可以制止乱收费的现象；同时成本加成法确定收费标准比较明了、简单、易于操作。

3）体现了公平原则

高速公路用成本加成法来计算收费标准，投资者投资修建、经营高速公路要付出一定的成本代价，这种成本代价要求一定的经济回报是合理的。同样，使用者使用高速公路，享受其服务，获得了一定的效益，为此也应付出一定的经济代价。以成本加成法计算的高速公路收费标准是高速公路投资者和使用者双方收益与代价的一种体现，符合公平原则。

4)这种测算方法比较的直观

把与收费标准确定的重要因素都考虑在内,同时此模型使用的是四阶段法、趋势预测法的交通量预测方法下的交通量,在一定程度上弥补了成本反算法模型中采用的传统的预测方法带来的偏离。同时,在本模型中还综合考虑了消费者所获得的级差效益和付出代价的比例关系,综合地考虑了政府、运营企业、公路使用者三方的利益,这也是本模型的创新点。

6.2 构建计重收费费率标准成本加成法模型

本书论述的成本加成法是高速公路经营单位在政府交通主管部门的参与配合下制定收费标准的一种方法。其基本思路是政府交通主管部门通过搜集、加工高速公路经营单位的数据资料,运用统计分析方法制定出高速公路成本定额。企业以该成本定额为基础,通过适当的调整之后加上适当的利润和需要上交给国家的税金,就构成了高速公路使用者需要负担的全部费用,以此费用除以高速公路全部收费交通量就形成了该条高速公路的收费费率标准。

6.2.1 制定收费还贷高速公路计重收费费率标准模型

由于还贷模式下的高速公路收费主要目的是未来偿还建设贷款、养护管理费用和利息,实现道路建设项目的收支平衡,因此这类高速公路所确定的收费标准应该以能够保证在规定期限内还清全部贷款本金和利息为原则,平衡财政约束条件下实现社会福利的最大化,而不是利润的最大化。

在上述提到的收费标准制定原则下,基于成本加成法制定高速公路收费标准的基本思路,一方面要站在企业的角度来确定收费标准,对企业而言,只有建设运营成本小于实际的运营收入(收费收入),才存在高速公路的投资;另一方面,要站在消费者的角度来确定收费标准,消费者只有在使用高速公路获得的实际收益大于等于其付出的成本(缴费金额),才会存在高速公路的使用。本书分别从两者的利益出发,提出了成本加成法的高速公路收费费率标准制定模型,根据平均成本定价原理以及实现定价期间收支平衡为目标,可以得出以下模型,见式(6-1)~式(6-4)。

$$\begin{cases} \sum_{\tau=1}^{n}(T_\tau + E_\tau + S_\tau)(1+j)^{-\tau} = A + \sum_{\tau=1}^{n}(B_\tau + C_\tau)(1+j)^{-\tau} \\ T = \sum_{\tau=1}^{n} T_\tau \leqslant \dfrac{H}{2} \end{cases} \tag{6-1}$$

式中:τ——高速公路开始收费的第 τ年,如收费第一年 $\tau=1$,并且时间点为该年年末;

n——高速公路收费还贷的收费年限;

T_τ——第 τ年的各车型通行费收入之和,元;

E_τ——第 τ年的沿线其他收入(如广告收入等),元;

S_τ——第 τ年的政府补贴额,元;

B_τ——高速公路第 τ年的养护、维护、管理成本,元;

C_τ——高速公路第 τ年的应交税金,元;

A——高速公路建设成本,该成本指各年建设成本折算到收费初始年初(建设结束年末)的成本,元;

j——贷款或者集资的平均利率；

T——高速公路各年通行费收入之和,元；

H——高速公路使用者各年获得的级差效益之和,元。

其中：

$$
\begin{aligned}
T_\tau &= (T_{Bk} + T_{Ck}) \times 365 \\
&= [Q_{Bd} \cdot L \cdot \sum_{m=1}^{m} T_{Bm}(\alpha, f_m) \cdot \gamma_m + Q_{Cd} \cdot L \cdot \sum_{i=2}^{i}\sum_{j=1}^{j} T_{Cij}(\beta, \overline{G_{ij}}, \omega_i) \cdot \gamma_{ij}] \times 365
\end{aligned} \tag{6-2}
$$

$$
T_{Bm}(\alpha, f_m) = \alpha \cdot f_m \tag{6-3}
$$

$$
T_{Cij}(\beta, \overline{G_{ij}}, \omega_i) = \begin{cases} \overline{G_{ij}} \leqslant \omega_i, & \text{采用正常装载计重公式} \\ \overline{G_{ij}} > \omega_i, & \text{采用超限装载计重公式} \end{cases} \tag{6-4}
$$

式中： Q_d——第 τ 年的日断面交通量(自然数)；

Q_{Bd}——第 τ 年的平均每日客车断面交通量(自然数),辆/日；

Q_{Cd}——第 τ 年的平均每日货车断面交通量(自然数),辆/日；

T_{Bk}——第 τ 年的平均每日客车实收金额,元；

k——收费车型种类；

T_{Ck}——第 τ 年的平均每日货车实收金额,元；

L——该路段收费里程,km；

$T_{Bm}(\alpha, f_m)$——第 τ 年的客车各类车型每车公里实缴收费额函数,元；

$T_{Cij}(\beta, \overline{G_{ij}}, \omega_i)$——第 τ 年的货车各轴车辆在正常装载或超限装载不同情况下每吨公里实缴收费额函数,元；

γ_m——第 τ 年的客车各车型车辆占客车总流量比率,m 为客车收费车型种类；

γ_{ij}——第 τ 年的货车各轴车辆在正常装载或超限装载不同情况下占货车总流量比率,i 为货车各轴轴数种类,一般分为 2、3、4、5、6 及以上；

j——货车在正常装载或超限装载不同情况下的计重区间(下同),一般分为六个,即正常装载与超限装载各分成三个计重区间；

α——第 τ 年的客车各类车型基本费率,元/(车·公里)；

f_m——第 τ 年的客车各类车型收费系数；

β——第 τ 年的货车计重收费基本费率,元/(t·km)；

$\overline{G_{ij}}$——分析时期内货车在正常装载或超限装载不同情况下的平均车货总重,t；

ω_i——各轴货车车辆所对应的公路承载能力认定标准,t。

另外,由式(6-1)可知,等式的左边为所有收费年份的通行费收入与其他收入折现到收费初始年初的现值;等式右边为项目建设年份与收费年份的所有成本总额折现到收费初始年初的现值。这里的成本总额和一般意义上的成本含义是不相同的,它是指高速公路建设营运过程中所有各项支出的总和,不仅包括了公路建设、营运成本,还包括了税金。因为这些支出都是高速公路经营单位为提供高速公路通行服务所必须耗费的,在成本加成法制定收费标准下都应由高速公路使用者负担。

这里需要说明的是在具体的计重费率标准测算中,根据式(6-1)～式(6-4)、级差效益计算方法、财务成本分析、经营能力分析(如贷款偿还分析)以及本书第4章《高速公路计重收费通行费计算理论模型》知识,采用插值法来推理得到收费还贷高速公路计重收费基本费率标准。

6.2.2 制定经营性高速公路计重收费费率标准模型

当道路收费的目的是收回投资并取得一定的利润时,这种收费是经营性收费。经营性收费在特许经营期内收回投资的同时,必须取得投资利润,甚至是高额利润。经营性收费的投资商在主观上要求在特许经营期内实现最大限度的商业利润,故此收费标准既受投资成本和投资回报率的影响,在实际工作中可以应用预期收益率 X 或者称为投资报酬率的方式确定收费标准。则按现值及收益率可得资金平衡方程式,见式(6-5)。

$$\begin{cases} \sum_{\tau=1}^{n}(T_{\tau}+E_{\tau}+S_{\tau})(1+X)^{-\tau}=A+\sum_{\tau=1}^{n}(B_{\tau}+C_{\tau}+P_{\tau})(1+X)^{-\tau} \\ T=\sum_{\tau=1}^{n}T_{\tau}\leqslant\frac{H}{2} \end{cases} \tag{6-5}$$

经营性高速公路收费费率式(6-5)与式(6-1)不同的是,经营性高速公路的收费标准获得的是收益率 X。不同的投资人有不同的期望值,但是一般是参照交通行业基准收益率(税后7.00%)或平均利润率。其中 P_{τ} 表示第 τ 年的投资利润,单位:元。成本总额不仅包括了公路建设、营运成本,还包括了税金和利润。

这个模型只是理论上的推导,是核定收费标准是否合理时的计算公式。在实际制定和调整收费公路价格水平时,还受以下因素的制约:即公路使用的效益分享原则。收费公路创造的效益应在经营者和消费者之间合理分摊,即生产者剩余和消费者剩余的合理分割问题。世界银行建议收费公路价格应按使用者获得效益的30%~50%核定;亚洲开发银行则建议最好不要超过30%;而美国人只愿按其收益的20%支付通行费。据我国交通运输部公路研究所的有关专家测算,按照世界银行的建议比较合适。以便满足在收费期限内还贷或者收回投资并取得合理回报的要求,也使得高速公路使用者能够获得充分多的利益以吸收更多的交通量。

6.3 成本加成法计重收费费率标准模型的主要特点

成本加成法计重收费标准模型和其他收费标准制定模型相比较而言,具有以下特点。

1)模型中综合考虑了使用者、经营者和政府三者的利益

上述成本加成法收费标准制定模型遵循了收费标准的制定原则,综合考虑了使用者、经营者和政府三者的利益。其中模型中平均利润率的规定是对经营者利益和政府利益的考虑,从一定程度上保证了经营者的经济利益,使得高速公路的建设、运营投资能够得到回收并获得一定的报酬。同时,平均利润率的规定也一定程度上防止了具有自然垄断性的高速公路行业谋取超额报酬的可能性,有利于高速公路社会效益的充分发挥,体现了政府和企业的利益。模型中级差效益的约束条件是对使用者利益的考虑,成本加成法收费标准制定模型中规定收费标准不能超过高速公路给道路使用者带来的级差效益的一半,确保了高速公路使用者在使用高速公路的过程中能够获得更多的收益。

2)大大提高经营者的管理效率

与一般意义上的平均成本法相比,此模型可以在一定程度上提高高速公路经营企业的管理效率。平均成本法下经营者的利润率是固定的,因此失去了提高管理效率的动力。本书收费标准制定模型中,收费标准确定依据的成本是地区平均成本,因此当个别经营成本低于平均成本时,经营者获得的利润就会更多,经营者更愿意提高管理效率,降低自己的经营成本。同时,经营者可以分别用自身个别成本和地区行业平均成本来计算高速公路的收费标准,并进行比较衡量,以判断自己经营的高速公路收费标准是否影响了道路的交通量,是否能使经营利益达到最大化。在比较衡量之后经营者会努力降低经营成本,提高经营效率以增加经营利润。

3)更有利于交通主管部门对高速公路收费标准的管理

用地区平均成本作为统一的成本内容,来制定高速公路收费标准,政府管理部门只需要根据历史资料,综合制定出一个地区的平均成本定额,以此作为高速公路收费标准的依据。在对单个高速公路收费标准的审批时,只需要看其成本的调整是不是有凭有据,一定程度上便利了政府主管部门对高速公路收费标准审批的管理。

4)成本加成定价模型存在的弊病

由于模型建立的基本原则和假设前提并没有改变,即该模型否认了收费标准和预期收费交通量之间相互依赖的函数关系,尽管本书已经采用了现行较为准确的交通量预测方法来预测未来几年的交通量,但是它们之间的动态关系以及相互影响的弹性系数,涉及较多的道路专业的交通量转移知识。考虑到篇幅,本模型没有对这一关键的变量进行模拟,所以将会导致收费标准的确定不够完美;这样的模型更适用于垄断性的收费公路,如应用于竞争性路网中的收费公路,就会产生一定的收费交通量误差,也可能会造成收费标准的设置不合理。

6.4 成本加成法桥隧单独收费的计重收费费率标准新模式

由于特殊的地形地貌,我国西南地区高速公路桥梁和隧道占比大、造价高。据统计,目前云南省已通车高速公路100m以上的桥梁和隧道占总里程20%以上,其中500m以上的桥梁和隧道占总里程高达8%,100m以上桥梁和隧道平均每公里造价为普通路段的3倍以上。鉴于这一特点,基于成本加成法原理,近几年我国四川、贵州、重庆、湖北和山西等省份陆续对500m以上的桥梁隧道实行客车按车型、货车按计重单独计费,分别确定普通路段费率及桥梁隧道费率,合并收取通行费,对桥梁隧道投资能够给予适当补偿。桥隧费率高于普通路段,更能较好地体现单位造价的差异,实际执行中能实现不同路段收费标准不同。

1)四川省桥隧计重收费费率标准新模式

目前四川省高速公路桥隧比例在10%左右,到“十二五”末,四川省高速公路桥隧比例预计达到30%左右。四川省采取对指定的桥隧单独计费,与普通路段通行费合并征收的方式,客车桥隧部分收费额 = 指定桥隧的收费标准 × 车型计费系数(车型计费系数为1:2:3:4:5);货车桥隧部分货车收费额 = 桥隧基本费率 × 桥隧里程 × 车货总质量[桥隧计重收费基本费率为0.65元/(t·km)],具体见表6-1。

四川省桥隧单独收费费率标准新模式　　表 6-1

车类	基本费率	说明
客车	0.43～0.50（普通路段费率）+桥隧费率	①对指定的部分桥隧单独计费，合并征收通行费。 ②桥隧部分客车收费额＝指定桥隧的收费标准×车型计费系数。其中：指定桥隧的收费标准因不同路段的桥隧而定；车型计费系数为1∶2∶3∶4∶5。 ③桥隧部分货车收费额＝桥隧基本费率×桥隧里程×车货总质量，桥隧计重收费基本费率为0.65元/(t·km)
货车	0.075（四车道普通路段费率）+桥隧费率	
	0.095（普通路段费率六车道）+桥隧费率	

2）贵州省桥隧计重收费费率标准新模式

据统计，目前贵州省纳入计费的桥隧里程（>500m以上的桥隧）300km有余，桥梁隧道高达15%。贵州省采取对500m以上桥隧单独计费，与普通路段通行费合并征收的方式，客车桥隧部分收费额＝桥隧基本费率×车型计费系数（车型计费系数为1.0∶1.5∶2∶3.5）×桥隧分类系数，桥隧基本费率为1.10元/车次，桥隧分为五类，一类桥隧500～1 000m、二类桥隧1 000～1 500m、三类桥隧1 500～2 000m、四类桥隧2 000～2 500m、五类桥隧2 500m以上，桥隧分类系数1∶2∶3∶4∶5；货车桥隧部分收费额＝桥隧基本费率×桥隧里程×车货总质量[桥隧计重收费基本费率为0.32元/(t·km)]，具体见表6-2。

贵州省桥隧单独收费费率标准新模式　　表 6-2

车类	基本费率	说明
客车	0.50（普通路段费率）+桥隧费率	①对符合收费条件（四车道500m以上）的桥隧单独计费，合并征收通行费。 ②桥隧部分客车收费额＝桥隧基本费率×车型计费系数×桥隧分类系数，其中：桥隧基本费率为1.10元/车次，车型计费系数为1.0∶1.5∶2∶3.5，桥隧分类系数1∶2∶3∶4∶5（一类桥隧500～1 000m、二类桥隧1 000～1 500m、三类桥隧1 500～2 000m、四类桥隧2 000～2 500m、五类桥隧2 500m以上）。 ③桥隧部分货车收费额＝桥隧基本费率×桥隧里程×车货总重，桥隧计重收费基本费率为0.32元/(t·km)
货车	0.09（普通路段费率）+桥隧费率	

3）云南省桥隧计重收费费率标准新模式

由于云南省高速公路桥隧比例较大、桥隧建设成本较高的实际，参照贵州、四川的做法，对长度超过500m的桥梁、隧道单独计费、合并征收通行费。对超过500m的桥梁隧道单独计收通行费，基本费率客车不超过1.40元/(车·km)、货车不超过0.23元/(t·km)。客车桥隧部分收费额＝客车桥隧基本费率[元/(车·km)]×桥隧里程×车型计费系数，货车桥隧部分收费额＝货车桥隧基本费率[元/(t·km)]×桥隧里程×车货总质量，具体见表6-3。

云南省桥隧单独收费费率标准新模式　　表 6-3

车类	基本费率	说明
客车	0.50（普通路段费率）+桥隧费率	①对符合收费条件500m以上的桥隧单独计费，合并征收通行费。 ②桥隧部分客车收费额＝桥隧基本费率×车型计费系数，其中：桥隧基本费率为不超过1.40元/(车·km)，车型计费系数1.0∶1.8∶2.5∶3.5。 ③桥隧部分货车收费额＝桥隧基本费率×桥隧里程×车货总质量，桥隧计重收费基本费率为不超过0.23元/(t·km)
货车	0.09（普通路段费率）+桥隧费率	

6.5 实例分析

以新建昆明绕城高速公路东南段经营性高速公路为实例，基于成本加成法高速公路计重收费费率测算理论模型对其进行分析研究，得到收费费率标准。

6.5.1 项目背景概述

1)概况

昆明绕城高速公路东南段(以下简称“东南绕城高速”)项目起于中对龙，接昆明至嵩明高速公路和拟建的昆明绕城公路沙朗至嵩明段，止于晋宁余家海，接昆明绕城公路晋宁至安宁段。路线全长130.092km，其中普通路段里程为95.942km，占73.75%；500m以上桥梁和隧道里程为34.150km，占26.25%。

2)技术标准和建设规模

东南绕城高速公路采用双向六车道高速公路标准建设，设计速度为80km/h，路基宽度为32m。本项目主要技术标准为：

(1)车道宽度：3×3×3.75；

(2)平曲线最小半径一般值：400m；

(3)平曲线最小半径极限值：250m；

(4)最大纵坡：5%；

(5)汽车荷载等级：公路—Ⅰ级。

3)项目筹资方式及投资情况

东南绕城高速项目预计于2016年底建成通车，根据云南省交通运输厅关于昆明绕城高速公路东南段属性的审核意见(云交费[2013]931号)文件，该路段为经营性收费公路，收费年限为30年。项目初步设计总概算180.382 1亿元，其中，企业自筹33.003 7亿元，占18.30%；国家补助30.130 0亿元，占16.70%；银行借款117.248 4亿元，占65.00%。依据目前银行贷款利率情况，五年期以上长期贷款利率为6.55%，一年期短期贷款利率为6.15%。

4)项目的意义

昆明绕城高速公路东南段是国家高速公路网的重要组成部分，项目的实施将实现昆明市绕城高速外环闭合，全面形成昆明市“四环十七射”骨干路网布局，为我省南北大通道过境昆明提供了便捷通道；同时对于贯彻国家西部大开发和桥头堡战略，完善国家和云南省高速公路网，改善交通条件，分流过境交通，缓解城市交通压力，加强城市各组团之间的联系，促进区域经济社会协调发展都具有重要意义。

6.5.2 交通调查与分析

为了对东南绕城高速公路项目费率测算提供科学而可靠的数据支撑，必须充分掌握项目主要影响区域内公路网现状、相关道路交通现状，为本项目交通量预测以及通行费收入预测等提供基础数据。

1)区域现状公路网现状

东南绕城高速公路项目所在区域内已经建成通车的有昆玉、昆嵩、昆石、东连接线、安晋、西北绕城等高速公路，具体见图6-1所示。

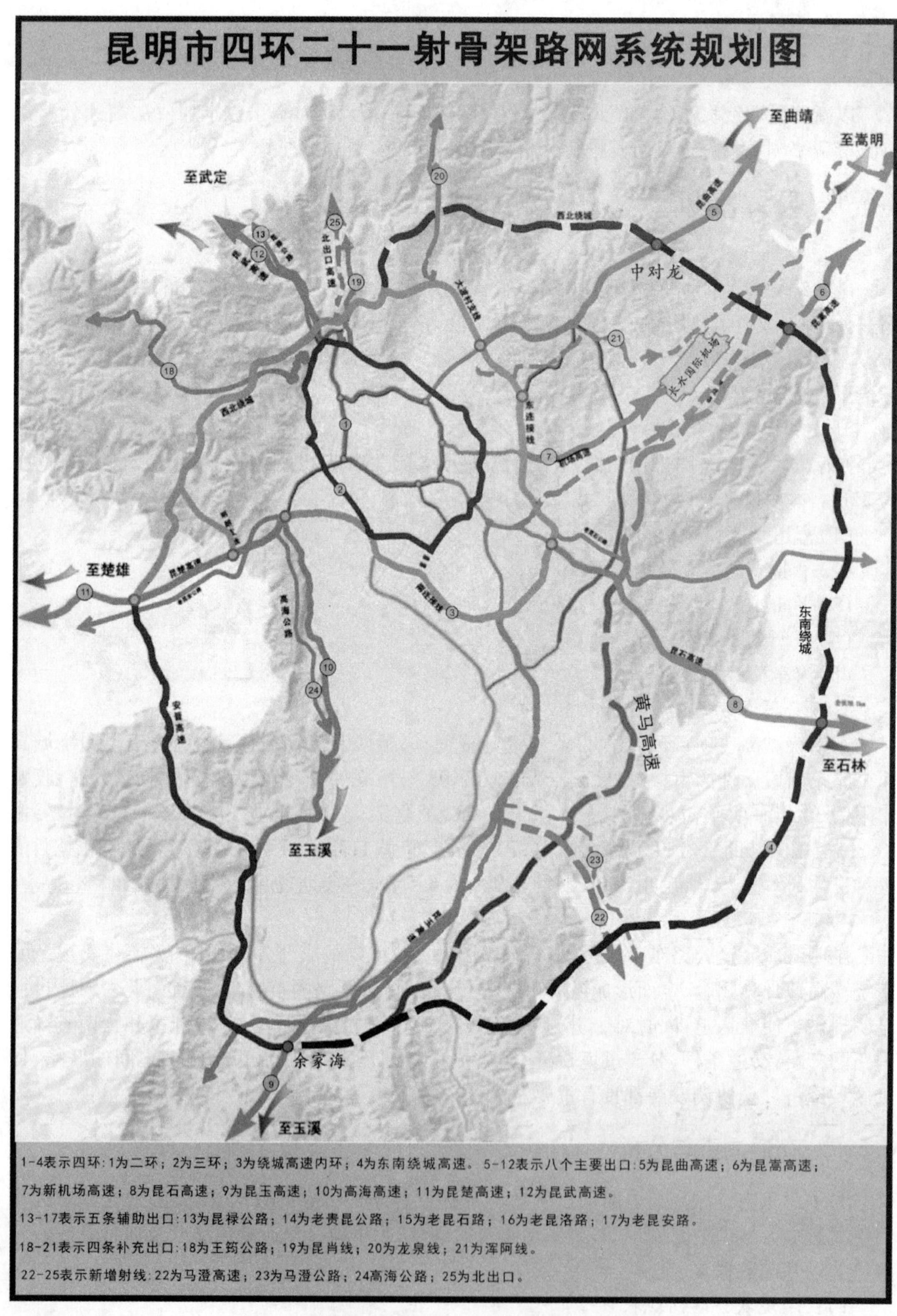

图6-1　项目区域公路现状及规划图

昆玉高速公路于1999年5月通车运营，路线全长86.300km，全线采用双向六车道高速公路标准建设；昆嵩高速公路于1996年3月通车运营，路线全长52.435km，全线采用双向四车道高速公路标准建设；昆石高速公路于2003年11月通车运营，路线全长78.070km，全线采用双向六车道高速公路标准建设；东连接线高速公路于2006年7月通车运营，路线全长25.482km，全线采用双向六车道高速公路标准建设；安晋高速公路于2010年12月通车运营，路线全长38.557km，全线采用双向六车道高速公路标准建设；西北绕城高速公路于2013年11月通车运营，路线全长55.174km，全线采用双向六车道高速公路标准建设。

2）交通数据采集与分析

为了能更加准确掌握东南绕城高速公路交通流量和车型构成情况，为未来年交通流量和通行费收入预测奠定基础，需要对项目主要影响区范围内昆玉、昆石、昆嵩、东连接线等高速公路的交通流量数据进行搜集整理分析，为项目流量和收入预测提供数据支撑；同时，需要对项目影响主要区域公路货物运载情况进行统计分析。

（1）昆玉高速公路

通过对昆玉高速公路2015年各收费站出入口交通量进行搜集整理分析，得到昆玉高速客货车比例、客车各车型比例、货车各轴比例，见表6-4～表6-6。

昆玉高速公路2015年客货车比例 表6-4

车型	客车	货车	合计
比例	75.02%	24.98%	100.00%

昆玉高速公路2015年客车分车型比例 表6-5

客车车型	一型车	二型车	三型车	四型车	合计
比例	95.43%	2.09%	1.66%	0.82%	100.00%

昆玉高速公路2015年货车各轴比例 表6-6

轴型	二轴	三轴	四轴	五轴	六轴	合计
比例	66.96%	9.73%	16.69%	2.23%	4.39%	100.00%

（2）昆石高速公路

通过对昆石高速公路2015年各收费站出入口交通量进行搜集整理分析，得到昆石高速客货车比例、客车各车型比例、货车各轴比例，见表6-7～表6-9。

昆石高速公路2015年客货车比例 表6-7

车型	客车	货车	合计
比例	74.89%	25.11%	100.00%

昆石高速公路2015年客车分车型比例 表6-8

客车车型	一型车	二型车	三型车	四型车	合计
比例	90.92%	1.76%	5.91%	1.41%	100.00%

昆石高速公路2015年货车各轴比例 表6-9

轴型	二轴	三轴	四轴	五轴	六轴	合计
比例	58.90%	9.76%	22.93%	3.38%	5.03%	100.00%

（3）昆嵩高速公路

通过对昆嵩高速公路2015年各收费站出入口交通量进行搜集整理分析，得到昆嵩高速客货车比例、客车各车型比例、货车各轴比例，见表6-10～表6-12。

昆嵩高速公路2015年客货车比例　　表6-10

车型	客车	货车	合计
比例	73.00%	27.00%	100.00%

昆嵩高速公路2015年客车分车型比例　　表6-11

客车车型	一型车	二型车	三型车	四型车	合计
比例	94.62%	0.73%	3.58%	1.07%	100.00%

昆嵩高速公路2015年货车各轴比例　　表6-12

轴型	二轴	三轴	四轴	五轴	六轴	合计
比例	65.22%	7.08%	16.71%	2.73%	8.26%	100.00%

(4)东连接线高速公路

通过对东连接线高速公路2015年各收费站出入口交通量进行搜集整理分析，得到东连接线高速客货车比例、客车各车型比例、货车各轴比例，见表6-13～表6-15。

东连接线高速公路2015年客货车比例　　表6-13

车型	客车	货车	合计
比例	62.65%	37.35%	100.00%

东连接线高速公路2015年客车分车型比例　　表6-14

客车车型	一型车	二型车	三型车	四型车	合计
比例	83.24%	7.26%	7.51%	1.99%	100.00%

东连接线高速公路2015年货车各轴比例　　表6-15

轴型	二轴	三轴	四轴	五轴	六轴	合计
比例	60.75%	8.25%	21.18%	3.08%	6.74%	100.00%

(5)东南绕城高速公路

通过对东南绕城高速公路周边路网车型构成情况，以及《昆明绕城高速公路东南段工程可行性研究》报告进行综合分析，预计得到东南绕城高速公路通车后车型构成情况见表6-16～表6-18。

东南绕城高速公路2015年客货车比例　　表6-16

车型	客车	货车	合计
比例	58.90%	41.10%	100.00%

东南绕城高速公路2015年客车分车型比例　　表6-17

客车车型	一型车	二型车	三型车	四型车	合计
比例	91.05%	2.96%	4.67%	1.32%	100.00%

东南绕城高速公路2015年货车各轴比例　　表6-18

轴型	二轴	三轴	四轴	五轴	六轴	合计
比例	62.96%	8.70%	19.38%	2.85%	6.11%	100.00%

6.5.3 交通量预测

1)车流量预测常用方法

目前国内外较流行的车流量预测技术方法为:4 阶段预测法、趋势预测法及运量推算法。

(1)4 阶段预测法

交通量 4 阶段预测法是以现状交通分布(现状交通出行 OD 矩阵)为基础,通过发生与吸引交通量预测、交通分布预测、交通方式划分和交通流量分配 4 个阶段预测公路交通量。

交通的发生与吸引是交通需求预测 4 阶段预测中的第 1 阶段。在本阶段的主要任务是求出研究对象区域内各个交通小区的发生与吸引交通量。交通分布预测是交通规划 4 阶段预测的第 2 阶段,是把交通的发生与吸引量的预测获得的各小区的出行量转换成小区之间的路网 OD 流量,即 OD 流量矩阵。交通方式划分是交通规划 4 阶段预测的第 3 阶段,它是确定出行者选择交通工具的比例。常用的交通方式划分模型,包括划分率曲线模型、出行端点模型、出行转换模型和非集计模型。交通流量分配是交通规划 4 阶段预测的第 4 阶段,它是根据已知的道路网描述,按照一定的规则符合实际地分配到路网中的各条道路上去,进而得到路网中各路段交通流量。4 阶段流量预测流程,见图 6-2 所示。

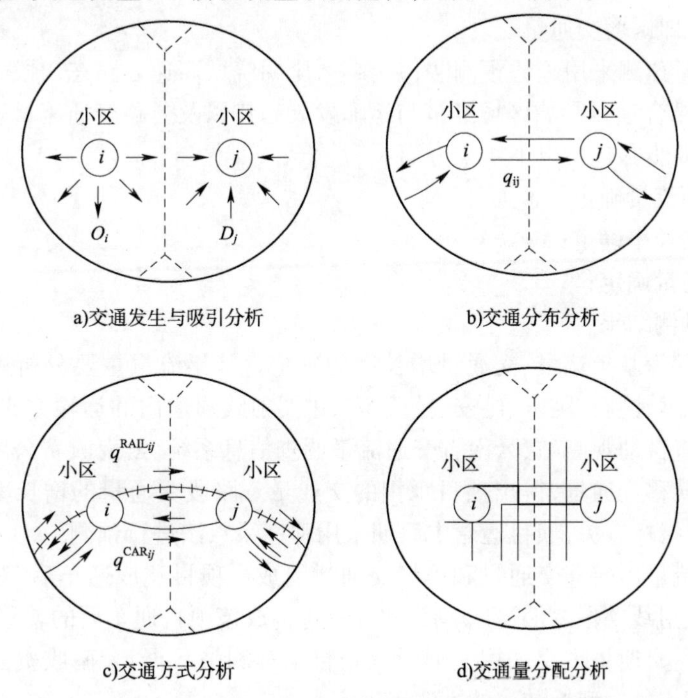

图 6-2　4 阶段流量预测流程

(2)趋势预测法

趋势预测法是在基于公路路段交通量预测未来公路交通量的方法。其主要步骤如下:

①分析公路通道交通量发展规律和特点,预测通道未来趋势交通量。

②分析运输方式的交通分担情况,以及通道内的运输方式构成的变化,预测公路与其他运输方式间的交通转移率,得出未来公路承担的交通量。一般采用分担模型预测。

③根据通道内公路路线构成,预测不同公路路线交通量的分担比例,得出通道内不同公路路段的预测交通量。

(3)运量推算法

运量推算法是根据交通节点(运输枢纽、站场等)公路集疏运量和汽车载运系数推算公路承担的交通量。其主要步骤如下:

①分析交通节点的运输量发展状况,预测未来运输量。

②分析交通节点的公路集疏运比例,预测公路集疏运量。

③通过汽车载运系数,将公路集疏运量转换为汽车交通量。

④根据通道内公路路线构成,预测不同公路路线交通量的分担比例,得出通道内不同公路路段的预测交通量。

2)车流量预测思路

在区域公路网交通量预测时,将远景交通量分为正常交通量、转移交通量、诱增交通量。一般来说,已建、改建公路远景交通量主要由正常交通量、诱增交通量两部分构成;新建公路远景交通量主要由转移交通量、诱增交通量两部分构成。

东南绕城高速公路是新建高速公路,其交通量预测主要考虑转移交通量和诱增交通量两个方面。另外,一条新建成的高速公路,对于沿线经济发展和布局的影响是显著的,这种影响的最基本表现形式是形成以高速公路为依托的带状区域经济系统——高速公路经济带。项目将对沿线地区的经济发展、工农业生产、产业结构调整等起到巨大的促进作用,产生新的交通需求,即诱增交通量。

本项目交通量预测采用趋势预测法,并参考《昆明绕城高速公路东南段工程可行性研究报告》,运营后期结合项目影响区域经济与运输发展趋势以及公路交通流量发展规律而综合考虑确定。其主要步骤包括以下 4 个方面:

(1)基年断面流量确定;

(2)交通量增长率确定;

(3)饱和交通量确定;

(4)交通量预测结果。

以上关键步骤为基年流量、交通量增长率的确定。基年流量主要分析运输方式的交通分担情况,以及昆嵩、昆石、昆玉、昆安、昆武 5 条主要射线通道内的运输方式构成的变化,并且依托交通量调查自动观测站、云南省交通流量调查信息系统、云南收费公路管理平台等预测其与本项目的转移交通量,得出项目承担的交通量。路段交通量的增长率主要与其影响区的经济、运输等指标有关,项目运营中后期采用弹性系数法进行预测。

基年断面车流量由转移交通量和诱增交通量组成。项目建成通车后,对昆明市周边关键路段(尤其是放射线路段)将产生分流;此分流将构成该项目通车后的转移交通量,各条放射性关键路段转移交通量主要采用交通量调查自动观测站数据、云南收费公路管理平台软件系统与非集计 Logit 模型相结合的方法来确定。

诱增交通量一方面是公路的建设使项目所在区域的经济布局、产业结构发生变化,产生新的经济增长点;其突出表现为依托便捷的交通在道路沿线形成新兴产业带,即运输经济带,伴随产生诱增交通量。另一方面道路的建设使交通条件得到改善,从而诱发原先因交通条件制约无法出行或出行少的潜在交通量。道路的新建或改造诱发了新的交通量,诱增交通量是指路网中由于新建道路或原有低等级道路的改善,改变了道路使用者出行的道路条件或交通条件,从而使这些道路使用者原有的出行行为发生变化,由此而多余产生的那部分交通量(当路网中没有新建或改建项目时,这部分多余的交通量就不会产生)。

饱和交通量根据道路等级、设计车速、车道宽度、线形设计等参数,计算得到设计通行能力，再确定一天内最大饱和利用小时（一般取16～19h），根据东南绕城高速公路情况，本项目取18h。经测算，东南绕城高速公路饱和交通量为57 060辆/d（小客车）。按照项目客货比例和车型比例，以及相关车型换算系数理论，饱和交通量折算为自然数39 406辆/d。

交通量增长率采用弹性分析进行确定。运输的规模和增长速度与国民经济的水平和增长速度密切相关，运输弹性 e 就是用以衡量经济变动带来运输变动反映程度的。根据客货运量发展速度与GDP关系以及通道交通量、车辆拥有量对GDP的历史弹性系数及未来弹性系数的宏观走势，考虑区域未来公路规模、车辆等发展态势，确定区域客货弹性系数。弹性系数法是一种定性定量相结合的综合分析方法，它通过研究交通运输量的增长率与国民经济发展的增长率之间的比例关系——弹性系数，根据国民经济的未来增长状况，预测交通运输量的增长率，进而预测未来运输需求。弹性系数与未来的社会经济的发展层次、地区特点、发展战略等均有一定的关系。因此，弹性系数的确定应综合分析预测地区的历史、现状、发展趋势，通过历史现状资料分析不同时期的变化规律，并通过与其他地区的类比分析等确定。

在确定弹性系数时首先需要选择合适的交通运输指标。汽车的出行量与公路断面交通量有比较直接的关系，但由于公路断面交通量受道路条件和自然条件的影响大，道路网络中新建道路的通车、修路以及过境交通量的变化等情况都会对在局部路网中调查得到的断面交通量结果产生明显的影响，也考虑到东南绕城高速公路交通量正常发展趋势，在对本路段各影响区的弹性系数进行回归时，主要利用客货车保有量和国内生产总值指标进行分析。根据调查资料分析，机动车的出行强度一般比较稳定，即汽车保有量与汽车出行量有很好的相关关系，且现阶段各地区汽车保有量数据比较准确，而运输量数据的统计工作相对困难，运输量的统计数据与实际有一定的差距，因此本项目将以客货车保有量的分析为基础确定地区的弹性系数。

3）车流量预测结果

综上所述，结合《昆明绕城高速公路东南段工程可行性研究报告》、拟建项目增长率预测结果以及饱和交通流量，得到各特征年断面交通量，见表6-19，运营期内交通量年平均增长率为4.61%。预测交通量中包含免费车交通量，约占10%。各年断面交通量预测值，详见6.5.8节测算报表1。

东南绕城高速公路特征年交通量预测结果 表6-19

年　份	断面日流量（自然数）	年平均增长率
2017	12 357	4.61%
2020	19 817	
2025	29 498	
2030	35 186	
2035	41 973	
2040	44 821	
2045	45 605	

6.5.4 营业收入估算

东南绕城高速公路建成通车后，营业收入主要由通行费收入及其他业务收入构成。通行费收入依据交通量预测结果，客车按车型收费、货车按计重收费进行估算；其他业务收入主要参考周边路网确定。东南绕城高速公路为经营性高速公路,收费方式拟采取客车按照车型收费、货车按照计重收费的模式,收费年限为30年。

1)通行费收入估算

(1)客车收费结构与计费方式设定

根据交通部《关于贯彻〈收费公路车辆通行费车型分类〉行业标准(JT/T 489—2003)有关问题的通知》(交公路发[2003]151号)规定的五型车分类标准执行。计费系数标准为:1(一型车)、1.8(二型车)、2.5(三型车)、3.5(四型车),平均计费系数为2.2。客车的车型分类标准和收费系数见表6-20。

客车的车型分类说明和收费系数表 表6-20

客车车型	车型及规格	收费系数
1	≤7座	1.0
2	8~19座	1.8
3	20~39座	2.5
4	≥40座	3.5

注:客货两用车比照同类货车分类标准执行,不得将客货分开计费。

(2)货车收费结构与计费方式设定

东南绕城高速公路货车收费结构和计费方式,详见本书第3章3.1.11节云南省计重收费方案。

本项目费率测算是基于成本加成法模型,采取插值法来反推其费率标准。若假定实现资本金回报率8%的回报,经测算东南绕城高速公路通行费收入客车按车型收费,基本费率为普通路段0.50元/(车·km)、桥梁隧道1.58元/(车·km);货车按计重收费,基本费率为普通路段0.09元/(t·km)、桥梁隧道0.26元/(t·km),才可满足此经济指标要求。依据交通量预测结果,各年通行费收入估算结果,详见6.5.8节测算报表2。

2)其他业务收入估算

以高速公路为依托,通过对高速公路沿线项目的经营开发,可以形成辐射带动的良性循环,便于其滚动发展和资本实力的不断壮大。高速公路主营业务收入为通行费收入,而其他业务收入主要包括服务区、广告及仓储开发等。

(1)服务区。高速公路公司可以经营本公司所管理的高速公路沿线的宾馆、餐饮、维修、加油站、救护等业务,对高速公路公司而言这些业务并没有太高的进入壁垒,企业若要全面地介入这些业务相对也比较容易。

(2)广告。高速公路公司在经营主业的同时,利用本身拥有的大众传播媒介,在收费站、加油站、服务区、停车场和收费等票据载体上经营广告业务,为广告客户提供广告宣传服务,并收取一定的报酬。高速公路公司可以经营的广告业务主要有广播广告、户外广告与交通广告、印刷广告,这样既能增加经营公司的业务收入,又可以为驾乘人员和乘客提供服务与商品信息。高速公路公司可以与经营区域内的广告公司合作,参股或控股,利用自身固有的资源进行广告宣传,既能为经营公司带来利润,又能带动沿线的经济发展。

(3)仓储开发。仓储开发主要是指通过向客户提供货物装卸、材料堆放等的场地,从而收取费用,获得一定经济效益的一种服务活动。例如,可以利用高速公路收费站、服务区和立交桥下的边角地带,通过加工改造、整理,可以出租给承租方,向社会客户提供货物、机械的场地。广深高速公路和广州市北环高速公路的管理部门,在公路通车前后,就着力改建立交桥下和其他规定地方的土地,以租赁方式给承租方,用作货物库存、料场和停车场等,为经营公司增加了收益。

根据对云南省高速公路其他业务收入进行调查,大部分高速公路这部分收入相对较少,远远低于沿海经济发达区域高速公路。根据昆玉、东连接线、安晋等高速公路情况,估算得到东南绕城高速公路2017年其他业务收入约565万元,随后每年按4%的速度增长,得到未来年份各年其他业务收入,具体详见6.5.8节测算报表2。

6.5.5 总成本费用估算

总成本费用是指在日常活动中发生的、会导致所有者权益减少的、与所有者分配利润无关的经济利益的总流出。根据2006年2月15日财政部修订通过并于2007年1月1日起实施的《企业会计准则——基本准则》(中华人民共和国财政部令第33号)的规定,总成本费用应按照权责发生制和配比原则确认,凡应属于本期发生的费用,不论其款项是否支付,均确认为本期费用;反之,不属于本期发生的费用,即使其款项已在本期支付,也不确认为本期费用。

1)付现经营成本的估算

在费率测算和财务评价中,为计算现金流量的需要,将总成本费用按是否动用现实货币资金支付分为付现成本费用和其他成本费用。付现经营成本,是指在运营期内为满足正常生产经营而动用现实货币资金支付的成本费用。付现经营成本包括管理费、养护费、大修费等。

(1)运营管理费用估算

运营管理费用主要包括公司运营管理费用、征收业务费用和路政管理费用。公司运营管理费用主要包括管理人员费用、车辆使用费用等;征收业务费用主要包括收费人员费用、车辆使用费、材料费等。

(2)日常养护费用估算

道路日常养护费用包括养护人员费用、养护车辆使用费用、道路路面清洁费、沿线设施维护费、沿线绿化维护费及道路养护费用等。

(3)大修费用估算

云南高速公路设计正常使用年限15年,但每一条高速公路通车后,货车超限超载运输现象极为普遍。因超限超载情况长期存在,严重损坏了公路基础设施,致使路面损坏、桥梁断裂,正常使用年限大大缩短。以楚大高速为列,自1999年5月全线建成投入使用至2006年开始大修,使用年限仅为7年。根据东南绕城高速公路所处的路网位置,预测未来全线车流量中货车比例低于客车比例,为此东南绕城高速公路第一个大修周期定为10年,费用按500万元/km计算,大修工程时间为2年,从2027年初开始至2028年底结束,平均每年投入50%的大修费用;第二个大修周期定为10年,费用按600万元/km计算,大修工程时间为2年,从2038年初开始至2039年底结束,平均每年投入50%的大修费用。

2)固定资产折旧的估算

固定资产是企业重要的生产力要素之一,是企业赖以生存的物质基础,是企业产生效益的源泉,固定资产的结构、状况、管理水平等直接影响着企业的竞争力,关系到企业的运营与发展。按固定资产准则规定,固定资产是指同时具有下列特征的有形资产:

(1)为生产商品、提供劳务、出租或经营管理而持有的;

(2)使用寿命超过一个会计年度。

固定资产包括房屋、建筑物、机器、机械、运输工具以及其他与生产经营活动有关的设备、器具、工具等。

固定资产的成本是指企业购建某项固定资产达到预定可使用状态前所发生的一切合理、必要的支出。这些支出包括直接发生的价款、运杂费、包装费和安装成本等,也包括间接发生的,如应承担的借款利息、外币借款折算差额以及应分摊的其他间接费用等。

根据企业所得税法和暂行条例的规定,企业应按照规定计算固定资产折旧。企业应当自固定资产投入使用月份的次月起计算折旧;停止使用的固定资产,应当自停止使用月份的次月起停止计算折旧。企业应当根据固定资产的性质和使用情况,合理确定固定资产的预计净残值,固定资产的预计净残值一经确定,不得变更。固定资产按照直线法计算的折旧,准予扣除。企业所得税法规定了固定资产计算折旧的最低年限,房屋、建筑物为 20 年,机器、机械和其他生产设备为 10 年,与生产经营活动有关的器具、工具、家具等为 5 年,汽车等运输工具为 4 年,电子设备为 3 年。

根据东南绕城高速公路项目的具体情况,同时考虑简化计算,在财务评价中计算固定资产折旧时不具体区分监控设备、机电设备、运输工具、电子设备、房屋、建筑物等,把整个项目总投资(原始投资与建设期资本化利息之和)作为一个整体,并且不考虑净残值。

为了更加合理地反映项目的利润水平及公路的损耗情况,按每年的标准交通量占整个运营期标准交通量总额的比例作为折旧率计提固定资产折旧。从开始运营的第一年计算,其计算公式见式(6-6)。

$$\text{年折旧额} = \frac{\text{年标准交通量}}{\text{整个运营期标准交通量总额}} \times \text{固定资产原值} \tag{6-6}$$

东南绕城高速公路项目固定资产折旧,详见 6.5.8 节测算报表 4。

3)总成本费用的估算

综上所述,总成本费用的计算见公式(6-7)。

$$\text{总成本费用} = \text{付现经营成本} + \text{折旧额} + \text{摊销额} + \text{借款利息} \tag{6-7}$$

东南绕城高速公路项目各年总成本费用的估算,详见 6.5.8 节测算报表 5。

6.5.6 税费估算

1)营业税金及附加的估算

营业税金及附加指经营活动中发生的营业税、消费税、城市维护建设税、资源税、教育费附加和地方教育附加等相关税费。

(1)营业税的估算

根据 2008 年 11 月 5 日国务院第 34 次常务会议修订通过并于 2009 年 1 月 1 日起实施的《中华人民共和国营业税暂行条例》(中华人民共和国国务院令第 540 号)和 2008 年 12 月 15 日财政部、国家税务总局发布并于 2009 年 1 月 1 日起实施的《中华人民共和国营业税暂行条例实施细则》(中华人民共和国财政部、国家税务总局令 52 号)的规定,在我国境内提供应税劳务、转让无形资产或销售不动产所取得的营业额应缴纳营业税。根据《财政部、国家税务总局关于公路经营企业车辆通行费收入营业税政策的通知》(财税[2005]77 号)规定,自 2005 年 6 月 1 日起对公路经营企业收取的高速公路车辆通行费收入统一减按 3.0% 的税率征收营业税。公路经营企业营业税的计算,见公式(6-8)。

$$\text{营业税应纳税额} = \text{通行费收入} \times 3.0\% \tag{6-8}$$

高速公路除车辆通行费收取业务外的其他业务,如租赁、广告等业务,营业税的税率为 5.0%,计算见公式(6-9)。

$$营业税应纳税额 = 其他业务收入 \times 5.0\% \quad (6\text{-}9)$$

(2)城市维护建设税的估算

根据1985年2月8日国务院发布并于同年1月1日起实施的《中华人民共和国城市维护建设税暂行条例》(国发[1985]19号)规定,城市维护建设税(以下简称城建税)是对从事工商经营,缴纳增值税、消费税、营业税的单位和个人征收的一种税,以纳税人实际缴纳的增值税、消费税、营业税税额为计税依据,分别与增值税、消费税、营业税同时缴纳。公路经营企业城建税的税率为7.0%,计算见公式(6-10)。

$$城建税应纳税额 = 实际缴纳的营业税税额 \times 7.0\% \quad (6\text{-}10)$$

(3)教育费附加的估算

根据1986年4月28日国务院发布并于同年7月1日起实施的《征收教育费附加的暂行规定》(国发[1986]50号)规定,教育费附加对缴纳增值税、消费税、营业税的单位和个人征收,以其实际缴纳的增值税、消费税和营业税为计征依据,分别与增值税、消费税和营业税同时缴纳。根据2005年8月20日国务院发布并于同年10月1日起实施的《国务院关于修改〈征收教育费附加的暂行规定〉的决定》(中华人民共和国国务院令第448号)规定,教育费附加计征比率为3.0%。公路经营企业应缴纳教育费附加的计算,见公式(6-11)。

$$应纳教育费附加 = 实际缴纳的营业税税额 \times 3.0\% \quad (6\text{-}11)$$

(4)地方教育附加的估算

根据2005年5月16日云南省人民政府办公厅发布并于同年1月1日起实施的《云南省人民政府办公厅关于征收地方教育附加有关问题的通知》(云政办发[2005]93号)以及《云南省人民政府办公厅关于征收地方教育附加有关问题的补充通知》(云政办发[2006]55号)规定,对缴纳增值税、消费税、营业税的单位和个人,以其实际缴纳的增值税、消费税和营业税为计征依据,除按国家规定缴纳教育费附加外,应按规定缴纳地方教育附加,分别与增值税、消费税和营业税同时缴纳。地方教育附加计征比率从2011年1月1日起为2.0%,公路经营企业应纳地方教育附加的计算见公式(6-12)。

$$应缴纳地方教育附加 = 实际缴纳的营业税税额 \times 2.0\% \quad (6\text{-}12)$$

(5)营业税金及附加的估算

综上所述,公路经营企业通行费收取业务营业税金及附加综合计征比率为:综合计征比率 $= 3\% + 3\%(7\% + 3\% + 2\%) = 3.36\%$;公路经营企业通行费收取业务营业税金及附加的估算公式为:营业税金及附加 = 通行费收入 $\times 3.36\%$;公路经营企业其他业务营业税金及附加综合计征比率为:综合计征比率 $= 5\% + 5\%(7\% + 3\% + 2\%) = 5.60\%$;公路经营企业其他业务营业税金及附加的估算公式为:营业税金及附加 = 其他业务收入 $\times 5.60\%$;东南绕城高速公路项目各年营业税金及附加估算,详见6.5.8节测算报表3。

2)所得税的估算

根据2007年3月16日第十届全国人民代表大会第五次全体会议通过并于2008年1月1日起实施的《中华人民共和国企业所得税法》(中华人民共和国主席令第36号)和2007年11月28日国务院第197次常务会议通过并于2008年1月1日起实施的《中华人民共和国企业所得税法实施条例》(中华人民共和国国务院令第540号)的规定,在我国境内的企业和其他取得收入的组织的生产经营所得、其他所得和清算所得应缴纳所得税。

企业所得税实行比例税率,基本税率为25%,适用于居民企业和在中国境内设有机构、场所且所得与机构、场所有关联的非居民企业。

亏损，是指企业依照企业所得税法和暂行条例的规定，将每一纳税年度的收入总额减除不征税收入、免税收入和各项扣除后小于零的数额。税法规定，企业某一纳税年度发生的亏损可以用下一年度的所得弥补；下一年度的所得不足以弥补的，可以逐年延续弥补，但最长不得超过5年。

公路经营企业应缴纳所得税额等于应纳税所得额乘以适用税率，基本计算见公式(6-13)。

$$应纳所得税额 = 应纳税所得额 \times 所得税税率 \tag{6-13}$$

式中，应纳税所得额 = 会计利润总额 ± 纳税调整项目金额。东南绕城高速公路项目各年应纳所得税额估算，详见6.5.8节测算报表6。

6.5.7 费率测算及财务评价

依据《中华人民共和国价格法》第二十一条制定价格“应当依据有关商品或者服务的社会平均成本和市场供求状况、国民经济与社会发展要求以及社会承受能力”和《收费公路管理条例》第十六条“车辆通行费的收费标准，应当根据公路的技术等级、投资总额、当地物价指数、偿还贷款或者有偿集资款的期限和收回投资的期限以及交通量等因素计算确定”规定，以建立统一、规范、高效的收费管理机制为目标，以保证高速公路的运营管理成本需求和“实现付息还本、自有资金有合理回报”为前提，进行东南绕城高速公路费率测算。

根据《云南省人民政府关于进一步加快高速公路建设的实施意见》(云政发〔2013〕73号)，按照“一路一测、桥隧分开、还本付息、投资回报”定价机制，制定收费标准。资本金回报率以人民银行规定的中长期贷款基准利率加2个百分点确定，确保经营主体在经营期内获得合理回报。

基于东南绕城高速总投资、借款总额、交通量、管养成本等因素，以实现资本金回报率达到8.0%为目标进行测算，详见6.5.8节测算报表6～9。东南绕城高速费率标准应达到：普通路段客车基本费率为0.50元/(车·km)，货车的基本费率为0.09元/(t·km)，计费桥隧路段客车的基本费率为1.58元/(车·km)，货车的基本费率为0.26元/(t·km)，综合费率为客车0.784元/(车·km)、货车0.135元/(t·km)。在此费率标准下，项目贷款偿还期为17.83年，项目资本金静态投资回收期21.49年，项目资本金回报率为8.0%，项目资本金财务内部收益率为5.1788%。

在此说明一点，该项目的费率测算及财务评价结论仅仅作为作者在本书中的应用案例，不可作为其他任何参考依据。

6.5.8 费率测算报表

测算报表1，《日断面流量预测表》；
测算报表2，《营业收入测算表》；
测算报表3，《营业税金及附加测算表》；
测算报表4，《固定资产折旧测算表》；
测算报表5，《总成本费用测算表》；
测算报表6，《利润测算表》；
测算报表7，《借款还本付息表》；
测算报表8，《项目资本金现金流量表》；
测算报表9，《项目资本金净现值计算表》。

测算报表1　日断面流量预测表

单位:辆(自然数)/日

序号	项　目	运　营　期							
		2017年	2018年	2019年	2020年	2021年	2022年	2023年	2024年
1	断面日流量	12 357	14 464	16 930	19 817	21 458	23 235	25 159	27 242
1.1	客车断面日流量	7 278	8 519	9 972	11 672	12 639	13 685	14 819	16 046
1.2	货车断面日流量	5 079	5 945	6 958	8 145	8 819	9 550	10 340	11 196
2	增长率(%)		17.05	17.05	17.05	8.28	8.28	8.28	8.28
序号	项　目	运　营　期							
		2025年	2026年	2027年	2028年	2029年	2030年	2031年	2032年
1	断面日流量	29 498	30 557	31 654	32 790	33 967	35 186	36 449	37 758
1.1	客车断面日流量	17 374	17 998	18 644	19 313	20 007	20 725	21 468	22 239
1.2	货车断面日流量	12 124	12 559	13 010	13 477	13 960	14 461	14 981	15 519
2	增长率(%)	8.28	3.59	3.59	3.59	3.59	3.59	3.59	3.59
序号	项　目	运　营　期							
		2033年	2034年	2035年	2036年	2037年	2038年	2039年	2040年
1	断面日流量	39 114	40 518	41 973	43 480	43 867	44 209	44 536	44 821
1.1	客车断面日流量	23 038	23 865	24 722	25 610	25 838	26 039	26 232	26 400
1.2	货车断面日流量	16 076	16 653	17 251	17 870	18 029	18 170	18 304	18 421
2	增长率(%)	3.59	3.59	3.59	3.59	0.89	0.78	0.74	0.64
序号	项　目	运　营　期							
		2041年	2042年	2043年	2044年	2045年	2046年		
1	断面日流量	45 085	45 324	45 551	45 605	45 605	45 605		
1.1	客车断面日流量	26 555	26 696	26 830	26 861	26 861	26 861		
1.2	货车断面日流量	18 530	18 628	18 721	18 744	18 744	18 744		
2	增长率(%)	0.59	0.53	0.50	0.12				

测算报表 2　营业收入测算表

单位:万元

序号	项　　目	合计	运　营　期						
			2017 年	2018 年	2019 年	2020 年	2021 年	2022 年	2023 年
1	通行费收入	5 625 722.474 1	66 601.264 4	77 956.780 0	91 248.411 0	106 806.265 0	115 649.823 8	125 225.629 2	135 594.311 3
1.1	客车收入	1 958 506.810 4	23 186.182 8	27 139.427 0	31 766.699 3	37 182.921 5	40 261.667 4	43 595.333 4	47 205.027 0
1.2	货车收入	3 667 215.663 7	43 415.081 6	50 817.353 0	59 481.711 7	69 623.343 5	75 388.156 4	81 630.295 8	88 389.284 3
2	其他业务收入	31 663.062 2	564.555 7	587.137 9	610.623 4	635.048 3	660.450 2	686.868 2	714.342 9
3	营业收入	5 657 385.536 3	67 165.820 1	78 543.917 9	91 859.034 4	107 441.313 3	116 310.274 0	125 912.497 4	136 308.654 2

序号	项　　目	运　营　期							
		2024 年	2025 年	2026 年	2027 年	2028 年	2029 年	2030 年	2031 年
1	通行费收入	146 821.520 2	158 978.342 1	164 685.664 6	170 597.879 9	176 722.343 8	183 066.675 9	189 638.769 6	196 446.801 5
1.1	客车收入	51 113.603 2	55 345.809 6	57 332.724 2	59 390.969 0	61 523.104 8	63 731.784 3	66 019.755 4	68 389.864 7
1.2	货车收入	95 707.917 0	103 632.532 5	107 352.940 4	111 206.910 9	115 199.239 0	119 334.891 6	123 619.014 2	128 056.936 8
2	其他业务收入	742.916 6	772.633 3	803.538 6	835.680 1	869.107 3	903.871 6	940.026 5	977.627 6
3	营业收入	147 564.436 8	159 750.975 4	165 489.203 2	171 433.560 0	177 591.451 1	183 970.547 5	190 578.796 1	197 424.429 1

序号	项　　目	运　营　期							
		2032 年	2033 年	2034 年	2035 年	2036 年	2037 年	2038 年	2039 年
1	通行费收入	203 499.241 6	210 804.864 4	218 372.759 1	226 212.341 3	234 333.364 3	236 418.931 2	238 262.999 0	240 026.145 2
1.1	客车收入	70 845.060 8	73 388.398 5	76 023.042 1	78 752.269 4	81 579.475 8	82 305.533 1	82 947.516 3	83 561.327 9
1.2	货车收入	132 654.180 8	137 416.465 9	142 349.717 0	147 460.071 9	152 753.888 5	154 113.398 1	155 315.482 7	156 464.817 3
2	其他业务收入	1 016.732 7	1 057.402 0	1 099.698 1	1 143.686 0	1 189.433 4	1 237.010 7	1 286.491 1	1 337.950 7
3	营业收入	204 515.974 3	211 862.266 4	219 472.457 2	227 356.027 3	235 522.797 7	237 655.941 9	239 549.490 1	241 364.095 9

续上表

序号	项　目	运　营　期							
		2040 年	2041 年	2042 年	2043 年	2044 年	2045 年	2046 年	
1	通行费收入	241 562.312 5	242 987.530 1	244 275.363 9	245 496.740 7	245 809.799 5	245 809.799 5	245 809.799 5	
1.1	客车收入	84 096.120 4	84 592.287 5	85 040.626 6	85 465.829 8	85 574.816 2	85 574.816 2	85 574.816 2	
1.2	货车收入	157 466.192 1	158 395.242 6	159 234.737 3	160 030.910 9	160 234.983 3	160 234.983 3	160 234.983 3	
2	其他业务收入	1 391.468 7	1 447.127 4	1 505.012 5	1 565.213 0	1 627.821 5	1 692.934 4	1 760.651 8	
3	营业收入	242 953.781 2	244 434.657 5	245 780.376 4	247 061.953 7	247 437.621 0	247 502.733 9	247 570.451 3	

测算报表 3　营业税金及附加测算表

单位：万元

序号	项　目	合计	运　营　期						
			2017 年	2018 年	2019 年	2020 年	2021 年	2022 年	2023 年
1	通行费收入	5 625 722.474 1	66 601.264 4	77 956.780 0	91 248.411 0	106 806.265 0	115 649.823 8	125 225.629 2	135 594.311 3
2	主营业务税金及附加	189 024.275 3	2 237.802 5	2 619.347 8	3 065.946 6	3 588.690 5	3 885.834 1	4 207.581 1	4 555.968 9
3	其他业务收入	31 663.062 2	564.555 7	587.137 9	610.623 4	635.048 3	660.450 2	686.868 2	714.342 9
4	其他业务税金及附加	1 773.131 2	31.615 1	32.879 7	34.194 9	35.562 7	36.985 2	38.464 6	40.003 2
5	营业税金及附加	190 797.406 5	2 269.417 6	2 652.227 5	3 100.141 5	3 624.253 2	3 922.819 3	4 246.045 7	4 595.972 1

序号	项　目	运　营　期							
		2024 年	2025 年	2026 年	2027 年	2028 年	2029 年	2030 年	2031 年
1	通行费收入	146 821.520 2	158 978.342 1	164 685.664 6	170 597.879 9	176 722.343 8	183 066.675 9	189 638.769 6	196 446.801 5
2	主营业务税金及附加	4 933.203 1	5 341.672 3	5 533.438 3	5 732.088 8	5 937.870 8	6 151.040 3	6 371.862 7	6 600.612 5
3	其他业务收入	742.916 6	772.633 3	803.538 6	835.680 1	869.107 3	903.871 6	940.026 5	977.627 6
4	其他业务税金及附加	41.603 3	43.267 5	44.998 2	46.798 1	48.670 0	50.616 8	52.641 5	54.747 1
5	营业税金及附加	4 974.806 4	5 384.939 8	5 578.436 5	5 778.886 9	5 986.540 8	6 201.657 1	6 424.504 2	6 655.359 6

续上表

序号	项　目	运　营　期							
		2032 年	2033 年	2034 年	2035 年	2036 年	2037 年	2038 年	2039 年
1	通行费收入	203 499.241 6	210 804.864 4	218 372.759 1	226 212.341 3	234 333.364 3	236 418.931 2	238 262.999 0	240 026.145 2
2	主营业务税金及附加	6 837.574 5	7 083.043 4	7 337.324 7	7 600.734 7	7 873.601 0	7 943.676 1	8 005.636 8	8 064.878 5
3	其他业务收入	1 016.732 7	1 057.402 0	1 099.698 1	1 143.686 0	1 189.433 4	1 237.010 7	1 286.491 1	1 337.950 7
4	其他业务税金及附加	56.937 0	59.214 5	61.583 1	64.046 4	66.608 3	69.272 6	72.043 5	74.925 2
5	营业税金及附加	6 894.511 5	7 142.257 9	7 398.907 8	7 664.781 1	7 940.209 3	8 012.948 7	8 077.680 3	8 139.803 7
序号	项　目	运　营　期							
		2040 年	2041 年	2042 年	2043 年	2044 年	2045 年	2046 年	
1	通行费收入	241 562.312 5	242 987.530 1	244 275.363 9	245 496.740 7	245 809.799 5	245 809.799 5	245 809.799 5	
2	主营业务税金及附加	8 116.493 7	8 164.381 0	8 207.652 2	8 248.690 5	8 259.209 3	8 259.209 3	8 259.209 3	
3	其他业务收入	1 391.468 7	1 447.127 4	1 505.012 5	1 565.213 0	1 627.821 5	1 692.934 4	1 760.651 8	
4	其他业务税金及附加	77.922 2	81.039 1	84.280 7	87.651 9	91.158 0	94.804 3	98.596 5	
5	营业税金及附加	8 194.415 9	8 245.420 1	8 291.932 9	8 336.342 4	8 350.367 3	8 354.013 6	8 357.805 8	

测算报表 4　固定资产折旧测算表

单元:万元

序号	项　目	合计	运　营　期						
			2017 年	2018 年	2019 年	2020 年	2021 年	2022 年	2023 年
1	固定资产原值		1 803 820.590 0	1 803 820.590 0	1 803 820.590 0	1 803 820.590 0	1 803 820.590 0	1 803 820.590 0	1 803 820.590 0
2	标准年交通量	548 247 648	6 490 329	7 596 999	8 892 229	10 408 582	11 270 493	12 203 835	13 214 387
3	折旧率(%)	100.000 0	1.183 8	1.385 7	1.621 9	1.898 5	2.055 7	2.226 0	2.410 3
4	折旧额	1 803 820.590 0	21 353.628 1	24 995.541 9	29 256.166 1	34 245.533 9	37 081.139 9	40 153.046 3	43 477.487 7
5	累计折旧		21 353.628 1	46 349.170 0	75 605.336 1	109 850.870 0	146 932.009 9	187 085.056 2	230 562.543 9
6	固定资产净值		1 782 466.961 9	1 757 471.420 0	1 728 215.253 9	1 693 969.720 0	1 656 888.580 1	1 616 735.533 8	1 573 258.046 1

续上表

序号	项　　目	运　营　期							
		2024 年	2025 年	2026 年	2027 年	2028 年	2029 年	2030 年	2031 年
1	固定资产原值	1 803 820.590 0	1 803 820.590 0	1 803 820.590 0	1 803 820.590 0	1 803 820.590 0	1 803 820.590 0	1 803 820.590 0	1 803 820.590 0
2	标准年交通量	14 308 452	15 493 382	16 049 606	16 625 789	17 222 456	17 840 657	18 480 919	19 144 291
3	折旧率(%)	2.609 9	2.826 0	2.927 4	3.032 5	3.1414	3.254 1	3.370 9	3.491 9
4	折旧额	47 077.913 6	50 975.969 9	52 805.044 0	54 700.859 4	56 665.220 0	58 698.125 8	60 804.988 3	62 987.611 2
5	累计折旧	277 640.457 5	328 616.427 4	381 421.471 4	436 122.330 8	492 787.550 8	551 485.676 6	612 290.664 9	675 278.276 1
6	固定资产净值	1 526 180.132 5	1 475 204.162 6	1 422 399.118 6	1 367 698.259 2	1 311 033.039 2	1 252 334.913 4	1 191 529.925 1	1 128 542.313 9
序号	项　　目	运　营　期							
		2032 年	2033 年	2034 年	2035 年	2036 年	2037 年	2038 年	2039 年
1	固定资产原值	1 803 820.590 0	1 803 820.590 0	1 803 820.590 0	1 803 820.590 0	1 803 820.590 0	1 803 820.590 0	1 803 820.590 0	1 803 820.590 0
2	标准年交通量	19 831 823	20 544 042	21 281 472	22 045 689	22 837 218	23 040 484	23 220 114	23 391 866
3	折旧率(%)	3.617 3	3.747 2	3.881 7	4.021 1	4.165 5	4.202 6	4.235 3	4.266 7
4	折旧额	65 249.602 2	67 592.765 1	70 018.903 8	72 533.429 7	75 138.146 7	75 807.364 1	76 397.213 4	76 963.613 1
5	累计折旧	740 527.878 3	808 120.643 4	878 139.547 2	950 672.976 9	1 025 811.123 6	1 101 618.487 7	1 178 015.701 1	1 254 979.314 2
6	固定资产净值	1 063 292.711 7	995 699.946 6	925 681.042 8	853 147.613 1	778 009.466 4	702 202.102 3	625 804.888 9	548 841.275 8
序号	项　　目	运　营　期							
		2040 年	2041 年	2042 年	2043 年	2044 年	2045 年	2046 年	
1	固定资产原值	1 803 820.590 0	1 803 820.590 0	1 803 820.590 0	1 803 820.590 0	1 803 820.590 0	1 803 820.590 0	1 803 820.590 0	
2	标准年交通量	23 541 558	23 680 220	23 805 751	23 924 979	23 953 342	23 953 342	23 953 342	
3	折旧率(%)	4.294 0	4.319 3	4.342 2	4.363 9	4.369 1	4.369 1	4.369 0	
4	折旧额	77 456.056 1	77 912.422 7	78 325.497 7	78 716.926 7	78 810.725 4	78 810.725 4	78 808.921 8	
5	累计折旧	1 332 435.370 3	1 410 347.793 0	1 488 673.290 7	1 567 390.217 4	1 646 200.942 8	1 725 011.668 2	1 803 820.590 0	
6	固定资产净值	471 385.219 7	393 472.797 0	315 147.299 3	236 430.372 6	157 619.647 2	78 808.921 8		

测算报表 5　总成本费用测算表

单元:万元

序号	项　目	合计	运　营　期						
			2017 年	2018 年	2019 年	2020 年	2021 年	2022 年	2023 年
1	付现经营成本	579 113.787 4	9 654.152 0	9 428.776 6	9 711.639 9	10 002.989 1	10 303.078 8	10 612.171 2	10 930.536 3
1.1	管理养护费	436 012.587 4	9 654.152 0	9 428.776 6	9 711.639 9	10 002.989 1	10 303.078 8	10 612.171 2	10 930.536 3
1.2	大修费(不摊销)	143 101.200 0							
2	折旧额	1 803 820.590 0	21 353.628 1	24 995.541 9	29 256.166 1	34 245.533 9	37 081.139 9	40 153.046 3	43 477.487 7
3	大修费(摊销)	143 101.200 0							
4	借款利息	1 032 856.788 8	76 797.661 6	78 123.319 4	78 840.434 3	78 827.715 0	77 906.054 1	76 394.464 6	74 124.246 7
4.1	长期借款利息	1 026 349.912 4	76 797.661 6	76 797.661 6	76 797.661 6	76 797.661 6	76 797.661 6	76 394.464 6	74 124.246 7
4.2	短期借款利息	6 506.876 4		1 325.657 8	2 042.772 7	2 030.053 4	1 108.392 5		
5	总成本费用	3 415 791.166 2	107 805.441 7	112 547.637 9	117 808.240 3	123 076.238 0	125 290.272 8	127 159.682 1	128 532.270 7

序号	项　目	运　营　期							
		2024 年	2025 年	2026 年	2027 年	2028 年	2029 年	2030 年	2031 年
1	付现经营成本	11 258.452 3	11 596.205 9	11 944.092 1	44 825.414 9	45 194.487 3	13 051.631 9	13 443.180 9	13 846.476 3
1.1	管理养护费	11 258.452 3	11 596.205 9	11 944.092 1	12 302.414 9	12 671.487 3	13 051.631 9	13 443.180 9	13 846.476 3
1.2	大修费(不摊销)				32 523.000 0	32 523.000 0			
2	折旧额	47 077.913 6	50 975.969 9	52 805.044 0	54 700.859 4	56 665.220 0	58 698.125 8	60 804.988 3	62 987.611 2
3	大修费(摊销)						7 227.333 3	7 227.333 3	7 227.333 3
4	借款利息	71 068.154 3	67 120.926 2	62 165.923 0	56 873.693 5	53 368.713 9	49 385.211 1	42 639.994 9	35 234.472 0
4.1	长期借款利息	71 068.154 3	67 120.926 2	62 165.923 0	56 873.693 5	53 368.713 9	49 385.211 1	42 639.994 9	35 234.472 0
4.2	短期借款利息								
5	总成本费用	129 404.520 2	129 693.102 0	126 915.059 1	123 876.967 8	122 705.421 2	128 362.302 1	124 115.497 4	119 295.892 8

续上表

序号	项目	运营期							
		2032 年	2033 年	2034 年	2035 年	2036 年	2037 年	2038 年	2039 年
1	付现经营成本	14 261.870 6	14 689.726 7	15 130.418 5	15 584.331 0	16 051.860 9	16 533.416 7	56 057.019 2	56 567.901 8
1.1	管理养护费	14 261.870 6	14 689.726 7	15 130.418 5	15 584.331 0	16 051.860 9	16 533.416 7	17 029.419 2	17 540.301 8
1.2	大修费(不摊销)							39 027.600 0	39 027.600 0
2	折旧额	65 249.602 2	67 592.765 1	70 018.903 8	72 533.429 7	75 138.146 7	75 807.364 1	76 397.213 4	76 963.613 1
3	大修费(摊销)	7 227.333 3	7 227.333 3	7 227.333 3	7 227.333 3	7 227.333 3	7 227.333 6		
4	借款利息	27 124.273 3	18 262.403 5	8 599.127 4					
4.1	长期借款利息	27 124.273 3	18 262.403 5	8 599.127 4					
4.2	短期借款利息								
5	总成本费用	113 863.079 4	107 772.228 6	100 975.783 0	95 345.094 0	98 417.340 9	99 568.114 4	93 426.632 6	94 503.914 9

序号	项目	运营期							
		2040 年	2041 年	2042 年	2043 年	2044 年	2045 年	2046 年	
1	付现经营成本	18 066.510 9	18 608.506 2	19 166.761 4	19 741.764 2	20 334.017 2	20 944.037 7	21 572.358 9	
1.1	管理养护费	18 066.510 9	18 608.506 2	19 166.761 4	19 741.764 2	20 334.017 2	20 944.037 7	21 572.358 9	
1.2	大修费(不摊销)								
2	折旧额	77 456.056 1	77 912.422 7	78 325.497 7	78 716.926 7	78 810.725 4	78 810.725 4	78 808.921 8	
3	大修费(摊销)	11 150.742 9	11 150.742 9	11 150.742 9	11 150.742 9	11 150.742 9	11 150.742 9	11 150.742 6	
4	借款利息								
4.1	长期借款利息								
4.2	短期借款利息								
5	总成本费用	106 673.309 9	107 671.671 8	108 643.002 0	109 609.433 8	110 295.485 5	110 905.506 0	111 532.023 3	

测算报表 6　利润测算表

单元:万元

序号	项　目	合计	运　营　期						
			2017 年	2018 年	2019 年	2020 年	2021 年	2022 年	2023 年
1	营业收入	5 657 385.536 3	67 165.820 1	78 543.917 9	91 859.034 4	107 441.313 3	116 310.274 0	125 912.497 4	136 308.654 2
2	营业税金及附加	190 797.406 5	2 269.417 6	2 652.227 5	3 100.141 5	3 624.253 2	3 922.819 3	4 246.045 7	4 595.972 1
3	总成本费用	3 415 791.166 2	107 805.441 7	112 547.637 9	117 808.240 3	123 076.238 0	125 290.272 8	127 159.682 1	128 532.270 7
4	补贴收入								
5	利润总额	2 050 796.963 6	−42 909.039 2	−36 655.947 5	−29 049.347 4	−19 259.177 9	−12 902.818 1	−5 493.230 4	3 180.411 4
6	税前利润补亏	54 020.748 0							3 180.411 4
7	应纳税所得额	2 143 045.776 1							
8	所得税	535 761.444 4							
9	净利润	1 515 035.519 2	−42 909.039 2	−36 655.947 5	−29 049.347 4	−19 259.177 9	−12 902.818 1	−5 493.230 4	3 180.411 4

序号	项　目	运　营　期							
		2024 年	2025 年	2026 年	2027 年	2028 年	2029 年	2030 年	2031 年
1	营业收入	147 564.436 8	159 750.975 4	165 489.203 2	171 433.560 0	177 591.451 1	183 970.547 5	190 578.796 1	197 424.429 1
2	营业税金及附加	4 974.806 4	5 384.939 8	5 578.436 5	5 778.886 9	5 986.540 8	6 201.657 1	6 424.504 2	6 655.359 6
3	总成本费用	129 404.520 2	129 693.102 0	126 915.059 1	123 876.967 8	122 705.421 2	128 362.302 1	124 115.497 4	119 295.892 8
4	补贴收入								
5	利润总额	13 185.110 2	24 672.933 6	32 995.707 6	41 777.705 3	48 899.489 1	49 406.588 3	60 038.794 5	71 473.176 7
6	税前利润补亏	13 185.110 2	24 672.933 6	12 982.292 8					
7	应纳税所得额			20 013.414 8	41 777.705 3	48 899.489 1	49 406.588 3	60 038.794 5	71 473.176 7
8	所得税			5 003.353 7	10 444.426 3	12 224.872 3	12 351.647 1	15 009.698 6	17 868.294 2
9	净利润	13 185.110 2	24 672.933 6	27 992.353 9	31 333.279 0	36 674.616 8	37 054.941 2	45 029.095 9	53 604.882 5

续上表

序号	项　　目	运　营　期							
		2032 年	2033 年	2034 年	2035 年	2036 年	2037 年	2038 年	2039 年
1	营业收入	204 515.974 3	211 862.266 4	219 472.457 2	227 356.027 3	235 522.797 7	237 655.941 9	239 549.490 1	241 364.095 9
2	营业税金及附加	6 894.511 5	7 142.257 9	7 398.907 8	7 664.781 1	7 940.209 3	8 012.948 7	8 077.680 3	8 139.803 7
3	总成本费用	113 863.079 4	107 772.228 6	100 975.783 0	95 345.094 0	98 417.340 9	99 568.114 4	93 426.632 6	94 503.914 9
4	补贴收入								
5	利润总额	83 758.383 4	96 947.779 9	111 097.766 4	124 346.152 2	129 165.247 5	130 074.878 8	138 045.177 2	138 720.377 3
6	税前利润补亏								
7	应纳税所得额	83 758.383 4	96 947.779 9	111 097.766 4	124 346.152 2	129 165.247 5	130 074.878 8	138 045.177 2	138 720.377 3
8	所得税	20 939.595 9	24 236.945 0	27 774.441 6	31 086.538 1	32 291.311 9	32 518.719 7	34 511.294 3	34 680.094 3
9	净利润	62 818.787 5	72 710.834 9	83 323.324 8	93 259.614 1	96 873.935 6	97 556.159 1	103 533.882 9	104 040.283 0

序号	项　　目	运　营　期							
		2040 年	2041 年	2042 年	2043 年	2044 年	2045 年	2046 年	
1	营业收入	242 953.781 2	244 434.657 5	245 780.376 4	247 061.953 7	247 437.621 0	247 502.733 9	247 570.451 3	
2	营业税金及附加	8 194.415 9	8 245.420 1	8 291.932 9	8 336.342 4	8 350.367 3	8 354.013 6	8 357.805 8	
3	总成本费用	106 673.309 9	107 671.671 8	108 643.002 0	109 609.433 8	110 295.485 5	110 905.506 0	111 532.023 3	
4	补贴收入								
5	利润总额	128 086.055 4	128 517.565 6	128 845.441 5	129 116.177 5	128 791.768 2	128 243.214 3	127 680.622 2	
6	税前利润补亏								
7	应纳税所得额	128 086.055 4	128 517.565 6	128 845.441 5	129 116.177 5	128 791.768 2	128 243.214 3	127 680.622 2	
8	所得税	32 021.513 9	32 129.391 4	32 211.360 4	32 279.044 4	32 197.942 1	32 060.803 6	31 920.155 6	
9	净利润	96 064.541 5	96 388.174 2	96 634.081 1	96 837.133 1	96 593.826 1	96 182.410 7	95 760.466 6	

测算报表 7　借款还本付息表

单元:万元

序号	项　目	运　营　期								
		2017 年	2018 年	2019 年	2020 年	2021 年	2022 年	2023 年	2024 年	2025 年
	一、借款及还本付息									
1.1	年初借款累计	1 172 483.383 5	1 194 038.794 6	1 205 699.200 2	1 205 492.381 5	1 190 506.025 5	1 166 327.703 7	1 131 667.887 8	1 085 009.988 7	1 024 746.964 9
1.2	本年借款	21 555.411 1	33 215.816 7	33 008.998 0	18 022.642 0					
1.3	本年应计利息	76 797.661 6	78 123.319 4	78 840.434 3	78 827.715 0	77 906.054 1	76 394.464 6	74 124.246 7	71 068.154 3	67 120.926 2
1.4	本年还本付息	76 797.661 6	99 678.730 5	112 056.251 0	111 836.713 0	102 084.375 9	111 054.280 5	120 782.145 8	131 331.178 1	142 769.829 7
1.4.1	本年还本		21 555.411 1	33 215.816 7	33 008.998 0	24 178.321 8	34 659.815 9	46 657.899 1	60 263.023 8	75 648.903 5
1.4.2	本年付息	76 797.661 6	78 123.319 4	78 840.434 3	78 827.715 0	77 906.054 1	76 394.464 6	74 124.246 7	71 068.154 3	67 120.926 2
1.5	年末借款累计	1 194 038.794 6	1 205 699.200 2	1 205 492.381 5	1 190 506.025 5	1 166 327.703 7	1 131 667.887 8	1 085 009.988 7	1 024 746.964 9	949 098.061 4
2.1	年初长期借款累计	1 172 483.383 5	1 172 483.383 5	1 172 483.383 5	1 172 483.383 5	1 172 483.383 5	1 166 327.703 7	1 131 667.887 8	1 085 009.988 7	1 024 746.964 9
2.2	本年长期借款应计利息	76 797.661 6	76 797.661 6	76 797.661 6	76 797.661 6	76 797.661 6	76 394.464 6	74 124.246 7	71 068.154 3	67 120.926 2
2.3	本年长期借款还本付息	76 797.661 6	76 797.661 6	76 797.661 6	76 797.661 6	82 953.341 4	111 054.280 5	120 782.145 8	131 331.178 1	142 769.829 7
2.3.1	本年长期借款还本					6 155.679 8	34 659.815 9	46 657.899 1	60 263.023 8	75 648.903 5
2.3.2	本年长期借款付息	76 797.661 6	76 797.661 6	76 797.661 6	76 797.661 6	76 797.661 6	76 394.464 6	74 124.246 7	71 068.154 3	67 120.926 2
2.4	年末长期借款累计	1 172 483.383 5	1 172 483.383 5	1 172 483.383 5	1 172 483.383 5	1 166 327.703 7	1 131 667.887 8	1 085 009.988 7	1 024 746.964 9	949 098.061 4
3.1	年初短期借款累计		21 555.411 1	33 215.816 7	33 008.998 0	18 022.642 0				
3.2	本年短期借款	21 555.411 1	33 215.816 7	33 008.998 0	18 022.642 0					
3.3	本年短期借款应计利息		1 325.657 8	2 042.772 7	2 030.053 4	1 108.392 5				
3.4	本年短期借款还本付息		22 881.068 9	35 258.589 4	35 039.051 4	19 131.034 5				
3.4.1	本年短期借款还本		21 555.411 1	33 215.816 7	33 008.998 0	18 022.642 0				
3.4.2	本年短期借款付息		1 325.657 8	2 042.772 7	2 030.053 4	1 108.392 5				
3.5	年末短期借款累计	21 555.411 1	33 215.816 7	33 008.998 0	18 022.642 0					
	二、还款资金来源	76 797.661 6	99 678.730 5	112 056.251 0	111 836.713 0	102 084.375 9	111 054.280 5	120 782.145 8	131 331.178 1	142 769.829 7
1	息前税后净现金流量	55 242.250 5	66 462.913 8	79 047.253 0	93 814.071 0	102 084.375 9	111 054.280 5	120 782.145 8	131 331.178 1	142 769.829 7
2	息税前净现金流量	55 242.250 5	66 462.913 8	79 047.253 0	93 814.071 0	102 084.375 9	111 054.280 5	120 782.145 8	131 331.178 1	142 769.829 7
3	所得税									
4	短期借款	21 555.411 1	33 215.816 7	33 008.998 0	18 022.642 0					
5	长期借款本金偿还资金来源					6 155.679 8	34 659.815 9	46 657.899 1	60 263.023 8	75 648.903 5
	三、还款后剩余资金									

续上表

序号	项　目	运营期								
		2026 年	2027 年	2028 年	2029 年	2030 年	2031 年	2032 年	2033 年	2034 年
	一、借款及还本付息									
1.1	年初借款累计	949 098.061 4	868 300.663 5	814 789.525 1	753 972.688 3	650 992.288 0	537 930.870 5	414 111.043 5	278 815.320 5	131 284.387 2
1.2	本年借款									
1.3	本年应计利息	62 165.923 0	56 873.693 5	53 368.713 9	49 385.211 1	42 639.994 9	35 234.472 0	27 124.273 3	18 262.403 5	8 599.127 4
1.4	本年还本付息	142 963.320 9	110 384.831 9	114 185.550 7	152 365.611 4	155 701.412 4	159 054.299 0	162 419.996 3	165 793.336 8	139 883.514 6
1.4.1	本年还本	80 797.397 9	53 511.138 4	60 816.836 8	102 980.400 3	113 061.417 5	123 819.827 0	135 295.723 0	147 530.933 3	131 284.387 2
1.4.2	本年付息	62 165.923 0	56 873.693 5	53 368.713 9	49 385.211 1	42 639.994 9	35 234.472 0	27 124.273 3	18 262.403 5	8 599.127 4
1.5	年末借款累计	868 300.663 5	814 789.525 1	753 972.688 3	650 992.288 0	537 930.870 5	414 111.043 5	278 815.320 5	131 284.387 2	
2.1	年初长期借款累计	949 098.061 4	868 300.663 5	814 789.525 1	753 972.688 3	650 992.288 0	537 930.870 5	414 111.043 5	278 815.320 5	131 284.387 2
2.2	本年长期借款应计利息	62 165.923 0	56 873.693 5	53 368.713 9	49 385.211 1	42 639.994 9	35 234.472 0	27 124.273 3	18 262.403 5	8 599.127 4
2.3	本年长期借款还本付息	142 963.320 9	110 384.831 9	114 185.550 7	152 365.611 4	155 701.412 4	159 054.299 0	162 419.996 3	165 793.336 8	139 883.514 6
2.3.1	本年长期借款还本	80 797.397 9	53 511.138 4	60 816.836 8	102 980.400 3	113 061.417 5	123 819.827 0	135 295.723 0	147 530.933 3	131 284.387 2
2.3.2	本年长期借款付息	62 165.923 0	56 873.693 5	53 368.713 9	49 385.211 1	42 639.994 9	35 234.472 0	27 124.273 3	18 262.403 5	8 599.127 4
2.4	年末长期借款累计	868 300.663 5	814 789.525 1	753 972.688 3	650 992.288 0	537 930.870 5	414 111.043 5	278 815.320 5	131 284.387 2	
3.1	年初短期借款累计									
3.2	本年短期借款									
3.3	本年短期借款应计利息									
3.4	本年短期借款还本付息									
3.4.1	本年短期借款还本									
3.4.2	本年短期借款付息									
3.5	年末短期借款累计									
	二、还款资金来源	142 963.320 9	110 384.831 9	114 185.550 7	152 365.611 4	155 701.412 4	159 054.299 0	162 419.996 3	165 793.336 8	169 168.689 3
1	息前税后净现金流量	142 963.320 9	110 384.831 9	114 185.550 7	152 365.611 4	155 701.412 4	159 054.299 0	162 419.996 3	165 793.336 8	169 168.689 3
2	息税前净现金流量	147 966.674 6	120 829.258 2	126 410.423 0	164 717.258 5	170 711.1110	176 922.593 2	183 359.592 2	190 030.281 8	196 943.130 9
3	所得税	5 003.353 7	10 444.426 3	12 224.872 3	12 351.647 1	15 009.698 6	17 868.294 2	20 939.595 9	24 236.945 0	27 774.441 6
4	短期借款									
5	长期借款本金偿还资金来源	80 797.397 9	53 511.138 4	60 816.836 8	102 980.400 3	113 061.417 5	123 819.827 0	135 295.723 0	147 530.933 3	160 569.561 9
	三、还款后剩余资金									29 285.174 7

续上表

序号	项　目	运　营　期								
		2035 年	2036 年	2037 年	2038 年	2039 年	2040 年	2041 年	2042 年	2043 年
	一、借款及还本付息									
1.1	年初借款累计									
1.2	本年借款									
1.3	本年应计利息									
1.4	本年还本付息									
1.4.1	本年还本									
1.4.2	本年付息									
1.5	年末借款累计									
2.1	年初长期借款累计									
2.2	本年长期借款应计利息									
2.3	本年长期借款还本付息									
2.3.1	本年长期借款还本									
2.3.2	本年长期借款付息									
2.4	年末长期借款累计									
3.1	年初短期借款累计									
3.2	本年短期借款									
3.3	本年短期借款应计利息									
3.4	本年短期借款还本付息									
3.4.1	本年短期借款还本									
3.4.2	本年短期借款付息									
3.5	年末短期借款累计									
	二、还款资金来源	202 305.551 8	381 544.967 4	562 135.824 2	703 039.320 5	845 015.616 6	1 029 686.957 1	1 215 138.296 9	1 401 248.618 6	1 587 953.421 3
1	息前税后净现金流量	173 020.377 1	179 239.415 6	180 590.856 8	140 903.496 3	141 976.296 1	184 671.340 5	185 451.339 8	186 110.321 7	186 704.802 7
2	息税前净现金流量	204 106.915 2	211 530.727 5	213 109.576 5	175 414.790 6	176 656.390 4	216 692.854 4	217 580.731 2	218 321.682 1	218 983.847 1
3	所得税	31 086.538 1	32 291.311 9	32 518.719 7	34 511.294 3	34 680.094 3	32 021.513 9	32 129.391 4	32 211.360 4	32 279.044 4
4	短期借款									
5	长期借款本金偿还资金来源	202 305.551 8	381 544.967 4	562 135.824 2	703 039.320 5	845 015.616 6	1 029 686.957 1	1 215 138.296 9	1 401 248.618 6	1 587 953.421 3
	三、还款后剩余资金	202 305.551 8	381 544.967 4	562 135.824 2	703 039.320 5	845 015.616 6	1 029 686.957 1	1 215 138.296 9	1 401 248.618 6	1 587 953.421 3

续上表

序号	项　目	运　营　期								
		2044 年	2045 年	2046 年						
	一、借款及还本付息									
1.1	年初借款累计									
1.2	本年借款									
1.3	本年应计利息									
1.4	本年还本付息									
1.4.1	本年还本									
1.4.2	本年付息									
1.5	年末借款累计									
2.1	年初长期借款累计									
2.2	本年长期借款应计利息									
2.3	本年长期借款还本付息									
2.3.1	本年长期借款还本									
2.3.2	本年长期借款付息									
2.4	年末长期借款累计									
3.1	年初短期借款累计									
3.2	本年短期借款									
3.3	本年短期借款应计利息									
3.4	本年短期借款还本付息									
3.4.1	本年短期借款还本									
3.4.2	本年短期借款付息									
3.5	年末短期借款累计									
	二、还款资金来源	1 774 508.715 7	1 960 652.594 7	2 146 372.725 7						
1	息前税后净现金流量	186 555.294 4	186 143.879 0	185 720.131 0						
2	息税前净现金流量	218 753.236 5	218 204.682 6	217 640.286 6						
3	所得税	32 197.942 1	32 060.803 6	31 920.155 6						
4	短期借款									
5	长期借款本金偿还资金来源	1 774 508.715 7	1 960 652.594 7	2 146 372.725 7						
	三、还款后剩余资金	1 774 508.715 7	1 960 652.594 7	2 146 372.725 7						

测算报表8　项目资本金现金流量表

单元：万元

序号	项　目	合计	运　营　期							
			2016 年初	2017 年	2018 年	2019 年	2020 年	2021 年	2022 年	2023 年
1	现金流入	6 935 671.787 6	1 172 483.383 5	88 721.231 2	111 759.734 6	124 868.032 4	125 463.955 3	116 310.274 0	125 912.497 4	136 308.654 2
1.1	通行费收入	5 625 722.474 1		66 601.264 4	77 956.780 0	91 248.411 0	106 806.265 0	115 649.823 8	125 225.629 2	135 594.311 3
1.2	其他业务收入	31 663.062 2		564.555 7	587.137 9	610.623 4	635.048 3	660.450 2	686.868 2	714.342 9
1.3	补贴收入									
1.4	长期借款	1 172 483.383 5	1 172 483.383 5							
1.5	短期借款	105 802.867 8		21 555.411 1	33 215.816 7	33 008.998 0	18 022.642 0			
2	现金流出	5 420 636.268 4	1 803 820.590 0	88 721.231 2	111 759.734 6	124 868.032 4	125 463.955 3	116 310.274 0	125 912.497 4	136 308.654 2
2.1	项目投资	1 803 820.590 0	1 803 820.590 0							
2.1.1	建设投资中的资本金	631 337.206 5	631 337.206 5							
2.1.2	建设投资中的长期借款	1 172 483.383 5	1 172 483.383 5							
2.2	付现经营成本	579 113.787 4		9 654.152 0	9 428.776 6	9 711.639 9	10 002.989 1	10 303.078 8	10 612.171 2	10 930.536 3
2.3	营业税金及附加	190 797.406 5		2 269.417 6	2 652.227 5	3 100.141 5	3 624.253 2	3 922.819 3	4 246.045 7	4 595.972 1
2.4	长期借款本金偿还	1 172 483.383 5						6 155.679 8	34 659.815 9	46 657.899 1
2.5	短期借款本金偿还	105 802.867 8			21 555.411 1	33 215.816 7	33 008.998 0	18 022.642 0		
2.6	各种利息支出	1 032 856.788 8		76 797.661 6	78 123.319 4	78 840.434 3	78 827.715 0	77 906.054 1	76 394.464 6	74 124.246 7
2.7	所得税	535 761.444 4								
3	净现金流量	1 515 035.519 2	−631 337.206 5							
4	累计净现金流量		−631 337.206 5	−631 337.206 5	−631 337.206 5	−631 337.206 5	−631 337.206 5	−631 337.206 5	−631 337.206 5	−631 337.206 5

续上表

序号	项　目	运　营　期								
		2024 年	2025 年	2026 年	2027 年	2028 年	2029 年	2030 年	2031 年	2032 年
1	现金流入	147 564.436 8	159 750.975 4	165 489.203 2	171 433.560 0	177 591.451 1	183 970.547 5	190 578.796 1	197 424.429 1	204 515.974 3
1.1	通行费收入	146 821.520 2	158 978.342 1	164 685.664 6	170 597.879 9	176 722.343 8	183 066.675 9	189 638.769 6	196 446.801 5	203 499.241 6
1.2	其他业务收入	742.916 6	772.633 3	803.538 6	835.680 1	869.107 3	903.871 6	940.026 5	977.627 6	1 016.732 7
1.3	补贴收入									
1.4	长期借款									
1.5	短期借款									
2	现金流出	147 564.436 8	159 750.975 4	165 489.203 2	171 433.560 0	177 591.451 1	183 970.547 5	190 578.796 1	197 424.429 1	204 515.974 3
2.1	项目投资									
2.1.1	建设投资中的资本金									
2.1.2	建设投资中的长期借款									
2.2	付现经营成本	11 258.452 3	11 596.205 9	11 944.092 1	44 825.414 9	45 194.487 3	13 051.631 9	13 443.180 9	13 846.476 3	14 261.870 6
2.3	营业税金及附加	4 974.806 4	5 384.939 8	5 578.436 5	5 778.886 9	5 986.540 8	6 201.657 1	6 424.504 2	6 655.359 6	6 894.511 5
2.4	长期借款本金偿还	60 263.023 8	75 648.903 5	80 797.397 9	53 511.138 4	60 816.836 8	102 980.400 3	113 061.417 5	123 819.827 0	135 295.723 0
2.5	短期借款本金偿还									
2.6	各种利息支出	71 068.154 3	67 120.926 2	62 165.923 0	56 873.693 5	53 368.713 9	49 385.211 1	42 639.994 9	35 234.472 0	27 124.273 3
2.7	所得税			5 003.353 7	10 444.426 3	12 224.872 3	12 351.647 1	15 009.698 6	17 868.294 2	20 939.595 9
3	净现金流量									
4	累计净现金流量	-631 337.206 5	-631 337.206 5	-631 337.206 5	-631 337.206 5	-631 337.206 5	-631 337.206 5	-631 337.206 5	-631 337.206 5	-631 337.206 5

续上表

序号	项　　目	运　营　期								
		2033 年	2034 年	2035 年	2036 年	2037 年	2038 年	2039 年	2040 年	2041 年
1	现金流入	211 862.266 4	219 472.457 2	227 356.027 3	235 522.797 7	237 655.941 9	239 549.490 1	241 364.095 9	242 953.781 2	244 434.657 5
1.1	通行费收入	210 804.864 4	218 372.759 1	226 212.341 3	234 333.364 3	236 418.931 2	238 262.999 0	240 026.145 2	241 562.312 5	242 987.530 1
1.2	其他业务收入	1 057.402 0	1 099.698 1	1 143.686 0	1 189.433 4	1 237.010 7	1 286.491 1	1 337.950 7	1 391.468 7	1 447.127 4
1.3	补贴收入									
1.4	长期借款									
1.5	短期借款									
2	现金流出	211 862.266 4	190 187.282 5	54 335.650 2	56 283.382 1	57 065.085 1	98 645.993 8	99 387.799 8	58 282.440 7	58 983.317 7
2.1	项目投资									
2.1.1	建设投资中的资本金									
2.1.2	建设投资中的长期借款									
2.2	付现经营成本	14 689.726 7	15 130.418 5	15 584.331 0	16 051.860 9	16 533.416 7	56 057.019 2	56 567.901 8	18 066.510 9	18 608.506 2
2.3	营业税金及附加	7 142.257 9	7 398.907 8	7 664.781 1	7 940.209 3	8 012.948 7	8 077.680 3	8 139.803 7	8 194.415 9	8 245.420 1
2.4	长期借款本金偿还	147 530.933 3	131 284.387 2							
2.5	短期借款本金偿还									
2.6	各种利息支出	18 262.403 5	8 599.127 4							
2.7	所得税	24 236.945 0	27 774.441 6	31 086.538 1	32 291.311 9	32 518.719 7	34 511.294 3	34 680.094 3	32 021.513 9	32 129.391 4
3	净现金流量		29 285.174 7	173 020.377 1	179 239.415 6	180 590.856 8	140 903.496 3	141 976.296 1	184 671.340 5	185 451.339 8
4	累计净现金流量	−631 337.206 5	−602 052.031 8	−429 031.654 7	−249 792.239 1	−69 201.382 3	71 702.114 0	213 678.410 1	398 349.750 6	583 801.090 4

续上表

序号	项　　目	运　营　期								
		2042 年	2043 年	2044 年	2045 年	2046 年				
1	现金流入	245 780.376 4	247 061.953 7	247 437.621 0	247 502.733 9	247 570.451 3				
1.1	通行费收入	244 275.363 9	245 496.740 7	245 809.799 5	245 809.799 5	245 809.799 5				
1.2	其他业务收入	1 505.012 5	1 565.213 0	1 627.821 5	1 692.934 4	1 760.651 8				
1.3	补贴收入									
1.4	长期借款									
1.5	短期借款									
2	现金流出	59 670.054 7	60 357.151 0	60 882.326 6	61 358.854 9	61 850.320 3				
2.1	项目投资									
2.1.1	建设投资中的资本金									
2.1.2	建设投资中的长期借款									
2.2	付现经营成本	19 166.761 4	19 741.764 2	20 334.017 2	20 944.037 7	21 572.358 9				
2.3	营业税金及附加	8 291.932 9	8 336.342 4	8 350.367 3	8 354.013 6	8 357.805 8				
2.4	长期借款本金偿还									
2.5	短期借款本金偿还									
2.6	各种利息支出									
2.7	所得税	32 211.360 4	32 279.044 4	32 197.942 1	32 060.803 6	31 920.155 6				
3	净现金流量	186 110.321 7	186 704.802 7	186 555.294 4	186 143.879 0	185 720.131 0				
4	累计净现金流量	769 911.412 1	956 616.214 8	1 143 171.509 2	1 329 315.388 2	1 515 035.519 2				

测算报表 9　项目资本金净现值计算表

单元:万元

序号	项　目	合计	运　营　期							
			2016 年 1 月 1 日	2016 年 12 月 31 日	2017 年 12 月 31 日	2018 年 12 月 31 日	2019 年 12 月 31 日	2020 年 12 月 31 日	2021 年 12 月 31 日	2022 年 12 月 31 日
1	现金流入	6 935 671.787 6	1 172 483.383 5	88 721.231 2	111 759.734 6	124 868.032 4	125 463.955 3	116 310.274 0	125 912.497 4	136 308.654 2
2	现金流出	5 420 636.268 4	1 803 820.590 0	88 721.231 2	111 759.734 6	124 868.032 4	125 463.955 3	116 310.274 0	125 912.497 4	136 308.654 2
3	净现金流量	1 515 035.519 2	-631 337.206 5							
4	净现值	2.604 8	-631 337.206 5							
5	累计净现值		-631 337.206 5	-631 337.206 5	-631 337.206 5	-631 337.206 5	-631 337.206 5	-631 337.206 5	-631 337.206 5	-631 337.206 5

序号	项　目	运　营　期								
		2023 年 12 月 31 日	2024 年 12 月 31 日	2025 年 12 月 31 日	2026 年 12 月 31 日	2027 年 12 月 31 日	2028 年 12 月 31 日	2029 年 12 月 31 日	2030 年 12 月 31 日	2031 年 12 月 31 日
1	现金流入	147 564.436 8	159 750.975 4	165 489.203 2	171 433.560 0	177 591.451 1	183 970.547 5	190 578.796 1	197 424.429 1	204 515.974 3
2	现金流出	147 564.436 8	159 750.975 4	165 489.203 2	171 433.560 0	177 591.451 1	183 970.547 5	190 578.796 1	197 424.429 1	204 515.974 3
3	净现金流量									
4	净现值									
5	累计净现值	-631 337.206 5	-631 337.206 5	-631 337.206 5	-631 337.206 5	-631 337.206 5	-631 337.206 5	-631 337.206 5	-631 337.206 5	-631 337.206 5

续上表

序号	项　　目	运　营　期								
		2032 年 12 月 31 日	2033 年 12 月 31 日	2034 年 12 月 31 日	2035 年 12 月 31 日	2036 年 12 月 31 日	2037 年 12 月 31 日	2038 年 12 月 31 日	2039 年 12 月 31 日	2040 年 12 月 31 日
1	现金流入	211 862.266 4	219 472.457 2	227 356.027 3	235 522.797 7	237 655.941 9	239 549.490 1	241 364.095 9	242 953.781 2	244 434.657 5
2	现金流出	211 862.266 4	190 187.282 5	54 335.650 2	56 283.382 1	57 065.085 1	98 645.993 8	99 387.799 8	58 282.440 7	58 983.317 7
3	净现金流量		29 285.174 7	173 020.377 1	179 239.415 6	180 590.856 8	140 903.496 3	141 976.296 1	184 671.340 5	185 451.339 8
4	净现值		11 801.925 4	66 284.106 5	65 296.919 1	62 538.613 7	46 399.521 3	44 452.778 3	54 976.658 1	52 482.729 2
5	累计净现值	-631 337.206 5	-619 535.281 1	-553 251.174 6	-487 954.255 5	-425 415.641 8	-379 016.120 5	-334 563.342 2	-279 586.684 1	-227 103.954 9

序号	项　　目	运　营　期								
		2041 年 12 月 31 日	2042 年 12 月 31 日	2043 年 12 月 31 日	2044 年 12 月 31 日	2045 年 12 月 31 日				
1	现金流入	245 780.376 4	247 061.953 7	247 437.621 0	247 502.733 9	247 570.451 3				
2	现金流出	59 670.054 7	60 357.151 0	60 882.326 6	61 358.854 9	61 850.320 3				
3	净现金流量	186 110.321 7	186 704.802 7	186 555.294 4	186 143.879 0	185 720.131 0				
4	净现值	50 082.287 6	47 759.088 5	45 370.247 6	43 055.079 2	40 839.856 8				
5	累计净现值	-177 021.667 3	-129 262.578 8	-83 892.331 2	-40 837.252 0	2.604 8				

7 我国高速公路实施计重收费存在的问题及对策

本章主要分析了我国公路实施计重收费存在的多头执法、合法性及理论研究滞后等问题,认为超载超限的核心问题是利益驱动。针对以上问题,提出计重收费相关法规的配套和标本兼治的对策。

7.1 存在的主要问题

1)计重收费的理论研究问题

我国的计重收费发展速度非常迅猛,到目前为止全国绝大部分省份实施了计重收费,尚未实施的省份也正在积极准备实施。但是计重收费标准确定的理论研究较滞后,交通运输部也是跟随着已实施计重收费的做法和科研单位的研究成果不断修改其《指导意见》;尚未立项进行全国范围内的系统研究。这也是造成已实施计重收费省份的做法五花八门的原因。

2)计重收费的社会效果问题

实施计重收费的原则是不增加社会负担,但是已实施计重收费的省份,其收费额都有一定幅度的增加,最低的也增加20%左右,有的甚至更高。从原有的收费标准可以看出,按车型收费各个省份差别较大;但实施计重收费后,其收费标准差别不是很大,幅度从0.07元/(t·km)~0.10元/(t·km)。因此实施计重收费后,收费额都有较大幅度增加。而运价并无多大变化,相反很多运输企业和运输专业户举步维艰,部分高速公路上货车交通流量也较之以前有所减少,其社会效果并不像人们所想象的那样高。因此我们要本着科学的态度去看待计重收费。

3)超限认定标准的冲突问题

交通部的《计重收费的指导意见》出自同一个部委,超限认定标准上也有出入。当然GB 1589国标颁布的轴限认定标准和国家七部委联合颁布治超的轴限认定标准也有差异。这样导致各省市的做法也比较混乱。

4)治超和计重收费的相互衔接问题

治超和计重收费都是打击超限运输的手段,两者之间的关系到底如何处理,各个省市的做法也不尽一样。

5)多头执法问题

我国目前在道路上执法有路政、公安、治超站点等多个执法部门,相互之间为部门利益扯皮,造成了道路运输管理较为混乱的局面,难以实施行业规范化的管理。建议由一个部门牵头,其他部门配合执法。

6)计重收费的合法性问题

计重收费是否合法,我国《中华人民共和国公路法》第五十条明确规定:超过公路、公路桥梁、公路隧道或者汽车渡船的限载、限高、限宽、限长标准的车辆,不得在限定标准的公路、公路桥梁或者公路隧道内行驶，不得使用汽车渡船。第七十六条之第五款规定，违反本法第五十条规定由交通部门责令停止违法行为，可以处三万元以下罚款。在执法主体上，收费站（企业）不具有执法资格。在法律上，计重收费与《中华人民共和国公路法》和交通部2号令相悖，前两款是禁止超限运输的，而计重收费交了超限费用就可以通行了。似乎是把一种违法行为通过经济手段合法化。在经济上，计重收费的收入能否弥补超限运输所引发的养护大修费用，以及对社会造成的其他损失值得思考。

7.2 对策研究

1）计重收费相关法规的配套

（1）理顺管理体制，减少多头执法。建立健全以交通部门为主，公安部门等其他部门为辅的联合执法体系，计重收费和治理超限运输同时抓。

（2）整理规范运输市场，理顺整个货运市场价格体系，适当提高运价。对运输市场进行规范，严格市场的准入制度，不断完善整个货运市场的价格体系，既要保证合法运输业（户）的利益，也要保证道路使用寿命的正常发挥；必要的时候适当提高运价。

（3）出台相关文件和相关法律。建议出台有关公路载货类汽车计重收费的法律，使计重收费做到有法可依，以免出现收费管理混乱的局面。

（4）科学合理的定价。在科学评价原有收费标准的基础上，寻求一套完整的定价方法，科学合理地确定计重收费的标准。

2）治理措施

（1）坚决取缔非法、违规货运市场和货运公司，规范整体市场环境，提高货运市场准入条件。

（2）政策及法规的执行，要有连续性，不能搞突击。

（3）执法标准要全国统一，处罚力度不能偏差。

（4）要运用宏观调控措施来整治超载，就有可能缓解公路能源物资一定要超载的压力。

（5）地方政府不能站在各自经济发展和利益的角度采取保护性措施。

（6）制定全国性的运输行业规范，并按照国际惯例，通过协会组织促进公平竞争。鼓励集约化经营，提倡以服务质量取胜，促使货运价格的理性回归。

（7）根据《中华人民共和国价格法》，完善运输价格，保证合法运输车辆的利益。

（8）发展现代物流业，加快物流基础设施建设，加快推广全国联网收费和不停车收费的研究和实施。

参考文献

[1] Hildebrand,M. Enforeeoent of highway weight regulations:a game theory model[J]. Journal of the Transportation Research Forum,1990: 30-31.

[2] Campell,K. L. et. al. Analysis Report,University of Michigan of accident Rates of Heavy Duty Vehicile[R] . East Lansing:University of Michigan Final Transportation Research Institute, 1988:66-69.

[3] Fancher P. Truck Handling and Safety[D] . East Lansing: University of Michigan Transportation,1989:84-85.

[4] Robert B. Ekelund,Jr. The Foundations of Regulatory Economics[M],Volume 1 ~ 3,published by Edward Elgar Publishing,Inc,1998.

[5] Stavins,Robert. N,Whitehead,Bradtey. W. Dealing with Pollution:Market-Based Incentives for Environmental Protection [J]. Environment. V01. 34:6,1992.

[6] Steven K. Vogel. Freer markets,More rules:regulatory reform in advanced industrial countries [J] . Cornell University Press,1996.

[7] 王国清,胡国盛. 计重收费的理论与实践探索[J]. 公路交通科技,2001,18(1):91-93.

[8] 陈荫三. 运用经济杠杆长效治理超载超限运输[J]. 中国公路学报,2004,17(2):94-99.

[9] 杨露,陈卓,孙璐. 公路计重收费模式研究[J]. 交通科技与经济,2006,(2):7-9.

[10] 高博,左庆乐,王应敏,郭海涛. 关于我国计重收费几个问题的探讨[J]. 交通标准化,2007,(2):50-54.

[11] 宗雪梅,胡大琳,高军. 桥梁超重荷载与限载标准的确定[J]. 长安大学学报(自然科学版),2008,28(1):61-65.

[12] 曹锦文,左庆乐,高博. 计重收费要素与模型分析及改进[J]. 中外公路,2009,29(1):264-269.

[13] 贡金鑫,李文杰,赵君黎,冯莨. 公路桥梁车辆荷载概率模型研究(二)——计重收费地区和强制治超地区[J]. 公路交通科技,2010,27(7):56-60.

[14] 刘拥华,和永军,缪应峰,张勇. 高速公路计重收费模型研究及改进[J]. 公路交通科技,2011,28(5):137-142.

[15] Yonghua Liu, Jingyi Sun,Yingfeng Miu. Research on the Calculation Method of Link Traffic Volume Based on Database of Expressway Loading Based Toll Collection[J],2011 International Conference on Consumer Electronics,Commmunications and Networks (CECNet), Xi'an,2011:3478-3481,(EI 检索号 20112414060521).

[16] Yonghua Liu, Yi Meng, Jingyi Sun. Evaluation and Optimization of Expressway Loading Based Toll Collection Model in Yunnan[J],2011 International Conference on Remote Sensing, Environment and Transportation Engineering(RSETE 2011), Nanjing,2011:4011-

4014(EI 检索号 20113614292802).
[17] 王健伟,马暕,杨铭.收费公路计重定价理论模型[J].中国公路学报,2004,17(3):98-101.
[18] 卢毅,雷春华,曾江洪.公路计重收费模式与定价方案的实证分析[J].价格理论与实践,2005,5:23-25.
[19] 卢毅,雷春华,曾江洪.实施计重收费,提高高速公路运营效益[J].中外公路,2005,24(1):93-96.
[20] 刘轶,陆炳.贵州省高速公路计重收费费率方案研究[J].中国交通信息产业,2007,(7):84-87.
[21] Huan Zhang, Feng Shi, Yi Lu. Research on the Calculation Method of Highway Basic Toll Rate under Toll by Weight Model [C], The Seventh Wuhan International Conference on E-Business, 武汉, 2008:1317-1324.
[22] 张军,李旭红,何杰,陈一锴,梁亚莉.基于当量轴次和当量系数理论的计重收费计算方法研究[J].公路交通科技,2008,25(11):149-153.
[23] 于世军,李旭宏,陈大伟,张军,顾政华.网络条件下高速公路收费费率优化方法研究[J].公路交通科技,2005,22(6):134-138.
[24] 张小宁.双层优化交通模型及其算法[J].同济大学学报(自然科学版),2005,33(2):169-173.
[25] 史士英,闫德志.高速公路最优收费费率的研究[J].山东交通学院学报,2005,13(3):57-60.
[26] 黄亚飞,刘涛.路网最优费率的双层规划模型及算法[J].交通运输工程学报,2006,6(4):105-111.
[27] 李星,翁志红,林木山.基于还贷的公路收费费率优化方法研究[J].交通与计算机,2008,26(1):88-91.
[28] 杨兆升,王伟,刘雪杰,于悦.公路网分车型收费费率优化算法研究[J].公路交通科技,2008,25(3):119-123.
[29] 武奇生,席筱利,王秋才.计重收费数据处理与费率模拟[J].交通运输工程与信息学报,2008,6(2):26-30.
[30] 庞明宝,赵新萍,陈彦秋,陈培.重载高速公路计重收费费率确定研究[J].河北工业大学学报,2009,38(2):101-105.
[31] 曹锦文.基于成本费用补偿的计重收费费率计算模型研究[J].公路交通科技,2010,27(9):149-158.
[32] 杨兆升,杨志宏,赵丹华.长平高速公路最优收费标准制定方法[J].交通运输工程学报,2003,3(1):57-61.
[33] 杨琦,郗恩崇.高速公路外部性量化研究[J].中国公路学报,2006,19(3):102-106.
[34] 杨金花,晏克非.交通运输的外部性特征及外部成本内部化[J].交通与运输,2005,(B07):20-23.
[35] 曾江洪,李晓,张欢.公路计重收费标准的确定方法及应用[J].中南公路工程,2005,30(1):154-157.
[36] 任卫群,张云清,金国栋.公路车辆对道路破坏性研究的系统化方法[J].中国公路学

报,2005,18(4):110-114.
[37] 蔡建华,张剑飞. 超限运输的成因及治理对策[J]. 中国公路学报,2006,19(3):100-108.
[38] 吕正昱,季令. 交通运输外部成本问题研究[J]. 同济大学学报(自然科学版),2007,33(7):931-936.
[39] 陈治亚,朱东铁. 公路超限运输效率成本测算研究[J]. 铁道科学与工程学报,2009,12(4):111-123.
[40] 高博. 公路计重收费标准确定理论与应用研究[D]. 西安:长安大学,2009.
[41] 张欢. 高速公路计重收费关键问题研究[D]. 长沙:中南大学,2010.
[42] 赵红琼. 高速公路计重收费标准研究[D]. 南昌:江西财经大学,2008.
[43] 曹锦文. 公路计重收费定价理论研究[D]. 西安:长安大学,2008.
[44] 张妲. 公路计重收费费率确定方法研究[D]. 西安:长安大学,2007.
[45] 王晓宇. 高速公路计重收费标准最优确定模型研究[D]. 长沙:长沙理工大学,2009.
[46] 王晓宇. 高速公路计重收费标准最优确定模型研究[D]. 长沙:长沙理工大学,2009.